Matéria e consciência

CB004015

Paul M. Churchland

Matéria e consciência

Uma introdução contemporânea à filosofia da mente

Edição revista

Tradução
Maria Clara Cescato

Revisão técnica
Michael B. Wrigley

Editora
UNESP

© 1988 Massachusetts Institute of Technology (Agente BMSR – Balcells Mello e Lúcia Riff)
Edição revista.

Título original em inglês: *Matter and Consciousness. A Contemporary Introduction to the Philosophy of Mind*.

© 1998 da tradução brasileira

Fundação Editora da UNESP (FEU)
Praça da Sé, 108
01001-900 – São Paulo – SP
Tel.: (0xx11) 3242-7171
Fax: (0xx11) 3242-7172
www.editoraunesp.com.br
feu@editora.unesp.br

Dados Internacionais de Catalogação na Publicação (CIP)
(Câmara Brasileira do Livro, SP, Brasil)

Churchland, Paul M., 1942 – .
    Matéria e consciência: uma introdução contemporânea à filosofia da mente / Paul M. Churchland; tradução Maria Clara Cescato. – São Paulo: Editora UNESP, 2004.

    Título original: Matter and Consciousness: A Contemporary Introduction to the Philosophy of Mind

    Bibliografia.
    ISBN 85-7139-519-5

    1. Cognição 2. Consciência 3. Filosofia da mente 4. Inteligência 5. Inteligência artificial 6. Neurologia I. Título. II. Título: Uma introdução contemporânea à filosofia da mente.

04-0486   CDD-128.2

Índice para catálogo sistemático:
1. Filosofia da mente   128.2

Editora afiliada:

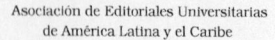

Asociación de Editoriales Universitarias
de América Latina y el Caribe

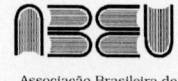
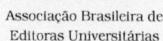

Associação Brasileira de
Editoras Universitárias

A meu pai, que me ensinou a voar,
e a minha mãe, que me ensinou a ver.

Sumário

Prefácio à edição revista

Foi grande minha satisfação diante da recepção dada à primeira edição deste pequeno livro, em especial, às seções relacionadas à neurociência, à ciência cognitiva e à inteligência artificial. Incidentalmente, é nessas seções que se concentra a maior parte das alterações e acréscimos presentes na edição revista. A razão das alterações está no dramático progresso que ainda vem se processando nessas disciplinas e em sua relevância, cada vez maior, para as questões na esfera da filosofia da mente. Os resultados da pesquisa nessa área incidem diretamente sobre questões tais como: quais são os elementos básicos da atividade cognitiva? Como eles são implantados em sistemas físicos concretos? Por que razão criaturas vivas desempenham algumas tarefas cognitivas de modo tão rápido e ágil, quando os computadores as desempenham de modo tão precário, ou nem sequer as desempenham?

Uma convicção central em nossa primeira edição era a de que as questões no âmbito da filosofia da mente não são independentes dos resultados teóricos e experimentais obtidos pelas ciências naturais. Essa visão não mudou. Mas os desenvolvimentos nas ciências, sim. A nova edição busca tornar alguns dos mais notáveis desses resultados acessíveis e inteligíveis a um público mais amplo. Para mim, a relevância filosófica desses resultados está em sua tendência a dar suporte às versões reducionista e eliminacionista do materialismo. Minha opinião, no entanto, é apenas uma entre muitas alternativas. Assim, convido o leitor a fazer seu próprio julgamento.

Prefácio

Os filósofos, em geral, escrevem seus livros para outros filósofos e, entre parênteses, expressam sua esperança de que se mostrem frutíferos também para estudantes e leitores leigos. Tal esperança, em geral, é vã. Numa posição esperançosamente contrária, este livro foi escrito, sobretudo e deliberadamente, para pessoas que não são profissionais da filosofia, ou da inteligência artificial, ou das neurociências. É a imaginação do leitor não-especializado – e do estudante – que estou tentando atrair. Também tenho uma outra esperança paralela a essa: a de que este compacto volume se revele proveitoso como panorama geral e como livro de referência para meus colegas de profissão e para alunos de pós-graduação, de nível avançado. Mas não escrevi este livro pensando neles. Eu o escrevi para os que estão tendo seu primeiro contato com a filosofia da mente.

Este livro foi inicialmente concebido durante um curso de filosofia da mente para a graduação, com o apoio de textos e antologias conhecidos e que, havia muito, eram padrão. Como tanta coisa aconteceu nessa área nos últimos quinze anos, esses textos e antologias estão agora desatualizados. Embora boas antologias com trabalhos bastante recentes estejam agora disponíveis, elas são demasiado avançadas e muito caras para ser usadas com facilidade por alunos da graduação. No final do curso, resolvi escrever um texto mais adequado e acessível, livre de questões obsoletas, ágil como sumário histórico e denso em termos de novos desdobramentos. Este volume é o resultado disso.

Ele foi escrito durante o verão de 1982, e a maior parte dele foi elaborada, em nosso refúgio numa chácara em Moose Lake, na floresta de Manitoba, onde os mergulhões, com seu canto lúgubre, manifestavam seu divertimento diante de meus esforços. E foi completado na metade do outono, no Instituto de Estudos Avançados, em Princeton, onde o bando local de gansos do Canadá emitia o mesmo comentário.

Algumas vezes, no entanto, tive o benefício de uma inspiração e instrução mais substanciais. Devo agradecer, em primeiro lugar, a meu amigo e colega Larry Jordan, por ter me dado acesso a seu laboratório de neurofisiologia em 1981/1982, por me deixar participar de suas maratonas de "Experiências das quartas-feiras", por me oferecer tanta hospitalidade e por tornar possível meu acesso a um inestimável aprendizado. Devo agradecer aos colegas-filósofos Daniel Dennett e Stephen Stich, por tornar possível minha participação numa série de encontros profissionais, tanto nos Estados Unidos quanto na Inglaterra, e por tudo que me ensinaram durante nossos muitos agradáveis e frutíferos encontros. Tenho uma dívida para com meu amigo e colega Michael Stack, quanto ao que agora já constitui uma década de férteis discussões sobre a mente e seu lugar na natureza. Devo agradecer, sobretudo, a minha esposa e colega de profissão Patricia Smith Churchland, que me ensinou mais sobre a mente/cérebro que qualquer outro filósofo até hoje.

Por fim, meus agradecimentos a Ken Warmbrod, Ned Block, Bob Richardson, Amelie Rorty, Cliff Hooker e David Woodruff Smith, por seus muitos incentivos e por sua valiosa crítica da versão inicial do livro. Tenho uma dívida eterna para com o Instituto de Estudos Avançados, pelos recursos para a conclusão deste trabalho e pela oportunidade de realizar diversas outras investigações de caráter mais teórico.

Paul M. Churchland
Princeton, New Jersey, 1983

1
Qual o tema deste livro?

A curiosidade do ser humano e a perspicácia de sua razão revelaram boa parte do que a natureza sempre manteve oculto. A estrutura do espaço-tempo, a constituição da matéria, as muitas formas de energia, a natureza da própria vida – todos esses mistérios se tornaram livros abertos para nós. Sem dúvida, existem questões profundas que continuam sem respostas e revoluções que ainda estão a nossa espera, mas seria difícil exagerar a explosão de conhecimentos científicos que os seres humanos produziram nos últimos quinhentos anos.

Apesar do avanço geral, um mistério fundamental permanece, em grande parte, ainda um mistério: a natureza da *inteligência consciente*. Esse é o tema de nosso livro.

Se a inteligência consciente ainda fosse um total mistério, não valeria a pena escrever este livro. Mas, na verdade, têm ocorrido nessa área progressos encorajadores. Os fenômenos a ser perscrutados são, agora, o foco de convergência de diversas áreas inter-relacionadas. À filosofia aliaram-se a psicologia, a inteligência artificial, a neurociência, a etologia e a teoria da evolução, para mencionar apenas as mais importantes. Todas elas fizeram contribuições ao que costumava ser um debate exclusivamente filosófico, e todas elas prometem muito mais para o futuro.

Este livro é uma introdução aos principais elementos do presente debate científico-filosófico: às principais questões, às teorias em confronto, aos argumentos e provas mais importantes. Nos últimos trinta anos, a própria filosofia realizou progressos significativos no conhecimento da natureza da mente: em especial ao elucidar o estatuto do autoconhecimento da mente, mas também ao oferecer uma concepção mais clara da natureza das teorias da mente que se oferecem como alternativas possíveis, entre as quais deveremos, no final, escolher, e ao esclarecer quais os tipos de prova necessários para se fazer uma escolha justificada entre elas.

Mais importante ainda, as ciências empíricas mencionadas têm oferecido um fluxo contínuo de provas relevantes para se fazer uma tal escolha justificada. A psicologia nos ensinou algumas coisas surpreendentes sobre a perspicácia e a confiabilidade de nosso conhecimento introspectivo (essa é uma questão importante, uma vez que algumas teorias da mente se apóiam em grande parte no que se supõe ser revelado pela introspecção da autoconsciência). A psicologia cognitiva e a inteligência artificial têm produzido modelos instigantes da cognição que, quando "trazidos à vida", num computador adequadamente programado, imitam de modo muito aproximado algumas das atividades complexas da inteligência orientada por metas. As neurociências começaram a desvendar o vasto microssistema de células interconectadas do cérebro, que parece ser o responsável pela execução dessas atividades nas criaturas vivas. A etologia nos permitiu perceber as continuidades e descontinuidades que relacionam a inteligência humana à inteligência de outras criaturas. A teoria da evolução revelou os longos e intricados processos seletivos a partir dos quais a inteligência consciente aos poucos foi surgindo. No entanto, as provas são ainda ambíguas, e não se fez uma escolha entre as teorias em questão; assim, o leitor deste livro terá o prazer de se juntar a uma empolgante aventura intelectual que ainda está em curso.

Nossa discussão se inicia com as questões mais óbvias nessa área. Qual a natureza real dos processos e estados mentais? Em que meio eles ocorrem, e como se relacionam com o mundo físico? Com relação à mente, essas questões tratam do que os filósofos chamam de *o problema ontológico* (na linguagem filosófica, uma "questão ontológica" é simplesmente uma questão sobre que coisas realmente *existem* e qual sua natureza essencial). Esse problema é mais conhecido como *problema mente-corpo*, e muito provavelmente você já tem familiaridade com a divisão mais básica que temos aqui em vista. De um lado, existem as teorias *materialistas* da mente, teorias que afirmam que o que chamamos de processos e estados mentais são meramente processos e estados sofisticados de um complexo sistema físico: o *cérebro*. De outro, existem as teorias *dualistas* da mente, que afirmam que os processos e estados mentais não são apenas processos e estados de um sistema exclusivamente físico, mas constituem uma espécie distinta de fenômeno, de natureza essencialmente não-física.

Muitos de nós têm convicções fortes sobre uma questão como essa, e muitos irão pensar que a escolha entre essas alternativas é fácil ou óbvia, mas, neste caso, é prudente manter a mente aberta, quaisquer que sejam nossas convicções, pelo menos até que tenhamos explorado um pouco mais esse território. Existem pelo menos cinco versões radicalmente diferentes do dualismo, por exemplo, e um número comparável de teorias materialistas, todas também bastante diferentes entre si. Assim, não são apenas *duas* as teorias entre as quais teremos de escolher, mas aproximadamente *dez*! E algumas delas foram formuladas apenas recentemente. A finalidade do Capítulo 2 é apresentar todas essas teorias, uma a uma, e tentar avaliar os pontos fortes e os fracos de cada uma delas.

Toda decisão sobre a força dessas teorias com base apenas no Capítulo 2 será, no entanto, prematura, pois há um conjunto de outras questões com as quais o problema mente-corpo está radicalmente entrelaçado.

Uma delas é o *problema semântico*. De onde os termos que usamos corriqueiramente para descrever os estados mentais obtêm seu *significado*? O que poderíamos considerar como uma definição ou análise adequada dos conceitos especiais que aplicamos com referência a nós mesmos e com referência a outras criaturas com inteligência consciente? Uma sugestão – talvez a mais plausível delas, em princípio – é a de que aprendemos o significado de termos ou expressões como "dor" ou "sensação de calor" simplesmente vinculando o termo apropriado ao tipo de estado mental apropriado, da forma como ele é vivenciado em nosso próprio caso individual. Mas essa concepção conduz a uma série de problemas, um dos quais já pode ter ocorrido a você, num momento ou outro.

Como você pode ter certeza de que a sensação interior à qual (digamos) seu amigo vincula o termo "dor" é qualitativamente idêntica à sensação interior à qual *você* vincula esse termo? Talvez o estado mental de seu amigo seja radicalmente diferente do seu, apesar de estar associado a um comportamento, fala e a circunstâncias causais, exatamente da mesma forma que está em você. Seu amigo, dessa forma, irá se comportar, em todos os aspectos, do mesmo modo que você, apesar dessa diferença interna oculta. O problema está em que essa preocupação cética, uma vez posta, parece impossível de ser suprimida, pois parece totalmente impossível que alguém possa ter experiência *direta* dos estados mentais de uma *outra* pessoa, e nada menos que uma experiência desse tipo poderia resolver a questão.

Se é assim, ao que parece, nenhum de nós sabe, ou pode saber, que significado os muitos termos relativos aos estados mentais têm para outras pessoas – ou nem sequer se eles têm algum significado. Podemos saber apenas o significado que eles têm para nós mesmos. Essa é uma conclusão muito estranha sobre um importante segmento de nossa linguagem. A finalidade da linguagem, afinal, é a comunicação pública no âmbito de uma rede de compreensão que compartilhamos.

Uma teoria do significado adversária dessa concepção sugere uma origem diferente para o significado de nosso vocabulário psicológico corriqueiro. Aprender o significado do termo "dor", afirma ela, significa aprender que a dor é um estado freqüentemente causado por danos físicos, um estado que, por sua vez, causa outros estados interiores, tais como uma leve aflição ou um puro pânico, um estado que causa tipos característicos de comportamento, tais como gemer, encolher-se e repousar. Em resumo, segundo essa teoria, a característica essencial da dor é ser uma *rede de relações causais* que conecta qualquer dor a uma série de outras coisas, em especial, a coisas publicamente observáveis.

Os materialistas de todas as convicções tendem a preferir esta última abordagem do significado, em parte porque ela deixa aberta a possibilidade de que estados mentais sejam realmente estados físicos. Não há problema algum em supor que um estado puramente físico tenha os tipos apropriados de conexões *causais* que são essenciais para que ele seja uma dor. E essa abordagem não nos lança imediatamente no ceticismo. Ela parece, entretanto, dar fim sumário ao aspecto introspectivo e interior de nossos estados mentais, o aspecto sobre o qual se centrava a primeira abordagem do significado. Os dualistas, compreensivelmente, têm a tendência a preferir o primeiro tipo de abordagem do significado, apesar de suas conseqüências aparentemente céticas. As qualidades potencialmente introspectivas ou "subjetivamente evidentes" de nossos estados mentais representam para eles parte da própria essência da mente, uma essência que está além da explicação meramente física.

Já podemos perceber que nenhuma solução para o problema mente-corpo será adequada sem uma simultânea solução do problema semântico. O Capítulo 3 examinará em detalhe as principais soluções alternativas – das quais, mais uma vez, existem diversas. Uma delas vai exigir um rápido esboço de alguns dos conceitos elementares da filosofia da ciência contemporânea, de modo que podemos prever algumas sugestões teóricas novas e inesperadas.

Essas questões, muito naturalmente, conduzem ao *problema epistemológico* (a epistemologia é o estudo sobre o que é o conhecimento e sobre sua origem). Esse problema tem duas partes, ambas bastante chocantes. A primeira provém diretamente de uma preocupação já discutida: sobre que bases temos o direito de supor que outros seres humanos, por exemplo, têm *realmente* estados mentais? Sem dúvida, a suposição aí feita é uma das mais fundamentais. Mas quais são exatamente as bases racionais para essa suposição? O que é preciso para justificar essa suposição é saber que o comportamento dos outros está causalmente conectado, e do mesmo modo, a estados interiores do mesmo tipo que os estados interiores aos quais o nosso próprio comportamento está conectado. É preciso saber, por exemplo, que o que é causado por um golpe de martelo e o que causa, por sua vez, um "ai!" veemente são do *mesmo* tipo nos outros e em nós. Mas isso, mais uma vez, parece exigir o impossível: a experiência subjetiva direta dos estados mentais de uma outra pessoa.

Isso é chamado de o *problema das outras mentes,* e não é um mero enigma cético sobre os outros seres humanos. O problema começa a parecer menos frívolo ou acadêmico quando começamos seriamente a fazer perguntas sobre a vida mental de animais como os grandes símios, sobre os cães domésticos ou sobre os golfinhos. Esses animais teriam uma genuína consciência? A atual explosão de tecnologia de computação promete um novo contexto para o problema. Como podemos distinguir uma inteligência realmente consciente de um sistema físico complexo, construído para se assemelhar a um ser pensante em todo o seu comportamento, até mesmo em seu comportamento emocional e verbal? *Existiria* uma diferença? Como poderíamos decidir?

Em contraste radical com a opacidade da vida mental de outras pessoas que não nós próprios está a transparência de nossa própria vida mental. Cada um de nós é *auto*consciente. Qual a natureza desse curioso acesso que você tem aos conteúdos de sua própria mente, mas não aos de outras mentes? O que você pode afirmar sobre eles, sem tomar como base seu próprio comportamento, o que você sente, pensa ou deseja? Nós admitimos sem questionar essa capacidade de *introspecção*, mas esse é um talento absolutamente extraordinário e enigmático. Muita coisa foi reivindicada em favor dele por diversos pensadores: a infalibilidade, por uns, a característica que distingue a mente da matéria, por outros. E ele de fato apresenta um desafio desalentador para todo materialista que aspira a explicá-lo. Aqui, algumas descobertas da psicologia irão se mostrar relevantes. Questões como o que é necessário para uma explicação satisfatória da introspecção e sobre se uma abordagem materialista tem alguma possibilidade de oferecer uma tal explicação serão abordadas no Capítulo 4.

Espero que, ao chegar à metade deste livro, já tenha ficado claro que a natureza da mente não é uma questão puramente filosófica, mas também uma questão profundamente científica. Dizer isso não é pressupor qual das teorias alternativas deverá ser defendida. Mas eu, de fato, pretendo estabelecer que a pesquisa empírica terá grande peso, ou mesmo será decisiva, na determinação do resultado. E isso levanta a questão: qual a abordagem ou metodologia adequadas a se adotar na construção de uma "ciência da mente"? Aqui também existem divergências. Será que uma ciência da inteligência consciente deve empenhar-se em se colocar em continuidade com a rede das ciências naturais estabelecidas (a física, a química, a biologia, e assim por diante)? Ou ela deve afirmar uma autonomia descontínua, com base em alguma característica única? (Mesmo alguns materialistas – os funcionalistas — respondem afirmativamente a essa questão.) Que tipos de dados ela deve admitir como legítimos? Os da introspecção? Os do comportamento? Os da neurofisiologia? Essas questões constituem o *problema metodológico*, e elas apontam para o futuro: a forma das teorias futuras depende dessas questões. O Capítulo 5 é dedicado à exploração delas.

Um texto Introdutório poderia muito bem se encerrar com essa discussão, mas incluí três capítulos adicionais. Enquanto este livro está sendo escrito, a grande maioria dos cientistas e filósofos profissionais cuja pesquisa se concentra nessa área se agrupa em torno de apenas duas ou três das possíveis soluções alternativas para o problema mente-corpo, e, por essa razão, seus esforços exploratórios nessa área encontram expressão em dois programas de pesquisa especialmente dinâmicos sobre os fenômenos cognitivos. O primeiro deles é o campo recentemente formado da *inteligência artificial,* ou IA. Em que medida (podemos perguntar) é possível simular ou recriar as características essenciais da inteligência consciente por meio de computadores adequadamente programados? Uma resposta preliminar seria: "numa medida considerável", embora os pesquisadores da IA sejam os primeiros a admitir que diversos problemas básicos permanecem teimosamente não-resolvidos.

O segundo programa de pesquisa é o campo, atualmente em acelerado desenvolvimento, das diversas *neurociências,* as ciências voltadas para o estudo empírico do cérebro e do sistema nervoso. Que luz (podemos perguntar) é lançada pela neurofisiologia, pela neuroquímica e pela neuroanatomia comparada sobre questões como as doenças mentais, o aprendizado, a visão tridimensional e a vida mental dos golfinhos? A resposta é: "uma luz considerável", embora os neurocientistas sejam os primeiros a admitir que, até agora, a superfície delas mal foi tocada.

Incluí esses capítulos para oferecer pelo menos uma amostra instrutiva das pesquisas atualmente em andamento nesses campos. Sem dúvida, eles não são adequados como introdução a esses campos para o aspirante a neurocientista ou a pesquisador da ciência da computação. Mas eles oferecem certa compreensão real de como a pesquisa empírica afeta as questões filosóficas discutidas neste texto (isso é importante, pois, como espero deixar claro, a maioria dessas questões filosóficas é, em última análise, de caráter empírico: a decisão sobre elas terá como base o sucesso comparativo e o progresso relativo que apresentarem os diferentes programas de pesquisa científica). Esses capítulos também irão oferecer um arcabouço conceitual duradouro, a partir do qual os desenvolvimentos relativos à mente poderão ser abordados no futuro. E eles também podem aguçar nosso apetite por mais informações empíricas. Se fizerem pelo menos isso, eles já terão servido a seus fins.

O capítulo de conclusão é abertamente especulativo, como cabe a um capítulo de conclusão, e abre-se com uma tentativa de avaliar a distribuição da inteligência consciente no universo como um todo. A inteligência parece ser um fenômeno razoavelmente disseminado na natureza, e todas as instâncias que apresentarmos dela inevitavelmente se defrontarão com o problema de construir uma concepção fértil sobre o que *é* a inteligência. Esse processo de autodescoberta, para falar com base em nosso próprio caso, não é necessariamente um processo fácil. Nem também será completado num curto período – se é que poderá realmente um dia ser *completado*. Mas ainda assim é possível falar de progresso aqui, assim como em qualquer outro tipo de esforço humano: e devemos estar preparados para a possibilidade de revoluções em nossa concepção sobre o que *nós* somos, da mesma forma que já pilotamos com sucesso repetidas revoluções em nossa concepção do universo em que estamos mergulhados. A seção final explora as conseqüências de uma tal revolução conceitual para os conteúdos da autoconsciência humana.

Isso encerra meu conjunto de notas promissórias. Passemos então a essas questões.

2

O problema ontológico
(o problema mente-corpo)

Qual a verdadeira natureza dos processos e estados mentais? Em que meio eles ocorrem, e como eles se relacionam com o mundo físico? Minha consciência sobreviverá à desintegração de meu corpo físico? Ou desaparecerá para sempre, quando meu cérebro deixar de funcionar? É possível a um sistema puramente físico, como um computador, ser construído para ser dotado de uma inteligência consciente real? De onde vêm as mentes? O que são elas?

Essas são algumas das perguntas com que nos defrontaremos neste capítulo. Que respostas devemos dar a elas irá depender de que teoria da mente irá se revelar a mais razoável, mais bem fundamentada em provas, com maior força explicativa, maior capacidade de previsão e maior coerência e simplicidade. Vamos examinar as teorias disponíveis e as considerações favoráveis e contrárias a cada uma delas.

1 O dualismo

Na abordagem dualista da mente estão incluídas diversas teorias bastante diferentes, mas todas elas concordam em que a natureza essencial da inteligência consciente está em algo que é *não-físico*, algo que está definitivamente para além do âmbito de ciências como a física, a neurofisiologia e a ciência da computação. O dualismo não é a concepção mais amplamente defendida em meio à comunidade científica e filosófica hoje em dia, mas é a teoria da mente mais comum em meio às pessoas em geral; ele está profundamente arraigado na maioria das religiões populares do mundo inteiro e tem sido a teoria da mente que tem predominado durante a maior parte da história do Ocidente. Ele é, então, um ponto de partida apropriado para nossa discussão.

O dualismo da substância

A afirmação que caracteriza essa concepção é a de que cada mente é uma coisa não-física distinta, um "pacote" individual de substância não-física, uma coisa cuja identidade é independente de qualquer corpo físico ao qual ela possa estar temporariamente "conectada". Segundo essa concepção, as atividades e os estados mentais derivam seu caráter especial do fato de serem estados e atividades dessa substância única e não-física.

Isso nos leva a fazer outras perguntas com relação a uma caracterização *positiva* dessa coisa-mente. Uma queixa que freqüentemente se faz em relação à abordagem dualista da substância é a de que sua caracterização da mente tem sido, até agora, quase inteiramente negativa. Essa, no entanto, não é necessariamente uma deficiência fatal, uma vez que, sem dúvida, temos muito que aprender sobre a natureza subjacente da mente, e talvez essa deficiência possa vir a ser corrigida. Nesse sentido, o filósofo René Descartes (1596-1650) fez mais que qualquer outro para apresentar uma explicação positiva da natureza dessa coisa-mente, e vale a pena examinar suas concepções.

Segundo a teoria cartesiana, a realidade se divide em dois tipos básicos de substância. O primeiro deles é a matéria comum, e a característica essencial desse tipo de substância é ocupar o espaço: toda instância dela tem comprimento, largura e altura, e ocupa uma determinada posição no espaço. Descartes não tentou reduzir a importância desse tipo de matéria. Ao contrário, ele foi um dos físicos mais criativos de sua época e era um defensor entusiasmado do que na época se chamava "filosofia mecânica". Mas havia um setor isolado da realidade que ele acreditava não poder ser explicado nos termos da mecânica da matéria: a razão consciente do ser humano. Esse era seu motivo para propor um segundo, e radicalmente diferente, tipo de substância, uma substância sem extensão ou posição no espaço, uma substância cuja característica essencial era a atividade de *pensar*. Essa concepção é conhecida como *dualismo cartesiano*.

Para Descartes, o *você* real não é seu corpo material, mas sim uma substância pensante e não-espacial, uma unidade individual da coisa-mente, totalmente distinta de seu corpo material. Essa mente não-física está em interação causal sistemática com seu corpo. O estado físico dos órgãos sensoriais de seu corpo, por exemplo, causa experiências táteis/auditivas/visuais em sua mente. E os desejos e as decisões de sua mente não-física fazem que seu corpo se comporte movido por propósitos. Suas conexões causais com sua mente são o que faz seu corpo ser seu, e não o de outra pessoa.

As principais razões apresentadas em apoio a essa concepção eram bastante simples. Em primeiro lugar, Descartes acreditava poder determinar, apenas por introspecção direta, que ele era uma substância pensante, e nada além disso. Em segundo lugar, ele não podia imaginar como um sistema puramente físico poderia chegar a empregar a *linguagem* de modo apropriado, ou a empregar *raciocínios matemáticos*, como faz qualquer ser humano normal. Se essas são ou não boas razões, não vamos discutir por agora. Vamos primeiro observar uma dificuldade que mesmo Descartes considerava um problema.

Se a "coisa-mente" é de natureza tão absolutamente diferente da "coisa-matéria" – diferente a ponto de não ter nem massa nem forma alguma, nem posição em lugar algum do espaço –, então como é possível minha mente ter alguma influência causal sobre meu corpo? Como o próprio Descartes percebia (ele foi um dos primeiros a formular a lei da conservação da quantidade de movimento), a matéria no espaço se comporta de acordo com leis rígidas, e não se pode obter movimento corporal (= quantidade de movimento) a partir de nada. Como essa "substância pensante" totalmente incorpórea pode ter influência sobre a matéria dotada de peso? Como podem duas coisas tão diferentes ter algum tipo de contato causal? Descartes sugeria que uma substância material muito sutil – os "espíritos animais" – transmitia a influência da mente ao corpo em geral. Mas isso não nos dá uma solução, uma vez que nos deixa com o mesmo problema com que começamos: como algo espacial e dotado de peso (mesmo os "espíritos animais") pode interagir com algo totalmente não-espacial?

De qualquer forma, o princípio básico de divisão usado por Descartes não é mais tão plausível hoje quanto em sua época. Atualmente não é nem frutífero nem exato caracterizar a matéria como o-que-tem-extensão-no-espaço. Os elétrons, por exemplo, são partículas de matéria, mas nossas melhores teorias atuais descrevem o elétron como uma partícula-pontual, sem nenhuma extensão (ele nem mesmo tem uma posição determinada do espaço). E, de acordo com a teoria da gravidade de Einstein, toda uma estrela pode atingir essa condição se passar por um colapso gravitacional completo. Se existe realmente uma divisão entre mente e corpo, parece que Descartes não chegou a identificar com precisão sua linha divisória.

Tais dificuldades presentes no dualismo cartesiano dão-nos um motivo para considerar uma forma menos radical de dualismo da substância, e é isso que encontramos numa concepção que chamarei de *dualismo popular*. Trata-se da teoria de que uma pessoa é literalmente um "fantasma numa máquina", onde a máquina é o corpo humano, e o fantasma é uma substância espiritual, de constituição interna absolutamente diferente da matéria física, mas, mesmo assim, plenamente dotada de propriedades espaciais. Em particular, as mentes são, em geral, consideradas como estando *dentro* dos corpos que elas controlam: dentro da cabeça, na maioria das concepções, em contato íntimo com o cérebro. Essa concepção não necessariamente apresenta as dificuldades da teoria de Descartes. A mente está bem aí, em contato com o cérebro, e sua interação talvez possa ser compreendida em termos de uma troca recíproca de energia de um tipo que nossa ciência até agora não teria identificado ou compreendido. A matéria comum, você pode estar lembrando, não passa de uma forma, ou talvez manifestação, de energia (você pode talvez pensar em um grão de areia como uma grande quantidade de energia condensada ou congelada num pequeno pacote, segundo a relação de Einstein, $E = mc^2$). Talvez a coisa-mente seja também uma manifestação ou uma forma bem-comportada de energia, mas uma forma diferente dela. Assim, é *possível* que um dualismo nessa forma alternativa seja compatível com as leis da conservação da energia e da quantidade de movimento com que estamos familiarizados. Isso é auspicioso para o dualismo, uma vez que essas leis particulares, de fato, estão muito bem estabelecidas.

Essa concepção será atraente a muitos, por uma outra razão: a de que ela pelo menos mantém a possibilidade de que a mente possa sobreviver à morte do corpo (embora, sem dúvida, não o garanta). Ela não garante a sobrevivência da mente porque, ainda assim, é possível que a forma peculiar de energia que estamos supondo constituir uma mente seja produzida e sustentada unicamente em conjunção com a forma altamente complexa de matéria que chamamos de cérebro, e que, portanto, ela também se desintegre quando o cérebro se desintegra. Assim, as perspectivas de uma sobrevivência à morte são muito pouco claras, mesmo se admitimos a verdade do dualismo popular. Porém, mesmo que a sobrevivência após a morte fosse uma conseqüência clara dessa teoria, há uma armadilha que devemos aqui evitar. A promessa de sobrevivência pode ser uma razão para se *desejar* que o dualismo seja verdadeiro, mas ela não constitui uma razão para se *acreditar* que ele *é* verdadeiro. Para isso, seria necessária uma prova empírica independente de que as mentes de fato sobrevivem à morte permanente do corpo. Infelizmente, e apesar da exploração espalhafatosa dos jornais sensacionalistas (MÉDICOS PROVAM A VIDA APÓS A MORTE!!!), nós não temos uma tal prova.

Como veremos mais adiante nesta seção, quando passarmos para nossa avaliação dessa hipótese, as provas positivas da existência dessa *substância* original, não-material e pensante são, em geral, muito parcas. Isso levou alguns dualistas a articular formas ainda menos radicais de dualismo, na esperança de reduzir um pouco mais a lacuna entre a teoria e as provas disponíveis.

O dualismo da propriedade

A idéia básica das teorias que discutirmos sob este título é a de que, embora não haja uma outra *substância* envolvida nessa questão, além do cérebro físico, o cérebro é dotado de um conjunto especial de *propriedades* das quais nenhum outro tipo de objeto físico dispõe. Essas propriedades especiais são não-físicas: daí o título *dualismo da propriedade*. As propriedades em questão são as que se pode esperar: a propriedade de sentir dor, a de ter a sensação de vermelho, a de pensar que *P*, a de desejar que *Q*, e assim por diante. Essas são propriedades características da inteligência consciente. Elas são consideradas não-físicas no sentido de que jamais podem ser reduzidas ou explicadas exclusivamente em termos dos conceitos das ciências físicas habituais. Tais propriedades exigem uma ciência totalmente nova e independente – a "ciência dos fenômenos mentais" – para que possam ser adequadamente compreendidas.

A partir desse ponto, surgem importantes diferenças entre as diversas posições. Comecemos com o que talvez seja a versão mais antiga do dualismo da propriedade: o *epifenomenalismo*. Esse termo impressiona, mas seu significado é simples. O prefixo grego "epi" significa "acima", e essa posição afirma que os fenômenos mentais não constituem uma parte dos fenômenos físicos no cérebro determinando, em última análise, nossas ações e comportamentos, mas, ao contrário, eles ocorrem, por assim dizer, "acima do embate". Os fenômenos mentais são, dessa forma, *epifenômenos*. Sustenta-se que eles se manifestariam ou viriam à tona apenas a partir do momento em que o cérebro em desenvolvimento ultrapassa um certo nível de complexidade.

Mas ainda há mais. O epifenomenalista sustenta que, embora os fenômenos mentais sejam causados pelas diversas atividades do cérebro, *eles, por sua vez, não têm quaisquer efeitos causais*. Eles são totalmente impotentes com respeito a efeitos causais no mundo físico. São *meros* epifenômenos (para dar uma idéia mais clara disso, aqui pode ser útil uma metáfora vaga: pense em nossos estados mentais como pequenas cintilações de uma luz tremeluzente, que ocorrem na superfície enrugada do cérebro, cintilações causadas pela atividade física do cérebro, mas que, por sua vez, não têm efeitos causais sobre o cérebro). Isso significa que a convicção universal de que nossas ações são determinadas por nossos desejos, decisões e volições é uma falsa convicção! Nossas ações são completamente determinadas por eventos físicos no cérebro, eventos que *também* causam os epifenômenos que chamamos de desejos, decisões e volições. Assim, existe uma conjunção constante entre as volições e as ações. Mas, de acordo com o epifenomenalista, é apenas uma ilusão a primeira causar a segunda.

O que poderia motivar uma concepção assim tão estranha? Na verdade, não é muito difícil compreender por que alguém poderia levar essa concepção a sério. Ponha-se no lugar da neurocientista que está interessada em traçar as origens do comportamento, retrocedendo pelos nervos motores até as células em atividade no córtex cerebral, e em delinear, por sua vez, essa atividade em termos das entradas de dados que provêm de outras partes do cérebro, bem como de diversos nervos sensoriais. Ela descobre um sistema completamente físico, de estrutura e delicadeza impressionantes, e com uma atividade muito intricada, toda ela de natureza inequivocamente química ou elétrica, e não encontra nenhuma indicação de algum tipo de entrada de dados não-física como a sugerida pelo dualismo da substância. O que ela irá pensar? Do ponto de vista de suas pesquisas, o comportamento humano aparece exclusivamente como uma função da atividade do cérebro físico. E essa opinião, além disso, é confirmada pela confiança que ela tem de que o cérebro possui as características de controle do comportamento que ele tem exatamente porque essas características foram implacavelmente selecionadas durante a longa história da evolução do cérebro. Em resumo, a sede do comportamento humano parece ser inteiramente física em termos de sua constituição, origem e atividades internas.

Nossa neurocientista, no entanto, deve também levar em conta o testemunho de sua própria introspecção. Ela dificilmente poderá negar que tem experiências, crenças e desejos, nem que eles estão, de alguma forma, conectados a seu comportamento. Um meio-termo a que se pode chegar, aqui, está em admitir a *realidade* das propriedades mentais como propriedades não-físicas, mas rebaixando-as ao estatuto de epifenômenos que nada têm a ver com a explicação científica do comportamento animal e humano. Essa é a posição que o epifenomenalista adota, e o leitor pode agora perceber o raciocínio que a sustenta. Trata-se de um meio-termo a que se chega entre o desejo de respeitar uma abordagem rigorosamente científica da explicação do comportamento e o desejo de respeitar o testemunho da introspecção.

O "rebaixamento" epifenomenalista das propriedades mentais – a produtos da atividade cerebral, secundários e inertes em termos causais – pareceu demasiado extremista para a maioria dos dualistas da propriedade, e uma teoria mais próxima das convicções do senso comum veio desfrutar de uma maior popularidade. Essa concepção, que podemos chamar de *dualismo interacionista da propriedade*, difere da concepção que esboçamos em um único aspecto essencial: o interacionista afirma que, sem dúvida, as propriedades mentais têm efeitos causais sobre o cérebro e, dessa forma, sobre o comportamento. As propriedades mentais do cérebro são parte integrante do embate causal geral e estão em interação sistemática com as propriedades físicas do cérebro. Dessa forma, nossas ações são consideradas como, em última análise, causadas por nossos desejos e volições.

Da mesma forma que no caso anterior, as propriedades mentais são aqui consideradas como propriedades *emergentes*, propriedades que não surgem, enquanto a matéria física não tiver se organizado, através do processo evolutivo, até constituir um sistema dotado de complexidade suficiente. Exemplos de propriedades emergentes nesse sentido seriam propriedades como a de ser *sólido*, a propriedade de ser *colorido* e a propriedade de ser *vivo*. Para que essas propriedades se manifestem, é necessário que a matéria se organize de modo adequado. Até esse ponto da análise, qualquer materialista concordaria. Mas todo dualista da propriedade afirma, além disso, que as propriedades e estados mentais são *irredutíveis*, na medida em que eles não são meros aspectos organizadores da matéria física, como acontece nos exemplos citados. Essas propriedades e estados são propriedades de um novo tipo, para além de toda previsão ou explicação pela ciência física.

Essa última condição – a irredutibilidade das propriedades mentais – é importante, uma vez que é ela o que torna essa posição uma posição dualista. Mas ela é muito pouco compatível com a afirmação simultânea de que as propriedades mentais emergem a partir de nada além da organização concreta da matéria física. Se é assim que as propriedades mentais são produzidas, então é de esperar que sua descrição física seja possível. A afirmação simultânea de um emergir evolutivo *e* de uma irredutibilidade física é, à primeira vista, enigmática.

Um dualista da propriedade não está em absoluto obrigado a insistir em ambas as afirmações. Ele pode deixar de lado a tese do emergir evolutivo e afirmar que as propriedades mentais são propriedades *fundamentais* da realidade, propriedades que estão aqui desde o surgimento do universo, propriedades do mesmo nível de propriedades fundamentais, como extensão, massa, carga elétrica e outras. Existe até mesmo um precedente histórico de uma posição desse tipo. Na virada do século XX, ainda era comum a convicção de que os fenômenos eletromagnéticos (tais como a carga elétrica e a atração magnética) não passavam de uma manifestação excepcionalmente sutil de fenômenos puramente *mecânicos*. Alguns cientistas acreditavam que a redução da teoria eletromagnética à mecânica era algo praticamente garantido. Eles acreditavam que as ondas de rádio, por exemplo, terminariam por se revelar como meras oscilações viajando num muito sutil mas, ao mesmo tempo, gelatinoso éter que ocupa o espaço em toda a parte. Mas o éter terminou por se revelar como não-existente. Assim, as propriedades eletromagnéticas se revelaram propriedades fundamentais independentes, e fomos forçados a acrescentar a carga elétrica à lista existente de propriedades fundamentais (massa, extensão e duração).

Talvez as propriedades mentais possuam um estatuto como o das propriedades eletromagnéticas: irredutíveis, mas não emergentes. Uma tal concepção pode ser chamada de *dualismo da propriedade elementar*, e ela tem a vantagem de possuir maior clareza com relação à concepção anterior. Infelizmente, o paralelo com os fenômenos eletromagnéticos tem uma falha óbvia. Ao contrário das propriedades eletromagnéticas, que aparecem em todos os níveis de realidade, desde o nível subatômico, as propriedades mentais aparecem apenas em grandes sistemas físicos que desenvolveram uma organização interna muito complexa. Os argumentos em favor do emergir evolutivo das propriedades mentais por meio da organização da matéria são extremamente fortes. Elas de forma alguma parecem ser básicas ou elementares. Dessa forma, retornamos à questão de sua irredutibilidade. Por que deveríamos aceitar essa afirmação mais básica do dualista? Por que ser um dualista?

Argumentos em favor do dualismo

Aqui vamos examinar algumas das principais considerações em geral apresentadas em apoio ao dualismo. As críticas serão adiadas por enquanto, para que possamos avaliar a força dessas considerações, quando tomadas em seu conjunto.

Uma fonte importante de convicções dualistas está na fé religiosa que muitos de nós trazemos para essas questões. Todas as grandes religiões são, a seu próprio modo, uma teoria sobre a causa e os fins do universo, e sobre o lugar do homem no interior dele, e muitas delas estão comprometidas com a idéia de uma alma imortal – isto é, com alguma forma de dualismo da substância. Diante disso, se formos coerentes, não acreditar no dualismo será o mesmo que não acreditar em nossa própria herança religiosa, e alguns de nós teremos dificuldade em fazê-lo. Chamemos isso de *argumento da religião*.

Uma consideração mais universal é o *argumento da introspecção*. O fato é que, quando você concentra sua atenção sobre os conteúdos de sua consciência, não apreende claramente uma rede neural pulsando com atividade eletroquímica: você apreende um fluxo de pensamentos, sensações, desejos e emoções. Ao que parece, as propriedades e estados mentais, tais como revelados na introspecção, dificilmente poderiam ser mais diferentes das propriedades e estados físicos, se deliberadamente se esforçassem nesse sentido. O veredicto da introspecção, dessa forma, parece estar fortemente do lado do dualismo – pelo menos, do lado do dualismo da propriedade.

Um conjunto de importantes considerações pode ser reunido sob o nome *argumento da irredutibilidade*. Aqui, apontamos para uma série de fenômenos mentais, com relação aos quais parece claro que nenhuma explicação puramente física poderia ser dada. O próprio Descartes já citava nossa capacidade de empregar a linguagem de modo apropriado, em diferentes circunstâncias, e também se mostrava impressionado com nossa faculdade da Razão, em particular na medida em que ela se manifesta em nossa capacidade de raciocínio matemático. Essas capacidades, pensava ele, devem, sem dúvida, estar além da capacidade de qualquer sistema físico. Mais recentemente, as qualidades introspectivas de nossas sensações ("*qualia*" sensoriais) e o conteúdo de significação de nossos pensamentos e crenças também foram citados como fenômenos que sempre resistirão a uma redução ao físico. Consideremos, por exemplo, o ver a cor ou o sentir o perfume de uma rosa. Um físico ou um químico poderiam saber tudo sobre a estrutura molecular da rosa e do cérebro humano, argumenta o dualista, mas esse conhecimento não os capacitaria a prever ou antecipar o aspecto qualitativo dessas experiências inexprimíveis.

Por fim, ocasionalmente são citados fenômenos parapsicológicos em favor do dualismo. A telepatia (leitura da mente), a precognição (visão do futuro), a telecinese (controle de objetos materiais pelo pensamento) e a clarividência (conhecimento de objetos distantes) são fenômenos difíceis de explicar no âmbito dos limites normais da psicologia e da física. Se esses fenômenos são reais, eles podem muito bem estar refletindo a natureza suprafísica que o dualista atribui à mente. Eles são trivialmente considerados fenômenos *mentais* e, se permanecerem definitivamente para além de uma explicação física, então, pelo menos alguns fenômenos mentais deverão ser considerados irredutivelmente não-físicos.

Como um todo, essas considerações podem parecer incontestáveis. Mas existem críticas sérias a cada uma delas, e teremos de examiná-las também. Consideremos, em primeiro lugar, o argumento da religião. Em princípio, não há nada de errado em recorrer a uma teoria mais geral que incida sobre o caso em questão, e é o que acontece quando recorremos à religião. Mas esse recurso terá o apoio de garantias apenas tão seguras quanto as credenciais científicas da(s) religião(ões) a que se está recorrendo, e, neste caso específico, tal recurso tende a resultados lamentáveis. Em geral, as tentativas de decidir questões científicas pelo recurso à ortodoxia religiosa tiveram uma história catastrófica. Que as estrelas são outros sóis, que a terra não é o centro do universo, que as doenças são causadas por microrganismos, que a terra tem bilhões de anos de idade, que a vida é um fenômeno fisicoquímico – todas essas concepções básicas sofreram resistência forte, e às vezes virulenta, porque a religião dominante na época pensava de outra forma. Giordano Bruno foi queimado na fogueira por defender a primeira concepção; Galileu foi forçado, sob ameaça de tortura nos porões do Vaticano, a renunciar à segunda concepção; a firme convicção de que a doença era uma punição trazida pelo Demônio dava margem a práticas de saúde pública que provocavam epidemias crônicas na maioria das cidades da Europa; e a idade da terra e a evolução da vida tiveram de enfrentar uma batalha árdua contra o preconceito religioso, mesmo numa era supostamente esclarecida.

Deixando de lado a história, a opinião quase universal de que nossas convicções religiosas são o resultado refletido de uma avaliação desapaixonada de todas as mais importantes alternativas é quase demonstravelmente falsa para a humanidade em geral. Se essa fosse a gênese das convicções da maioria das pessoas, então seria de esperar que os credos mais importantes fossem distribuídos de modo mais ou menos aleatório por todo o globo. Mas, de fato, eles tendem a mostrar uma tendência muito grande a formar aglomerados: o cristianismo está centralizado na Europa e nas Américas, o islamismo na África e no Oriente Médio, o hinduísmo na Índia e o budismo no Oriente. Isso ilustra o que todos nós de alguma forma suspeitamos: que as *forças sociais* são os determinantes primários da fé religiosa das pessoas em geral. Decidir questões científicas pelo recurso a uma ortodoxia religiosa seria, dessa forma, pôr as forças sociais no lugar das provas empíricas. Por todas essas razões, profissionais da filosofia e da ciência interessados em conhecer a natureza da mente em geral se empenham em manter o recurso à religião totalmente fora da discussão.

O argumento da introspecção é muito mais interessante, pois tenta recorrer à experiência direta de todos nós. Mas o argumento é bastante suspeito, na medida em que pressupõe que nossa faculdade de observação interior, ou introspecção, revela as coisas como elas realmente são em sua natureza íntima. Essa pressuposição é suspeita porque sabemos que nossas outras formas de observação – a visão, a audição, o tato, e assim por diante – não são capazes disso. A superfície vermelha de uma maçã não *aparece* como uma matriz de moléculas refletindo fótons em certos comprimentos de onda, mas é isso que ela é. O som de uma flauta não *soa* como uma sucessão de ondas de compressão senoidal na atmosfera, mas é isso que ele é. O calor do ar do verão não *parece* ser a energia cinética média de milhões de minúsculas moléculas, mas é isso que ele é. Se nossas próprias dores, esperanças e crenças não se parecem, ao olhar *introspectivo*, com estados eletroquímicos numa rede neural, isso talvez ocorra apenas porque nossa faculdade de introspecção, da mesma forma que nossos outros sentidos, não é suficientemente penetrante para revelar tais detalhes ocultos. Como, de qualquer forma, seria de esperar. O argumento da introspecção, desse modo, não tem força alguma, a menos que possamos, de alguma forma, oferecer bons argumentos, sustentando que a faculdade de introspecção é totalmente diferente de todas as outras formas de observação.

O argumento da irredutibilidade apresenta um desafio mais sério, mas sua força também é menor do que pode parecer à primeira vista. Consideremos, primeiro, nossa capacidade de raciocínio matemático, que tanto impressionava Descartes. Os últimos dez anos tornaram disponíveis, a quem tiver cinqüenta dólares para gastar, calculadoras eletrônicas, cuja capacidade de raciocínio matemático – a parte de cálculos, pelo menos – supera em muito a do ser humano normal. O fato é que, nos séculos que nos separam dos escritos de Descartes, os filósofos, lógicos, matemáticos e pesquisadores da ciência da computação conseguiram isolar os princípios gerais do raciocínio matemático, e os engenheiros eletrônicos criaram máquinas que calculam de acordo com esses princípios. O resultado é esse objeto portátil que teria assombrado Descartes. Esses desdobramentos são impressionantes, não apenas porque as máquinas se revelaram capazes de executar algumas das capacidades de que se orgulhava a razão humana, mas também porque algumas dessas realizações invadem áreas da razão humana que os filósofos dualistas do passado consideravam como definitivamente barradas a simples dispositivos físicos.

Embora o debate sobre a questão permaneça em aberto, o argumento de Descartes baseado no uso da linguagem é igualmente problemático. A noção de *linguagem de computador* é hoje um lugar-comum: por exemplo, BASIC, PASCAL, FORTRAN, APL, LISP, e assim por diante. É verdade que essas "linguagens" artificiais são muito mais simples em estrutura e conteúdo que a linguagem humana natural, mas as diferenças podem ser apenas de grau, e não de espécie. Da mesma forma, o trabalho teórico de Noam Chomsky e a abordagem da lingüística por meio da gramática generativa fizeram muito para explicar a capacidade humana de uso da linguagem em termos que convidam à simulação por computadores. Não estou sugerindo que computadores que realmente conversam estejam a caminho. Temos ainda muito a aprender, e muitos problemas fundamentais a resolver (a maioria deles tem a ver com a capacidade de raciocínio teórico ou indutivo). Mas o recente progresso teórico nessa esfera nada tem feito para confirmar a convicção de que o uso da linguagem seria definitivamente impossível para um sistema puramente físico. Ao contrário, uma tal convicção parece agora bastante arbitrária e dogmática, como veremos no Capítulo 6.

A questão seguinte é também um problema atual: como podemos esperar explicar ou prever as qualidades intrínsecas de nossas sensações, ou o conteúdo de significação de nossas crenças e desejos, em termos puramente físicos? Esse é um grande desafio para o materialista. Mas, como veremos nas próximas seções, já existem programas de pesquisa em andamento que trabalham sobre os dois problemas, e sugestões positivas estão sendo exploradas. De fato, não é impossível imaginar como tais explicações deveriam ser formuladas, embora o materialista ainda não possa pretender ter resolvido nenhum desses problemas. Enquanto ele não o fizer, os dualistas vão reter aqui uma ficha para barganha, mas isso é praticamente tudo que eles poderão fazer. O que os dualistas precisam, a fim de estabelecer seu ponto de vista, é a conclusão de que uma redução física é absolutamente impossível, e essa é uma conclusão que eles não conseguiram estabelecer. Questões retóricas, como a que abre este parágrafo, não constituem argumentos. E devemos observar que é igualmente difícil imaginar como esses fenômenos poderiam ser explicados ou previstos exclusivamente em termos da coisa-mente não-física dos dualistas da substância. O problema de fornecer uma explicação aqui é um grande desafio para todos, não apenas para o materialista. É nesse problema, então, que reside nosso impasse.

O último argumento em defesa do dualismo recorria à existência de fenômenos parapsicológicos, tais como a telepatia e a telecinese, sua força sendo derivada da afirmação de que tais fenômenos mentais (a) são reais, e (b) estão além de uma explicação puramente física. Esse argumento é na verdade uma outra instância do argumento da irredutibilidade discutido anteriormente e, como antes, não é absolutamente evidente que tais fenômenos, mesmo que reais, devam ser definitivamente refratários a uma explicação puramente física. O materialista já pode sugerir um mecanismo para a telepatia, por exemplo. Em sua opinião, o pensamento é uma atividade elétrica no interior do cérebro. Mas, de acordo com a teoria eletromagnética, tais movimentos das cargas elétricas devem produzir ondas eletromagnéticas que se ir-radiam na velocidade da luz e em todas as direções, ondas que conterão informações sobre a atividade elétrica que as produziu. Tais ondas podem, subseqüentemente, ter efeitos sobre a atividade elétrica de outros cérebros, isto é, sobre seu pensamento. Pode-se chamar essa teoria de "teoria do transmissor/receptor de rádio" da telepatia.

Não estou sugerindo de forma alguma que essa teoria seja verdadeira: as ondas eletromagnéticas emitidas pelo cérebro são assombrosamente fracas (bilhões de vezes mais fracas que o fluxo eletromagnético de fundo sempre presente e produzido pelas estações de rádio comerciais) e muito provavelmente também estão irremediavelmente embaralhadas entre si. Essa é uma razão por que, na ausência de provas sistemáticas, incontestáveis e reprodutíveis que comprovem a existência da telepatia, deve-se duvidar de sua possibilidade. Mas é significativo que o materialista tenha recursos teóricos para sugerir uma explicação possível e detalhada da telepatia, caso ela venha a se mostrar real, o que é mais do que qualquer dualista até agora conseguiu. Não é, portanto, de forma alguma evidente que o materialista *deva* estar em desvantagem, em termos de explicação, nessas questões. Na verdade, trata-se do inverso.

Pode-se, no entanto, deixar de lado essa discussão, pois a principal dificuldade com o argumento dos fenômenos parapsicológicos é muito, muito mais simples. Apesar dos pronunciamentos e relatos sem fim que aparecem na imprensa popular, e apesar do fluxo constante de pesquisas sérias em torno de tais questões, não existem provas significativas ou dignas de confiança de que tais fenômenos nem mesmo existam. A ampla lacuna entre a convicção popular com respeito a essa questão e as provas efetivas é algo que por si só exige pesquisa. Pois não existe um só efeito parapsicológico que possa ser reproduzido repetidamente, ou de modo confiável, em algum laboratório equipado de modo adequado para realizar e controlar as experiências. Nem um sequer.

Pesquisadores honestos têm sido repetidamente tapeados por charlatães "paranormais" com habilidades derivadas da atividade dos mágicos, e a história desse tema é, em grande parte, uma história de ingenuidade, seleção de provas, controles experimentais precários, e fraude pura e simples, até mesmo por parte de um ou outro pesquisador. Se alguém efetivamente descobrir um efeito parapsicológico que possa ser reproduzido, então teremos de reavaliar a situação, mas, da forma como as coisas estão, não há nessa esfera nada que possa dar sustentação a uma teoria dualista da mente.

Diante de um exame crítico, os argumentos que sustentam o dualismo perdem boa parte de sua força. Mas ainda não concluímos: existem argumentos contra o dualismo, e também eles devem ser examinados.

Argumentos contra o dualismo

O primeiro argumento que os materialistas apresentam contra o dualismo recorre à maior *simplicidade* da concepção materialista. É um princípio da metodologia racional que, se tudo o mais for igual, deve-se preferir a mais simples de duas hipóteses rivais. Esse princípio é às vezes denominado "a navalha de Ockham" – referência ao filósofo medieval Guilherme de Ockham, que pela primeira vez o enunciou – e pode ser expresso também da seguinte forma: "não se deve multiplicar entidades além do estritamente necessário para explicar os fenômenos". O materialista postula apenas um tipo de substância (a matéria física) e uma classe de propriedades (as propriedades físicas), enquanto o dualista postula dois tipos de matéria e/ou duas classes de propriedades. E sem nenhuma vantagem em termos explicativos – censura o materialista.

Esse ainda não é um ponto decisivo contra o dualismo, pois nem o dualismo nem o materialismo ainda podem explicar todos os fenômenos em questão. Mas essa objeção tem alguma força, especialmente porque não há dúvida alguma de que a matéria física existe, enquanto a matéria espiritual permanece uma hipótese pouco substancial.

Se essa última hipótese nos trouxesse alguma clara vantagem explicativa que não pudesse ser obtida de nenhuma outra forma, então poderíamos violar sem constrangimentos a exigência de simplicidade, e estaríamos certos em fazê-lo. Mas ela não o faz, alega o materialista. De fato, a vantagem é no sentido inverso, afirma ele, e isso nos conduz à segunda objeção ao dualismo: a relativa *impotência explicativa* do dualismo em comparação com o materialismo.

Consideremos os recursos explicativos já disponíveis às neurociências. Sabemos que o cérebro existe e do que ele é feito. Sabemos muito sobre sua microestrutura: como os neurônios estão organizados em sistemas e como os diferentes sistemas estão conectados uns aos outros, aos nervos motores, que descem até os músculos, e aos nervos sensoriais provenientes dos órgãos dos sentidos. Sabemos muito sobre sua microquímica: como as células nervosas emitem minúsculos impulsos eletroquímicos ao longo de suas diversas fibras e como elas fazem que outras células, por sua vez, emitam impulsos, ou deixem de emiti-los. Sabemos um pouco sobre como essa atividade processa informações sensoriais, selecionando unidades salientes ou sutis para ser enviadas aos sistemas superiores. E sabemos um pouco sobre como essa atividade dá início ao comportamento corporal e o coordena. Graças especialmente à neurologia (o ramo da medicina voltado para as patologias do cérebro), sabemos muito sobre as correlações entre os danos a diversas partes do cérebro humano e as diversas deficiências cognitivas e comportamentais de que sofrem suas vítimas. Existe um grande número de deficiências isoladas – algumas grandes, outras sutis – que são familiares aos neurologistas (incapacidade de falar, de ler, de entender a fala, de reconhecer rostos, de somar/subtrair, de mover um certo membro, de armazenar informações na memória de longo prazo, e assim por diante), e seu surgimento está intimamente vinculado à ocorrência de danos a partes muito específicas do cérebro. E não estamos limitados à catalogação de traumas. O crescimento e desenvolvimento da microestrutura do cérebro é algo que a neurociência também tem explorado, e tal desenvolvimento parece ser a base de diversas espécies de aprendizado pelo organismo. O aprendizado envolve mudanças químicas e físicas duradouras no cérebro. Em resumo, o neurocientista pode nos dizer muita coisa sobre o cérebro, sobre sua constituição e sobre as leis físicas que o governam; ele já pode explicar boa parte de nosso comportamento em termos das propriedades elétricas, químicas e físicas do cérebro; e ele tem disponíveis recursos teóricos para explicar muito mais, à medida que nossas explorações forem avançando (faremos um exame mais detalhado da neurofisiologia e da neuropsicologia no Capítulo 7).

Comparemos agora o que o neurocientista pode nos dizer sobre o cérebro, e o que ele pode fazer com esse conhecimento, com o que o dualista pode nos dizer sobre a substância espiritual, e o que ele pode fazer com essas suposições. O dualista pode nos dizer algo sobre a constituição interna da coisa-mente? Sobre os elementos não-materiais que a constituem? Sobre as leis que governam seu comportamento? Sobre as conexões estruturais da mente com o corpo? Sobre o modo como ela opera? Ele pode explicar as capacidades e patologias humanas em termos de suas estruturas e seus defeitos? O fato é que o dualista não pode fazer nada disso, porque jamais foi formulada uma teoria detalhada sobre a coisa-mente. Em comparação com o êxito em termos de explicação e os amplos recursos do materialismo atual, o dualismo é menos uma teoria da mente do que um espaço vazio à espera de uma genuína teoria da mente que possa ser nele colocada.

Assim argumenta o materialista. Mas, mais uma vez, esse não é um ponto absolutamente decisivo contra o dualismo. O dualista pode admitir que o cérebro desempenha um papel importante na administração tanto da percepção quanto do comportamento –

a seu ver, o cérebro é o *mediador* entre a mente e o corpo –, mas ele pode tentar argumentar que os êxitos atuais do materialista e as perspectivas futuras de explicação referem-se apenas às funções mediadoras do cérebro, e não às capacidades *centrais* da mente não-física, tais como a razão, a emoção e a própria consciência. Sobre esses últimos tópicos, ele pode argumentar, *tanto* o dualismo *quanto* o materialismo atualmente se calam.

Essa, no entanto, não é uma boa resposta. No que toca a capacidade de raciocínio, já existem máquinas que executam em minutos sofisticados cálculos matemáticos e dedutivos que um ser humano levaria uma vida inteira para realizar. E quanto às duas outras capacidades mentais, o estudo de fenômenos como a depressão, a motivação, a atenção e o sono tem revelado muitos fatos interessantes e intrigantes sobre a base neuroquímica e neurodinâmica tanto da emoção quanto da consciência. As capacidades *centrais*, não menos que as periféricas, têm sido abordadas com bons resultados por diversos programas de pesquisa materialistas.

De qualquer forma, a tentativa do dualista (da substância) de traçar uma nítida distinção entre as capacidades "mentais" únicas, próprias à mente não-material, e as capacidades meramente mediadoras do cérebro sugere um argumento que está muito próximo de uma completa refutação do dualismo (da substância). Se realmente existe uma entidade distinta, na qual o raciocínio, as emoções e a consciência têm lugar, e se essa entidade depende do cérebro unicamente para as experiências sensoriais, como entrada de dados, e para execuções da vontade, como saída, *então seria de esperar que a razão, a emoção e a consciência fossem relativamente invulneráveis ao controle direto ou às patologias resultantes da manipulação ou de danos ao cérebro.* Mas, de fato, é exatamente o oposto que ocorre. O álcool, os narcóticos ou a degeneração senil de tecidos nervosos danificam, incapacitam ou mesmo destroem a capacidade de pensamento racional de uma pessoa. A psiquiatria conhece centenas de produtos químicos que controlam as emoções (o lítio, a clorpromazina, a anfetamina, a cocaína, e assim por diante), que entram em ação ao ser transportados até o cérebro. A vulnerabilidade da consciência aos anestésicos, à cafeína e a algo tão simples quanto uma pancada forte na cabeça mostra sua dependência muito estreita com relação à atividade neural no cérebro. Tudo isso faz plenamente sentido se a razão, as emoções e a consciência forem atividades do próprio cérebro. Mas faz muito pouco sentido se elas forem puramente atividades de alguma outra coisa.

Podemos chamar esse argumento de argumento da *dependência neural* de todos os fenômenos mentais conhecidos. Devemos observar que o dualismo da propriedade não fica ameaçado por esse argumento, uma vez que, como o materialismo, o dualismo da propriedade considera o cérebro como a sede de toda atividade mental. Vamos concluir esta seção, no entanto, com um argumento que incide sobre ambas as variedades de dualismo: o argumento da *história evolutiva*.

Qual é a origem de uma espécie complexa e sofisticada como a nossa? Qual, nessa mesma perspectiva, é a origem do golfinho, do rato ou da mosca doméstica? Graças aos registros fósseis, à anatomia comparada e à bioquímica das proteínas e dos ácidos nucléicos, hoje não existem mais dúvidas sérias a esse respeito. Cada espécie existente é um tipo sobrevivente que provém de uma série de variações de um tipo mais primitivo de organismo; cada tipo mais primitivo, por sua vez, é um tipo sobrevivente que provém de uma série de variações de um tipo de organismo ainda mais primitivo; e assim, retrocedendo pelos ramos da árvore evolutiva, por cerca de três bilhões de anos, encontramos um tronco constituído por apenas um punhado de organismos muito simples. Esses organismos, assim como seus descendentes mais complexos, nada mais são que estruturas moleculares, impelidas por energia, capazes de se auto-reparar e de produzir réplicas de si mesmas (esse tronco evolutivo tem suas próprias raízes em uma era mais primitiva de evolução puramente química, na qual os próprios elementos moleculares da vida foram sendo combinados). O mecanismo de desenvolvimento que estruturou essa árvore é constituído por dois principais elementos: (1) a variação cega ocasional que ocorre nos tipos de criaturas reprodutoras e (2) a sobrevivência seletiva de alguns desses tipos, em razão de vantagens reprodutivas relativas, encontradas em indivíduos pertencentes a esses tipos. No decorrer de sucessivas eras geológicas, um processo como esse pôde produzir uma enorme variedade de organismos, alguns deles, na verdade, muito complexos.

Para os propósitos de nossa discussão, o aspecto relevante da história-padrão da evolução está em que a espécie humana e todas as suas características são o resultado exclusivamente físico de um processo puramente físico. Como todos os organismos, exceto os mais simples, nós temos um sistema nervoso. E pela mesma razão: um sistema nervoso torna possível uma orientação discriminativa do comportamento. Mas um sistema nervoso é apenas uma ativa matriz de células, e uma célula é apenas uma ativa matriz de moléculas. Somos extraordinários apenas porque nosso sistema nervoso é mais complexo e potente que o das outras criaturas à nossa volta. Nossa natureza interior difere da de criaturas mais simples apenas em grau, mas não em gênero.

Se essa é a descrição correta de nossas origens, então não parece haver necessidade, nem espaço, para a introdução de substâncias ou propriedades não-físicas em nossa explicação teórica de nós mesmos. Somos criaturas da matéria. E deveríamos aprender a conviver com esse fato.

Argumentos desse tipo levaram a maioria dos membros (mas não todos) da comunidade profissional a adotar alguma forma de materialismo. No entanto, isso não resultou em muita unanimidade, pois as diferenças entre as diversas posições materialistas são ainda mais amplas que as diferenças que dividem o dualismo. As quatro próximas seções irão explorar essas posições mais recentes.

Leituras sugeridas

Sobre o dualismo da substância

DESCARTES, R. *Meditações*, "Segunda Meditação".

DESCARTES, R. *Discurso do método*, "Quinta Parte".

ECCLES, J. C., POPPER, K. *The Self and Its Brain*. New York: Springer-Verlag, 1977.

Sobre o dualismo da propriedade

JACKSON, F. Epiphenomenal Qualia. *The Philosophical Quarterly*, v.32, n.127, apr. 1982.

MARGOLIS, J. *Persons and Minds*: The Prospects of Nonreductive Materialism. Dordrecht (Holland): Reidel, 1978.

NAGEL, T. What Is It Like to Be a Bat? *Philosophical Review*, v.LXXXIII, 1974. Reimpresso em: BLOCK, N. (Org.) *Readings in Philosophy of Psychology*. Cambridge, MA: Harvard University Press, 1980. v.1.

POPPER, K., Eccles, J. C. *The Self and Its Brain*. New York: Springer-Verlag, 1977.

2 O behaviorismo filosófico

O *behaviorismo filosófico* alcançou o apogeu de sua influência durante as duas primeiras décadas após a Segunda Guerra Mundial. Ele foi motivado por pelo menos três tendências intelectuais. A primeira delas foi a reação contra o dualismo. A segunda foi a idéia do positivismo lógico de que o significado de uma sentença era, em última análise, uma questão de circunstâncias observáveis que tenderiam a verificar ou confirmar essa sentença. A terceira motivação foi a tese geral de que a maior parte dos problemas filosóficos, se não todos, seria o resultado de confusão lingüística ou conceitual e deveriam ser resolvidos (ou dissolvidos) pela análise cuidadosa da linguagem na qual o problema foi expresso.

De fato, o behaviorismo filosófico não é tanto uma teoria sobre o que são os estados mentais (em sua natureza interior) e sim, mais propriamente, uma teoria sobre como analisar ou compreender o vocabulário que usamos para falar sobre eles. Especificamente, ele afirma que falar sobre emoções, sensações, crenças e desejos não é falar sobre episódios espirituais interiores, mas um modo abreviado de falar sobre padrões de *comportamento*, potenciais ou reais. Em sua forma mais radical e simples, o behaviorismo filosófico afirma que toda sentença sobre estados mentais pode ser parafraseada, sem perda de significado, numa longa e complexa sentença sobre que comportamento observável *iria* resultar se a pessoa em questão estivesse nesta, naquela ou em outra circunstância observável.

Uma analogia sugestiva seria a propriedade disposicional de *ser solúvel*. Dizer que um torrão de açúcar é solúvel não é dizer que o torrão de açúcar possui algum tipo de estado espiritual interior. É somente dizer que, *se* o torrão de açúcar for colocado na água, ele *irá* se dissolver. Em termos mais rigorosos:

"x é solúvel em água"

é equivalente, por definição, a

"se x for colocado em água insaturada, x irá se dissolver".

Esse é um exemplo do que chamamos "definição operacional". O termo "solúvel" é definido com base em certas operações ou testes que revelariam se o termo realmente se aplica, ou não, ao caso a ser testado.

De acordo com o behaviorista, uma análise desse tipo vale também para estados mentais como "quer férias no Caribe", exceto que a análise é muito mais rica. Dizer que Anne quer férias no Caribe é dizer que (1), se lhe perguntassem se é isso o que ela quer, ela responderia sim, e (2), se recebesse novos prospectos de férias para a Jamaica e para o Japão, ela examinaria primeiro os da Jamaica e (3), se ganhasse um bilhete para o vôo para a Jamaica da próxima sexta-feira, ela iria, e assim por diante. Ao contrário da solubilidade, afirma o behaviorista, a maioria dos estados mentais é constituída por disposições com *múltiplas vias*. Mas, ainda assim, continuam sendo disposições.

Assim, desse ponto de vista, não tem sentido nos preocuparmos com a relação entre a mente e o corpo. Falar sobre a mente de Marie Curie, por exemplo, não é falar sobre alguma "coisa" que ela "possui": é falar sobre algumas de suas extraordinárias capacidades e disposições. O problema mente-corpo, conclui o behaviorista, é um pseudoproblema.

O behaviorismo é claramente compatível com uma concepção materialista do que são os seres humanos. Os objetos materiais podem ter propriedades disposicionais, e até mesmo propriedades disposicionais com múltiplas vias, e assim, não há necessidade de adotar o dualismo para dar sentido a nosso vocabulário psicológico (devemos assinalar, no entanto, que o behaviorismo também é perfeitamente compatível com o dualismo: mesmo aceitando o behaviorismo filosófico como verdadeiro, ainda continua sendo possível que nossas disposições com múltiplas vias sejam enraizadas numa coisa-mente imaterial, e não em estruturas moleculares; mas essa não é uma possibilidade que os behavioristas, em sua maioria, levariam a sério, pelas diversas razões que foram esboçadas no final da seção precedente).

O behaviorismo filosófico, infelizmente, tinha duas falhas importantes que o tornavam problemático, mesmo para seus defensores. Ele evidentemente ignorava, e até mesmo negava, o aspecto "interior" de nossos estados mentais. Ter uma dor, por exemplo, não parece ser meramente uma questão de estar inclinado a gemer, esquivar-se, tomar aspirina, e assim por diante. As dores também têm uma natureza qualitativa intrínseca (uma natureza que é horrível) que se revela na introspecção, e toda teoria da mente que ignorar ou negar tais *qualia* está simplesmente sendo negligente.

Esse problema recebeu muita atenção por parte dos behavioristas, e foram feitas tentativas sérias para resolvê-lo. Os detalhes, no entanto, nos conduzem ao âmbito de questões semânticas, de modo que deixaremos a discussão dessas dificuldades para o Capítulo 3.

A segunda falha veio à tona quando os behavioristas tentaram especificar em detalhe a disposição com múltiplas vias que eles afirmavam constituir qualquer estado mental dado. A lista de condicionais necessários para uma análise adequada de "quer férias no Caribe", por exemplo, parece ser não apenas longa, mas, sim, indefinidamente, ou mesmo infinitamente, longa, sem um modo finito de especificar os elementos que devem ser incluídos. E não é possível definir bem um termo cujo *definiens* é não-específico e permanece em aberto dessa forma. Além disso, cada condicional da longa análise é por si só suspeito. Supondo que Anne efetivamente queira férias no Caribe, o condicional (1), anterior, será verdadeiro somente se ela não buscar *fazer segredo* sobre suas fantasias em termos de férias; o condicional (2) será verdadeiro somente se ela ainda não estiver *entediada* com os prospectos sobre a Jamaica; o condicional (3) será verdadeiro somente se ela não *acreditar* que o vôo de sexta-feira será seqüestrado, e assim por diante. Mas corrigir dessa forma cada condicional pelo acréscimo de uma qualificação apropriada seria reintroduzir uma série de elementos *mentais* na definição, e assim não estaríamos mais definindo o mental exclusivamente em termos de circunstâncias e comportamentos publicamente observáveis.

Enquanto o behaviorismo parecia ser a única alternativa ao dualismo, os filósofos estavam dispostos a combater essas falhas, na esperança de corrigi-las ou neutralizá-las. No entanto, três outras teorias materialistas vieram a se destacar no final da década 1950 e na de 1960, e o behaviorismo foi rapidamente abandonado.

(Encerro esta seção com uma nota de precaução. O behaviorismo *filosófico* aqui discutido deve ser nitidamente distinguido do behaviorismo *metodológico* que teve uma influência muito grande no âmbito da psicologia. Em sua forma menos sofisticada, o behaviorismo metodológico insiste em que todo novo termo teórico inventado pela ciência da psicologia *deve ser* definido em termos operacionais, a fim de garantir que a psicologia mantenha contato firme com a realidade empírica. O behaviorismo filosófico, ao contrário, afirma que todos os termos psicológicos do senso comum em nosso vocabulário pré-científico *já* obtêm seu significado a partir de definições operacionais [tácitas]. Essas duas concepções são logicamente distintas, e a da metodologia pode ser uma opção prudente para o estabelecimento de novos termos teóricos, embora a análise correlata dos termos do senso comum relativas a estados mentais seja equivocada.)

Leituras sugeridas

MALCOLM, N. Wittgenstein's Philosophical Investigations, em *Philosophical Review*, v.XLVII, 1956. Reimpresso em CHAPPELL, V. C. (Org.) *The Philosophy of Mind*. Englewood Cliffs, NJ: Prentice-Hall, 1962.

RYLE, G. *The Concept of Mind*. London: Hutchinson & Company, 1949. Cap. I e V.

3 O materialismo reducionista (a teoria da identidade)

O *materialismo reducionista*, mais conhecido como *a teoria da identidade*, é a mais simples das diversas teorias materialistas da mente. Sua tese central é a própria simplicidade: os estados mentais *são* estados físicos do cérebro. Isto é, cada tipo de estado ou processo mental é *numericamente idêntico a* (é uma e mesma coisa que) algum tipo de estado ou processo mental no interior do cérebro ou no sistema nervoso central. Até agora, não temos suficiente conhecimento sobre o intricado funcionamento do cérebro para poder efetivamente estabelecer as identidades apropriadas, mas a teoria da identidade está comprometida com a idéia de que a pesquisa sobre o cérebro irá um dia revelá-las (para, em parte, avaliar essa afirmação, vamos examinar a pesquisa atual sobre o cérebro no Capítulo 7).

Paralelos históricos

Esse resultado previsto pela teoria da identidade tem paralelos dos quais temos conhecimento em outras esferas da história da ciência. Tomemos como exemplo o som. Sabemos hoje que o som é simplesmente uma sucessão de ondas de compressão que viajam pelo ar e que a propriedade de um som de ser agudo é idêntica à propriedade de ter uma freqüência oscilatória alta. Aprendemos que a luz nada mais é que ondas eletromagnéticas, e nossa melhor teoria atual diz que a cor de um objeto é idêntica a uma trinca de coeficientes de reflectância que o objeto tem, como se ele estivesse "tocando uma corda musical", embora as "notas" sejam tocadas em ondas eletromagnéticas, e não em ondas sonoras. Hoje reconhecemos que o calor ou o frio de um corpo são apenas a energia do movimento das moléculas que o constituem: o calor é idêntico à alta energia cinética molecular média, e o frio é idêntico à baixa energia cinética molecular média. Sabemos hoje que o relâmpago é idêntico a uma súbita descarga de elétrons em larga escala, entre as nuvens ou entre a atmosfera e o solo. O que hoje pensamos como "estados mentais", argumenta o defensor da teoria da identidade, é idêntico aos estados do cérebro, e exatamente do mesmo modo.

Redução interteórica

Esses paralelos, citados a título de ilustração, são todos eles casos de *redução interteórica* bem-sucedida. Isto é, todos eles são casos em que uma nova teoria muito potente acaba por implicar um conjunto de proposições e princípios que espelham perfeitamente (ou quase perfeitamente) as proposições e os princípios de alguma teoria ou um arcabouço conceitual mais antigos. Os princípios que a nova teoria implica têm a mesma estrutura que os princípios correspondentes do antigo arcabouço e se aplicam exatamente aos mesmos casos. A única diferença está em que os antigos princípios continham (por exemplo) as noções de "calor", "é quente" e "é frio", e os novos princípios contêm, em vez disso, as noções de "energia cinética molecular total", "tem uma alta energia cinética molecular média" e "tem uma baixa energia cinética molecular média".

Se o novo arcabouço é muito melhor que o antigo na explicação e previsão dos fenômenos, então temos uma excelente razão para acreditar que os termos teóricos do *novo* arcabouço são os termos que descrevem corretamente a realidade. Mas, se o antigo arcabouço funciona adequadamente até esse ponto e está em paralelo com uma parte da nova teoria, do modo sistemático como descrevemos, então podemos concluir corretamente que os termos antigos e os termos novos se referem todos exatamente às mesmas coisas, ou expressam exatamente as mesmas propriedades. Concluímos, então, que apreendemos exatamente a mesma realidade que era incompletamente descrita no antigo arcabouço conceitual, mas por meio de um novo e mais penetrante arcabouço. E afirmamos o que os filósofos da ciência chamam de "identidades interteóricas": a luz *é* idêntica a ondas magnéticas, a temperatura *é* energia cinética molecular média, e assim por diante.

Os exemplos dos dois parágrafos precedentes têm mais uma importante característica em comum. Todos eles são casos em que as coisas ou propriedades do lado que sofre a redução são coisas e propriedades *observáveis* no âmbito do arcabouço conceitual de nosso *senso comum*. Eles mostram que a redução interteórica ocorre não apenas entre os arcabouços conceituais situados na estratosfera teórica: os observáveis do senso comum também podem ser reduzidos. Assim, não haveria nada de particularmente surpreendente numa redução de nossos estados mentais potencialmente introspectivos a estados físicos do cérebro. Tudo que precisaríamos seria uma neurociência bem-sucedida em termos de explicação, que se desenvolvesse a ponto de implicar uma "imagem especular" dos princípios e pressupostos que constituem o arcabouço conceitual de nosso senso comum para os estados mentais, uma imagem na qual os termos para os estados do cérebro ocupariam as posições ocupadas pelos termos para os estados mentais nos pressupostos e princípios do senso comum. Se essa (bastante exigente) condição fosse de fato satisfeita, então, assim como nos casos históricos citados, estaríamos justificados em estabelecer uma redução e em afirmar a identidade dos estados mentais com os estados do cérebro.

Argumentos em favor da teoria da identidade

Que razões o defensor da teoria da identidade tem para acreditar que a neurociência virá um dia a satisfazer as rigorosas condições necessárias para a redução de nossa psicologia "popular"? Existem pelo menos quatro razões, todas elas convergindo para a conclusão de que a correta explicação do comportamento-humano-e-suas-causas deve se encontrar nas neurociências físicas.

Podemos apontar, em primeiro lugar, para as origens puramente físicas e para a constituição ostensivamente física de todo indivíduo humano. Começamos com uma organização de moléculas, monocelular e geneticamente programada (um óvulo fertilizado), e prosseguimos, a partir daí, acrescentando outras moléculas, cuja estrutura e integração são controladas pelas informações codificadas nas moléculas de DNA do núcleo celular.

O resultado desse processo será um sistema puramente físico, cujo comportamento resulta de suas operações internas e de suas interações com o resto do mundo físico. Essas operações internas que controlam o comportamento são justamente o objeto das neurociências. Esse argumento é compatível com um segundo argumento. As origens de cada *tipo* de animal também parecem ser de natureza exclusivamente física. O argumento da história da evolução discutido anteriormente (p.46) oferece um apoio complementar à afirmação do defensor da teoria da identidade, uma vez que a teoria da evolução nos fornece a única hipótese séria para a explicação da capacidade de controle do comportamento pelo cérebro e pelo sistema nervoso central. Esses sistemas foram selecionados em razão das muitas vantagens (em última análise, a vantagem reprodutiva) apresentadas pelas criaturas cujo comportamento era controlado dessa forma. Mais uma vez, nosso comportamento parece ter suas causas básicas na atividade neural.

O defensor da teoria da identidade encontra ainda um outro apoio complementar no argumento, discutido anteriormente, da dependência neural de todos os fenômenos mentais conhecidos (ver p.46). É exatamente isso o que devemos esperar, caso a teoria da identidade seja verdadeira. Naturalmente, a dependência neural sistemática é uma conseqüência também do dualismo da propriedade, mas aqui o defensor da teoria da identidade irá recorrer a considerações sobre a simplicidade. Por que admitir duas classes radicalmente diferentes de propriedades e operações se a explicação pode ser obtida por apenas uma?

Um último argumento deriva do êxito crescente obtido pelas neurociências, em seus esforços de descrever os sistemas nervosos de diversas criaturas e de explicar suas capacidades e deficiências comportamentais em termos das estruturas descobertas. Todos os argumentos precedentes sugerem que a neurociência deverá ter êxito nesse empreendimento, e o fato é que o desenvolvimento da história da neurociência tem sido sua confirmação.

Especialmente no caso de criaturas muito simples (como seria de esperar), o progresso foi muito rápido. E tem havido progressos também no caso dos seres humanos, embora, por razões morais óbvias, a investigação nesse âmbito deva ser muito mais cautelosa e circunspecta. Em resumo, as neurociências têm um longo caminho a percorrer, mas os progressos até agora oferecem estímulo substancial para o defensor da teoria da identidade.

Mesmo assim, os argumentos em favor da teoria da identidade estão longe de ser decisivos. Sem dúvida, eles constituem uma argumentação esmagadora em favor da idéia de que as causas do comportamento animal e humano são de natureza essencialmente física, mas a teoria da identidade afirma mais que isso. Ela afirma que a neurociência irá descobrir uma taxonomia de estados neurais que deverá se apresentar numa correspondência de um para um com os estados mentais da taxonomia oferecida por nosso senso comum. A defesa da identidade interteórica será justificada somente se for possível encontrar uma correspondência desse tipo. Mas não há nada nos argumentos precedentes que garanta que as estruturas novas e antigas irão combinar dessa forma, mesmo que a nova estrutura tenha êxito esmagador na explicação e previsão de nosso comportamento. Além disso, existem argumentos sugeridos por outras posições no âmbito do materialismo que mostram que combinações assim convenientes são bastante improváveis. Antes de explorar esses argumentos, no entanto, vamos examinar algumas das objeções mais tradicionais apresentadas contra a teoria da identidade.

Argumentos contra a teoria da identidade

Podemos começar com o argumento da introspecção, discutido anteriormente. A introspecção revela um domínio de pensamentos, sensações e emoções, e não um domínio de impulsos eletroquímicos numa rede neural. As propriedades e os estados mentais, tais como revelados na introspecção, parecem radicalmente diferentes das propriedades e dos estados neurofisiológicos. Como poderiam ser eles exatamente a mesma coisa? A resposta, como já vimos, é: "facilmente". Ao distinguir o vermelho do azul, o doce do azedo e o frio do calor, nossos sentidos externos estão na verdade distinguindo entre diferenças sutis nas intricadas propriedades eletromagnéticas, estereoquímicas e micromecânicas dos objetos físicos. Mas nossos sentidos não são suficientemente penetrantes para revelar por si próprios a natureza detalhada dessas propriedades intricadas. Isso requer pesquisa teórica e exploração experimental com instrumentos especialmente projetados. O mesmo, presumivelmente, vale para nosso sentido "interno": a introspecção. Ela pode distinguir com eficiência uma grande diversidade de estados neurais, sem poder, no entanto, revelar por si só a natureza detalhada dos estados que estão sendo distinguidos. Na verdade, seria até mesmo um milagre se ela pudesse revelá-los – um milagre tão grande quanto a possibilidade de, sem o apoio de instrumentos, nossa visão conseguir revelar a existência de campos magnéticos e elétricos em interação, vibrando com uma freqüência oscilatória de um trilhão de hertz e num comprimento de onda de menos de um milionésimo de metro. Pois, apesar das "aparências", é isso que é a luz. O argumento da introspecção, dessa forma, não tem força alguma.

A objeção seguinte argumenta que a identificação de estados mentais com estados do cérebro nos compromete com afirmações literalmente ininteligíveis, isto é, com o que os filósofos chamaram de "erros categoriais", e, assim, essa identificação não passa de pura confusão conceitual. Podemos começar a discussão comentando uma lei extremamente importante, que expressa a identidade numérica. A lei de Leibniz afirma que dois itens são numericamente idênticos, se e somente se, todas as propriedades presentes em um deles estão também presentes no outro: na notação lógica,

$$(x)(y)[(x = y) \equiv (F)(Fx \equiv Fy)].$$

Essa lei sugere um modo de refutar a teoria da identidade: encontre-se uma propriedade que seja verdadeira para os estados do cérebro, mas que não o seja para os estados mentais (ou vice-versa), e a teoria será refutada.

As propriedades espaciais foram muitas vezes citadas com essa finalidade. Os processos e estados mentais devem naturalmente ter uma localização espacial específica: no cérebro como um todo, ou em uma parte dele. E se os estados mentais são idênticos aos estados do cérebro, então eles devem ter exatamente a mesma localização espacial. Mas é literalmente sem sentido, afirma o argumento, dizer que minha sensação de dor está localizada em meu tálamo ventral, ou que minha crença-de-que-o-sol-é-uma-estrela está situada no lobo temporal do hemisfério esquerdo de meu cérebro. Afirmações desse tipo são tão sem sentido quanto a de que o número 5 é verde, ou de que o amor pesa vinte gramas.

Num mesmo estilo de argumentação, mas no sentido inverso, alguns sustentaram que não tem sentido atribuir as diversas propriedades *semânticas* aos estados do cérebro. Nossos pensamentos e crenças, por exemplo, têm um significado, um conteúdo proposicional específico; eles são ou verdadeiros ou falsos; e eles podem entrar em relações tais como não-contradição ou implicação. Se os pensamentos e as crenças fossem estados do cérebro, então todas essas propriedades semânticas deveriam valer para os estados do cérebro. Mas não tem sentido, continua o argumento, dizer que uma certa ressonância em meu córtex associativo é verdadeira ou que ela implica logicamente alguma outra ressonância próxima, ou que ela significa que P.

Nenhuma dessas estratégias tem a mesma incisividade de vinte anos atrás, uma vez que a familiaridade com a teoria da identidade e uma consciência cada vez maior do papel do cérebro tendem a diminuir a sensação de estranheza semântica produzida por essas afirmações. Mas, mesmo que elas ainda nos parecessem semanticamente ininteligíveis, isso teria pouco peso. A afirmação de que o som tem um comprimento de onda ou a de que a luz tem uma freqüência deviam parecer igualmente ininteligíveis antes de se chegar à convicção de que tanto o som quanto a luz são fenômenos ondulatórios (cf., por exemplo, a rejeição do bispo Berkeley, no século XVIII, da idéia de que o som é um movimento vibratório do ar, no "Diálogo I" de seus *Três diálogos*: as observações são emitidas por Filonous). A afirmação de que o calor é medido em quilogramas·metros^2/segundos^2 teria parecido semanticamente perversa antes de compreendermos que a temperatura é a energia cinética molecular média. A afirmação de Copérnico, no século XVI, de que a terra se *move* também parecia absurda às pessoas da época, a ponto de ser considerada perversa. Não é difícil avaliar por quê. Consideremos o seguinte argumento:

> A afirmação de Copérnico de que a Terra se move é pura confusão conceitual. Pois, consideremos o que *significa* dizer que algo se move: "*x* move-se" significa "*x* muda de posição com relação à Terra". Assim, dizer que a Terra se move é dizer que a Terra muda de posição com relação a si mesma! O que é absurdo. A posição de Copérnico é, portanto, um abuso de linguagem.

A *análise da significação* aqui evocada pode muito bem estar correta, mas tudo o que isso significa é que a pessoa que a emitiu deveria ter modificado suas significações. O fato é que qualquer linguagem envolve uma rica rede de pressuposições sobre a estrutura do mundo, e se a sentença *S* provoca sensações de estranheza semântica, isso em geral acontece porque *S* viola uma ou mais dessas pressuposições de base. Mas nem sempre se pode rejeitar *S* unicamente por essa razão, pois talvez seja justamente o abandono dessas pressuposições de base o que os fatos exigem. O "abuso" com relação aos modos de falar aceitos, muitas vezes, é uma característica essencial do progresso científico real! Talvez tenhamos simplesmente de nos acostumar com a idéia de que os estados mentais têm localização anatômica e de que os estados do cérebro têm propriedades semânticas.

Embora a acusação de pura falta de sentido possa ser ignorada, o defensor da teoria da identidade, ainda assim, nos deve uma explicação de como exatamente os estados físicos do cérebro podem ter propriedades semânticas. A explicação que vem sendo atualmente explorada pode ser esboçada da forma como se segue. Comecemos por perguntar como é possível que uma *sentença* particular (= tipo emissão) tenha o conteúdo proposicional específico que ela tem: a sentença *"la pomme est rouge"* ["a maçã é vermelha"], por exemplo. Notemos, em primeiro lugar, que uma sentença é sempre uma parte integrante de todo um sistema de sentenças: isto é, de uma língua. Qualquer sentença dada está em muitas relações com incontáveis outras sentenças: ela implica muitas sentenças, é implicada por muitas outras, é compatível com algumas, é incompatível com outras, oferece provas confirmadoras para ainda outras, e assim por diante. E os locutores que empregam essa sentença no interior da língua extraem inferências de acordo com essas relações. Evidentemente, cada sentença (ou cada conjunto de sentenças equivalentes) tem um padrão único dessas relações de implicação: ela desempenha um papel inferencial distinto numa economia lingüística complexa. Assim, dizemos que a sentença *"la pomme est rouge"* tem o conteúdo proposicional *the apple is red*, porque a sentença *"la pomme est rouge"* desempenha *o mesmo papel* no francês que a sentença *"the apple is red"* desempenha no inglês. Ter o conteúdo proposicional apropriado é simplesmente desempenhar o papel inferencial apropriado numa economia cognitiva.

Retornando agora aos tipos de estados do cérebro, aqui não há, em princípio, problema algum em admitir que o cérebro é a sede de uma economia inferencial complexa, na qual os tipos de estados do cérebro são os elementos que desempenham os papéis. De acordo com a teoria do significado que acabamos de esboçar, tais estados teriam, então, conteúdo proposicional, uma vez que ter conteúdo não depende de o item portador do conteúdo ser um padrão de som, um padrão de letras sobre o papel, um conjunto de relevos em Braille, ou um padrão de atividade neural. O que importa é o papel inferencial que o item desempenha. Assim, o conteúdo proposicional parece, afinal de contas, estar ao alcance dos estados do cérebro.

Começamos esta subseção com um argumento contra o materialismo, que recorria à *natureza* qualitativa de nossos estados mentais, tal como nos revela a introspecção. O argumento seguinte recorre ao simples fato de que eles são absolutamente introspectivos.

1 Meus estados mentais são conhecidos introspectivamente por mim como estados de meu eu consciente.

2 Os estados de meu cérebro *não* são introspectivamente conhecidos por mim como estados de meu eu consciente.

Assim, pela lei de Leibniz (de que coisas numericamente idênticas devem ter exatamente as mesmas propriedades),

3 Meus estados mentais não são idênticos aos estados de meu cérebro.

Essa, em minha experiência, é a forma mais atrativa do argumento da introspecção, que seduz tanto alunos principiantes quanto estudiosos de nível avançado. Mas ele é uma instância pura e simples de uma conhecida falácia, que é claramente ilustrada pelos seguintes argumentos paralelos:

1 Muhammad Ali é amplamente conhecido como campeão dos pesos-pesados.

2 Cassius Clay *não* é amplamente conhecido como campeão dos pesos-pesados.

Assim, pela lei de Leibniz,

3 Muhammad Ali não é idêntico a Cassius Clay.

Ou:

1 A aspirina é reconhecida por John como analgésico.

2 O ácido acetilsalicílico *não* é reconhecido por John como analgésico.

Assim, pela lei de Leibniz,

3 A aspirina não é idêntica ao ácido acetilsalicílico.

Apesar da verdade das premissas, ambas as conclusões são falsas: as identidades são absolutamente genuínas. O que significa que ambos os argumentos são inválidos. O problema está em que a "propriedade" atribuída na premissa (1) e negada na premissa (2) consiste apenas em o item sujeito ser *reconhecido, percebido* ou *conhecido* como alguma-coisa-ou-outra. Mas ser assim apreendido não é uma propriedade genuína do próprio item, de modo que essa apreensão não é adequada para estabelecer identidades, uma vez que um mesmo objeto pode ser reconhecido com êxito sob um nome ou descrição e, mesmo assim, não ser reconhecido sob outra descrição (também correta, ou co-referencial). Em termos simples, a lei de Leibniz não é válida para essas "propriedades" espúrias. A tentativa de usá-la dessa forma comete o que os estudiosos da lógica chamam de falácia *intensional*. As premissas podem refletir não a ausência de certas propriedades objetivas, mas apenas nosso fracasso persistente em percebê-las.

Uma versão diferente do argumento precedente deve também ser considerada, uma vez que se pode argumentar que os estados do cérebro são mais que meramente não-conhecidos (ainda) por meio da introspecção: eles não são conhec*íveis* de forma alguma por introspecção. Assim,

1 Meus estados mentais são conhecíveis por introspecção.
2 Os estados de meu cérebro *não* são conhecíveis por introspecção.

Assim, pela lei de Leibniz,

3 Meus estados mentais não são idênticos aos estados de meu cérebro.

Aqui, a crítica irá insistir em que ser conhec*ível* por introspecção *é* uma propriedade genuína de uma coisa, e que essa versão modificada do argumento está livre da "falácia intensional", ora discutida.

E assim é de fato. Mas, agora, o materialista está em posição de insistir em que o argumento contém uma premissa falsa – a premissa (2). Pois, se os estados mentais são de fato estados do cérebro, então é realmente sobre os estados do cérebro que fazemos introspecção, embora sem perceber plenamente o que eles são. E se podemos aprender a reconhecer e pensar nesses estados por meio de descrições mentalistas – como de fato aprendemos –, então, sem dúvida, poderemos aprender a reconhecer e a pensar neles por meio de suas descrições neurofisiológicas, dotadas de maior acuidade. No mínimo, a premissa (2) pressupõe justamente o que o defensor da teoria da identidade nega. O erro é bem ilustrado pelo seguinte argumento paralelo:

1 A temperatura é conhecida pelo tato.

2 A energia cinética molecular média *não* é conhecida pelo tato.

Assim, pela lei de Leibniz,

3 A temperatura não é idêntica à energia cinética molecular média.

Essa identidade, pelo menos, está há muito estabelecida, e esse argumento é sem dúvida incorreto: a premissa (2) é falsa. Da mesma forma que se pode aprender a sentir pelo tato que o ar do verão está em 70 °F ou 21 °C, também pode-se aprender a sentir que a energia cinética média de suas moléculas é cerca de $6,2 \times 10^{-21}$ joules, pois, quer percebamos quer não, é a isso que nossos mecanismos discriminadores estão ajustados. Talvez os estados de nosso cérebro sejam acessíveis de um modo semelhante. A possibilidade da introspecção dos estados do cérebro será abordada novamente no Capítulo 8.

Consideremos agora um último argumento, mais uma vez baseado nas qualidades introspectivas de nossas sensações. Imaginemos uma neurocientista do futuro que conhece tudo que pode ser conhecido sobre a estrutura física e as atividades do cérebro e de seu sistema visual, sobre seus estados reais e possíveis. Se, por alguma razão, ela jamais *teve* efetivamente uma sensação-de-vermelho (por ser daltônica, por exemplo, ou em razão de alguma condição excepcional no ambiente), então restará algo que ela *não* conhece sobre certas sensações: *como é ter uma sensação-de-vermelho*. Assim, o conhecimento completo dos fatos físicos da percepção visual e da atividade cerebral a ela vinculado ainda deixa alguma coisa de fora. Dessa forma, o materialismo não pode dar uma explicação adequada de todos os fenômenos mentais, e a teoria da identidade deve ser falsa.

O defensor da teoria da identidade pode responder que esse argumento explora uma equivocidade não-intencional do termo "conhecer". Com relação ao conhecimento que nossa neurocientista tem do cérebro, "conhecer" significa algo como "domina o conjunto pertinente de proposições da neurociência". Com relação a seu conhecimento (ausente) do que é ter uma sensação-de-vermelho, "conhece" significa algo como "tem uma representação pré-lingüística do vermelho em seus mecanismos de discriminação não-inferenciais". É verdade que se pode ter o primeiro sem ter-se o último, mas o materialista não tem nenhum compromisso com a tese de que ter conhecimento no primeiro sentido automaticamente faz parte de ter conhecimento no segundo sentido. O defensor da teoria da identidade pode perfeitamente admitir uma dualidade, ou mesmo uma pluralidade, de diferentes *tipos de conhecimento* sem, com isso, estar afirmando uma dualidade de *tipos de coisas conhecidas*. A diferença entre a pessoa que conhece tudo sobre o córtex visual, mas nunca teve uma sensação-de-vermelho, e a pessoa que não tem conhecimentos na esfera da neurociência, mas conhece bem a sensação-de-vermelho, pode estar não no *que* é conhecido por cada uma delas (estados do cérebro, pela primeira, e *qualia* não-físicos, pela última), mas sim no *tipo*, no *meio*, ou no *nível* diferente de representação que cada um tem de exatamente uma única coisa: os estados do cérebro.

Em resumo: existem manifestamente muitos mais modos de "ter conhecimento", além do simples domínio de um conjunto de sentenças, e o materialista pode sem dificuldades admitir, sem constrangimentos, que temos "conhecimento" de nossas próprias sensações de modo independente da neurociência que possamos ter aprendido. Os animais, incluindo-se os humanos, provavelmente têm um modo pré-lingüístico de representação sensorial. Isso não significa que as sensações estejam além do alcance da ciência física. *Isso significa apenas que o cérebro usa mais modos e meios de representação que o mero armazenamento de sentenças*. Tudo que o defensor da teoria da identidade precisa afirmar é que esses outros modos de representação também admitirão a explicação da neurociência.

A teoria da identidade mostrou-se bastante resistente diante dessas objeções predominantemente antimaterialistas. Mas outras objeções, apoiadas em formas rivais de materialismo, representam uma ameaça muito mais séria, como veremos nas próximas seções.

Leituras sugeridas

Sobre a teoria da identidade

CHURCHLAND, P. Reduction, Qualia, and the Direct Introspection of Brain States. *Journal of Philosophy*, v.LXXXII, n.1, 1985.

_____. Some Reductive Strategies in Cognitive Neurobiology. *Mind*, v.95, n.379, 1986.

FEIGL, H. The Mind-Body Problem: *Not* a Pseudo-Problem. In: HOOK, S. (Org.) *Dimensions of Mind*. New York: New York University Press, 1960.

JACKSON, F. Epiphenomenal Qualia. *The Philosophical Quarterly*, v.32, n.127, abr. 1982.

LEWIS, D. An Argument for the Identity Theory. *The Journal of Philosophy*, v.LXIII, n.1, 1966.

LEWIS, D. What Mary Didn't Know. *Journal of Philosophy*, v.LXXXIII, n.5, 1986.

NAGEL, T. What Is It Like to Be a Bat? *Philosophical Review*, v.LXXXIII, 1974. Reimpresso em: BLOCK, N. (Org.) *Readings in Philosophy of Psychology*. Cambridge, MA: Harvard University Press, 1980. v.I.

PLACE, U. T. Is Consciousness a Brain Process? *British Journal of Psychology*, v.XLVII, 1956. Reimpresso em: CHAPPELL, V. C. (Org.) *The Philosophy of Mind*. Englewood Cliffs, NJ: Prentice-Hall, 1962.

SMART, J. J. C. Sensations and Brain Processes. *Philosophical Review*, v.LXVIII, 1959. Reimpresso em: CHAPPELL, V. C. (Org.) *The Philosophy of Mind*. Englewood Cliffs, NJ: Prentice-Hall, 1962.

Sobre a redução interteórica

CHURCHLAND, P. *Scientific Realism and the Plasticity of Mind*. Cambridge: Cambridge University Press, 1979. Cap.3, section 11.

FEYERABEND, P. Explanation, Reduction, and Empiricism. In: FEIGL, H., MAXWELL, G. (Org.) *Minnesota Studies in the Philosophy of Science*. Minneapolis: University of Minnesota Press, 1962. v.III.

HOOKER, C. Towards a General Theory of Reduction. *Dialogue*, v.XX, n.1-3, 1981.

NAGEL, E. *The Structure of Science*. New York: Harcourt, Brace & World, 1961. Cap.11.

4 O funcionalismo

De acordo com o *funcionalismo*, a característica essencial que define todo tipo de estado mental é o conjunto de relações causais que ele mantém com (1) os efeitos do meio ambiente sobre o corpo, (2) com outros estados mentais e (3) com o comportamento corporal. A dor, por exemplo, resulta de traumas ou danos ao corpo; ela causa sofrimento, irritação e uma avaliação prática, visando a seu alívio; ela também provoca comportamentos de esquiva e empalidecimento e o tratamento da área traumatizada. Todo estado que desempenha exatamente esse papel funcional é uma dor, de acordo com o funcionalismo. De modo análogo, outros tipos de estados mentais (sensações, medos, crenças, e assim por diante) também são definidos por seus papéis causais únicos, numa economia complexa de estados internos mediando entradas de dados sensoriais e saídas comportamentais.

Essa concepção pode trazer o behaviorismo à mente do leitor, e, de fato, ela é herdeira do behaviorismo. Porém, há uma diferença fundamental entre as duas teorias. Enquanto o behaviorismo esperava definir cada tipo de estado mental exclusivamente em termos de entradas de dados do meio ambiente e saídas comportamentais, o funcionalista nega que isso seja possível. Para o funcionalista, a caracterização adequada de quase todos os estados mentais envolve uma referência não-eliminável a uma série de estados mentais com os quais o estado mental em questão está conectado em termos causais, e, assim, uma definição reducionista exclusivamente em termos de entradas e saídas é totalmente impossível. Dessa forma, o funcionalismo está imune a uma das principais objeções contra o behaviorismo.

Essa é a diferença entre o funcionalismo e o behaviorismo. A diferença entre o funcionalismo e a teoria da identidade virá à tona a partir do seguinte argumento contra a teoria da identidade.

Imaginemos um ser de outro planeta, diz o funcionalista, um ser com uma constituição fisiológica alienígena, uma constituição baseada no elemento químico silício, por exemplo, em vez do elemento carbono, como a nossa. A química e mesmo a estrutura física do cérebro do alienígena teriam de ser sistematicamente diferentes dos de nosso cérebro. Mas, mesmo assim, esse cérebro alienígena poderia muito bem manter uma economia funcional de estados internos, cujas *relações* recíprocas estão em perfeito paralelo com as relações recíprocas que definem nossos próprios estados mentais. O alienígena pode ter um estado interno que satisfaz a todas as condições exigidas para um estado de dor, como descrevemos anteriormente. Esse estado, considerado a partir de um ponto de vista puramente físico, teria uma constituição muito diferente de um estado de dor para o ser humano, mas ele poderia, no entanto, ser idêntico a um estado de dor humano, de um ponto de vista puramente funcional. E o mesmo vale para todos os seus estados funcionais.

Se a economia funcional dos estados internos do alienígena fosse de fato *funcionalmente isomórfica* à nossa própria economia interna – se esses estados estivessem causalmente conectados a entradas de dados, se eles estivessem ligados entre si, e ao comportamento, de uma forma que estivesse em paralelo com nossas próprias conexões internas –, então o alienígena teria dores, desejos, esperanças e medos de modo tão pleno quanto nós, apesar das diferenças no sistema físico que sustenta ou realiza esses estados funcionais. O que é importante para a existência de uma mente não é a matéria da qual a criatura é feita, mas a estrutura das atividades internas mantidas por essa matéria.

Se podemos pensar numa constituição alienígena, podemos também pensar em muitas, e o mesmo vale para os sistemas artificiais. Se criássemos um sistema eletrônico – algum tipo de computador – cuja economia interna fosse funcionalmente isomórfica com relação à nossa própria economia interna, em todos os aspectos relevantes, então também ele teria estados mentais.

O que essa argumentação ilustra é que muito provavelmente existe mais de um modo para a natureza, e mesmo para o homem, de construir uma criatura que percebe, sente e pensa. E isso apresenta um problema para a teoria da identidade, pois parece que não há um único tipo de estado físico ao qual um determinado tipo de estado mental deva sempre corresponder. Ironicamente, existe um número *demasiado* grande de tipos de sistemas físicos que podem realizar a economia funcional característica da inteligência consciente. Assim, se consideramos o universo em termos amplos, incluindo o futuro assim como o presente, parece absolutamente improvável que o defensor da teoria da identidade possa vir a encontrar as correspondências um-a-um entre os conceitos da taxonomia da mente de nosso senso comum e os conceitos de uma teoria assim abrangente, que possa incluir todos os sistemas físicos relevantes. Mas é isso que em geral se afirma que a redução interteórica exige. As perspectivas de identidades universais entre tipos de estados mentais e tipos de estados do cérebro são, dessa forma, parcas.

Embora os funcionalistas rejeitem a teoria da identidade "tipo mental = tipo físico", virtualmente todos eles permanecem comprometidos com a teoria da identidade mais branda "espécime mental = espécime físico", pois eles ainda sustentam que cada *instância* de um dado tipo de estado mental é numericamente idêntica a algum estado físico específico, em um ou outro sistema físico. São somente as identidades universais (tipo/tipo) que são rejeitadas. Mesmo assim, essa rejeição é em geral interpretada como afirmando que a ciência da psicologia é ou deveria ser *metodologicamente autônoma* com relação às diversas ciências físicas, como a física, a biologia e até mesmo a neurofisiologia. A psicologia, afirma-se, tem suas próprias leis irredutíveis e seu próprio objeto abstrato.

Enquanto escrevo este livro, o funcionalismo é provavelmente a teoria da mente mais amplamente aceita entre os filósofos, estudiosos da psicologia cognitiva e pesquisadores da inteligência artificial. Algumas das razões para isso ficaram manifestas na discussão precedente, e aqui vão mais algumas outras. Ao caracterizar os estados mentais como estados essencialmente funcionais, o funcionalismo situa o interesse da psicologia num nível que se abstrai do rico detalhamento de uma estrutura neurofisiológica (ou cristalográfica, ou microeletrônica) do cérebro. A ciência da psicologia, afirma-se ocasionalmente, é metodologicamente autônoma com relação a essas outras ciências (a biologia, a neurociência, a teoria dos circuitos), cujo interesse se restringe a detalhes de engenharia. Isso oferece uma justificativa para a grande massa de trabalho na esfera da psicologia cognitiva e da inteligência artificial, em que os pesquisadores postulam um sistema de estados funcionais abstratos e, então, testam o sistema postulado, muitas vezes por meio de simulações computacionais, em confronto com o comportamento humano em circunstâncias análogas. O objetivo de tal trabalho é descobrir em detalhe a organização funcional que faz de nós o que somos (em parte para avaliar as perspectivas de uma filosofia funcionalista da mente, vamos examinar uma parte da pesquisa recente na área da inteligência artificial, no Capítulo 6).

Argumentos contra o funcionalismo

Deixando de lado sua popularidade atual, também o funcionalismo tem suas dificuldades a enfrentar. A objeção mais comumente apresentada menciona nossos velhos conhecidos: os *qualia* sensoriais. O funcionalismo pode escapar de um dos defeitos fatais do behaviorismo, diz ela, mas, ainda assim, é presa do outro. Ao tentar fazer de suas propriedades *relacionais* a característica que define um estado mental, o funcionalismo ignora a natureza "interior" ou qualitativa de nossos estados mentais. Mas essa natureza qualitativa é a característica essencial de muitos tipos de estados mentais (dor, sensações de cor, de temperatura, de altura do som, e assim por diante), continua a objeção, e, dessa forma, o funcionalismo é falso.

A ilustração-padrão para essa aparente falha é chamada "a experiência-de-pensamento do espectro invertido". É inteiramente concebível, diz a objeção, que a gama de sensações de cores que eu percebo, ao observar os objetos comuns, seja simplesmente invertida com relação às sensações de cores que você percebe. Ao observar um tomate, posso ter o que é, na verdade, uma sensação-de-verde, em que você tem a sensação-de-vermelho normal; ao observar uma banana, posso ter o que na verdade é uma sensação-de-azul, em que você tem a sensação-de-amarelo normal; e assim por diante. Mas, como não temos meios de comparar nossos *qualia* interiores, e como vou fazer todas as mesmas distinções observacionais entre os objetos que você irá fazer, não há como determinar se meu espectro é invertido com relação ao seu.

O problema para o funcionalismo surge da seguinte forma. Mesmo que meu espectro seja invertido com relação ao seu, em termos funcionais, nós permanecemos reciprocamente isomórficos. Minha sensação visual, ao observar um tomate, é *funcionalmente* idêntica a sua sensação visual, ao observar o tomate. Assim, de acordo com o funcionalismo, eles são exatamente o mesmo tipo de estado, e nem sequer faz sentido supor que minha sensação é "realmente" uma sensação-de-verde. Se ela preencher as condições funcionais para ser uma sensação-de-vermelho, então, por definição, ela é uma sensação-de-vermelho. De acordo com o funcionalismo, ao que parece, uma inversão do espectro do tipo que acabamos de descrever está, por definição, excluída. Mas inversões desse tipo são perfeitamente concebíveis, conclui a objeção, e se o funcionalismo conclui que elas não são concebíveis, então o funcionalismo é falso.

Um outro problema para o funcionalismo, também vinculado aos *qualia*, é o chamado "problema dos *qualia* ausentes". A organização funcional característica da inteligência consciente pode ser instanciada (= realizada ou citada como exemplo) numa variedade considerável de sistemas físicos, alguns deles radicalmente diferentes do ser humano normal. Por exemplo, um computador eletrônico gigante poderia instanciá-la, e existem ainda possibilidades muito mais radicais. Um escritor nos pede para imaginar as pessoas na China – todos os seus 10^9 habitantes – organizadas em um jogo intricado de interações recíprocas, de modo que coletivamente elas constituem um cérebro gigante que faz trocas entre entradas de dados e saídas com um único corpo de robô. Esse sistema de robô-mais-cérebro-com-10^9-unidades poderia, presumivelmente, instanciar a organização funcional apropriada (embora, sem dúvida, ele fosse muito mais lento em suas atividades que um ser humano ou um computador) e, dessa forma, de acordo com o funcionalismo, seria o sujeito de estados mentais. Mas, sem dúvida, sustenta-se que os estados complexos que aí desempenham os papéis funcionais de dor, prazer e das sensações de cores não teriam os *qualia* intrínsecos como nós temos e, dessa forma, não seriam estados mentais genuínos. Mais uma vez, o funcionalismo parece ser, no melhor dos casos, uma descrição incompleta da natureza dos estados mentais.

Recentemente se argumentou que tanto as objeções dos *qualia* invertidos quanto a dos *qualia* ausentes podem ser respondidas sem violência ao funcionalismo e sem violência significativa às intuições de nosso senso comum sobre os *qualia*. Consideremos, em primeiro lugar, o problema da inversão. Penso que o funcionalista está certo em insistir em que a identidade-de-tipo de nossas sensações visuais deve ser avaliada de acordo com seu papel funcional. Mas a objeção também está correta ao insistir em que uma inversão relativa dos *qualia* de duas pessoas, sem uma inversão funcional, é inteiramente concebível. A manifesta incompatibilidade entre essas duas posições pode ser dissolvida, insistindo-se em que (1) nossos estados funcionais (ou antes, suas realizações físicas) efetivamente têm uma natureza intrínseca da qual depende nossa identificação introspectiva desses estados; ao mesmo tempo em que insistindo-se também em que (2) tais naturezas intrínsecas, no entanto, não são essenciais para a identidade-de-tipo de um determinado estado mental e, na verdade, podem *variar* de instância para instância do mesmo tipo de estado mental.

Isso significa que o caráter qualitativo da sensação-de-vermelho que você tem pode ser diferente do caráter qualitativo de minha sensação-de-vermelho, leve ou substancialmente, e a sensação-de-vermelho de uma terceira pessoa, por sua vez, também pode ser diferente. Mas, desde que todos os três estados sejam normalmente causados por objetos vermelhos e regularmente façam que todos nós três acreditemos que algo é vermelho, então todos os três estados são sensações-de-vermelho, não importa o seu caráter qualitativo intrínseco. Esses *qualia* intrínsecos meramente servem como aspectos salientes que tornam possível a rápida identificação introspectiva das sensações, como as listras pretas-sobre-laranja servem como aspectos salientes para a rápida identificação visual dos tigres. Mas os *qualia* específicos não são essenciais para a identidade-de-tipo dos estados mentais, não mais essenciais que as listras pretas-sobre-laranja para a identidade-de-tipo dos tigres.

Sem dúvida, essa solução exige que o funcionalista admita a *realidade* dos *qualia*, e podemos nos perguntar como pode haver espaço para os *qualia* em sua imagem de mundo materialista. Talvez eles possam se encaixar nesse mundo da seguinte forma: *identificando* os *qualia* com as propriedades físicas de quaisquer que sejam os estados físicos que instanciem os estados mentais (funcionais) que os apresentam. Por exemplo, identificando a natureza qualitativa das sensações-de-vermelho que você tem com a característica física (do estado do cérebro que a instancia) à qual seus mecanismos de discriminação introspectiva estão de fato respondendo, quando você julga que tem uma sensação-de-vermelho. Se o materialismo é verdadeiro, então deve *existir* uma ou outra característica física interna à qual a discriminação que você faz das sensações-de-vermelho está ajustada: *esse* é o *quale* de suas sensações-de-vermelho. Se o tom de um som pode se mostrar como a freqüência de uma oscilação na pressão do ar, não há razão por que o *quale* de uma sensação não possa vir a se revelar como, digamos, uma freqüência de pulsos numa certa rota neural (mais provavelmente, será um grupo específico ou *conjunto* de freqüências de pulsos, como afirma a teoria do padrão *vetorial* ou *transversal às fibras* da codificação sensorial; os "pulsos" são minúsculos impulsos eletroquímicos, por meio dos quais as células de nosso cérebro se comunicam entre si, ao longo de fibras muito finas que as conectam reciprocamente – para mais detalhes, consultar o Capítulo 7).

Disso resulta que as criaturas de constituição física diferente da nossa podem ter *qualia* diferentes dos nossos, mesmo sendo psicologicamente isomórficas a nós. Mas isso não significa que elas *devam* ter *qualia* diferentes. Se o caráter qualitativo de minha sensação-de-vermelho for realmente uma freqüência de pulsos de 90 hertz numa certa rota neural, é possível que um robô eletromecânico apresente exatamente o mesmo caráter qualitativo se, ao relatar sensações-de-vermelho, ele estiver respondendo a uma freqüência de pulsos de 90 hertz, numa rota *de cobre* correspondente. Talvez seja a freqüência de pulsos o que importa em nossos mecanismos de discriminação correspondentes, e não a natureza do meio que os transporta.

Essa hipótese também sugere uma solução para o problema dos *qualia* ausentes. Desde que o sistema físico em questão seja funcionalmente isomórfico a nós, até os mínimos detalhes, ele será capaz de fazer sutis discriminações introspectivas entre suas sensações. Essas discriminações devem se apoiar em alguma base física sistemática, isto é, em algumas características físicas específicas aos estados que estão sendo discriminados. Essas características no foco objetivo dos mecanismos discriminadores do sistema, *esses* são seus *qualia* sensoriais – embora o sistema alienígena tenha tão pouca probabilidade de avaliar sua verdadeira natureza física quanto nós de avaliar a verdadeira natureza física de nossos próprios *qualia*. Os *qualia* sensoriais são, dessa forma, acompanhantes indispensáveis de todo sistema dotado do tipo de organização funcional que estamos examinando. Pode ser difícil ou mesmo impossível "ver" os *qualia* num sistema alienígena, mas é igualmente difícil "vê-los" mesmo quando examinamos o cérebro humano.

Deixo ao leitor a tarefa de avaliar se essas respostas são ou não satisfatórias. Se elas são satisfatórias, então, em face de suas outras virtudes, deve-se conceder ao funcionalismo uma posição muito firme entre as teorias da mente rivais atualmente disponíveis. É interessante, no entanto, que a defesa apresentada no parágrafo anterior precisasse recorrer a uma página do livro do defensor da teoria da identidade (tipos de *qualia* sendo reduzidos ou identificados a tipos de estados físicos), uma vez que a última objeção que vamos examinar também tende a dissolver a distinção entre o funcionalismo e o materialismo reducionista.

Consideremos a propriedade *temperatura*, convida-nos essa objeção. Aqui temos um paradigma de uma propriedade física, o mesmo que foi também citado como o paradigma de uma propriedade *reduzida* com êxito, da forma como expressa a seguinte identidade interteórica:

"temperatura = energia cinética média das moléculas constituintes".

Em termos rigorosos, no entanto, essa identidade é verdadeira somente no caso da temperatura dos gases, em que as partículas simples estão livres para se mover num padrão balístico. Num *sólido*, a temperatura é concebida de modo diferente, uma vez que as moléculas interconectadas estão confinadas a uma série de movimentos vibracionais. Num *plasma*, a temperatura é concebida de um terceiro modo, uma vez que o plasma não tem moléculas constituintes; elas foram fragmentadas, junto com seus átomos constituintes. E mesmo um *vácuo* tem uma, assim chamada, temperatura de "corpo negro" – na distribuição das ondas eletromagnéticas que o percorrem. Aqui, a temperatura não tem relação alguma com a energia cinética das partículas.

Está claro que a propriedade física da temperatura apresenta "múltiplas instâncias", da mesma forma que as propriedades psicológicas. Será que isso significa que a termodinâmica (a teoria do calor e da temperatura) é uma "ciência autônoma", independente do resto da física, com suas próprias leis irredutíveis e com seu próprio objeto não-físico e abstrato?

É de presumir que não. O que isso significa, conclui a objeção, é que *as reduções são específicas a domínios*:

temperatura-em-um-gás = energia cinética média das moléculas do gás,

enquanto:

temperatura-em-um-vácuo = a distribuição de corpo negro da radiação transiente do vácuo.

De modo análogo, talvez:

alegria-em-um-ser-humano = ressonâncias no hipotálamo lateral,

enquanto:

alegria-em-um-marciano = algo absolutamente diferente.

Isso significa que podemos, afinal de contas, esperar algumas reduções tipo/tipo dos estados mentais, embora elas devam ser muito mais limitadas do que inicialmente sugerido. Mas ainda isso também significa que as afirmações funcionalistas relativas à autonomia radical da psicologia não se sustentam. Por fim, isso também sugere que o funcionalismo não é tão radicalmente diferente da teoria da identidade, como em princípio parecia.

E, da mesma forma que a defesa do funcionalismo anteriormente esboçada, também aqui, deixo ao leitor a avaliação dessa crítica. Teremos oportunidade para uma discussão mais ampla do funcionalismo nos próximos capítulos. Por ora, vamos examinar a última teoria materialista da mente, pois o funcionalismo não é a única reação importante à teoria da identidade.

Leituras sugeridas

DENNETT, D. *Brainstorms*. Montgomery, Vermont: Bradford, 1978; Cambridge, MA: MIT Press.

FODOR, J. *Psychological Explanation*. New York: Random House, 1968.

PUTNAM, H. Minds and Machines. In: HOOK, S. (Org.) *Dimensions of Mind*. New York: New York University Press, 1960.

PUTNAM, H. Robots: Machines or Artificially Created Life? *Journal of Philosophy*, v.LXI, n.21, 1964.

_____. The Nature of Mental States. In: ROSENTHAL, D. (Org.) *Materialism and the Mind-Body Problem*. Englewood Cliffs, NJ: Prentice-Hall, 1971.

Com referência às dificuldades do funcionalismo

BLOCK, N. Troubles with Functionalism. In: SAVAGE, C. W. (Org.) *Minnesota Studies in the Philosophy of Science*. Minneapolis: University of Minnesota Press, 1978. v.IX. Reimpresso em: BLOCK, N. (Org.) *Readings in Philosophy of Psychology*. Cambridge, MA: Harvard University Press, 1980.

CHURCHLAND, P. Eliminative Materialism and the Propositional Attitudes. *Journal of Philosophy*, v.LXXVIII, n.2, 1981.

CHURCHLAND, P., CHURCHLAND, P. Functionalism, Qualia, and Intentionality. *Philosophical Topics*, v.12, n.1, 1981. Reimpresso em: BIRO, J., SHAHAN, R. (Org.) *Mind, Brain, and Function*. Norman, OK: University of Oklahoma Press, 1982.

ENC, B. In Defense of the Identity Theory. *Journal of Philosophy*, v.LXXX, n.5, 1983.

SHOEMAKER, S. The Inverted Spectrum. *Journal of Philosophy*, v.LXXIX, n.7, 1982.

5 O materialismo eliminacionista

A teoria da identidade foi posta em questão não porque as perspectivas de uma explicação materialista de nossas capacidades mentais fossem consideradas fracas, mas porque parecia pouco provável que a entrada em cena de uma teoria materialista adequada pudesse apresentar as correspondências exatas um-a-um entre a psicologia popular e os conceitos da neurociência teórica, que eram exigidas pela redução interteórica. O motivo dessa dúvida estava na grande variedade de sistemas físicos totalmente diferentes que poderiam instanciar a organização funcional requerida. O *materialismo eliminacionista* também duvida de que a correta explicação das capacidades humanas apresentada pela neurociência possa vir a produzir uma redução sistemática do arcabouço de nosso senso comum, mas, nesse caso, as dúvidas têm origem numa fonte totalmente diferente.

Para o materialista eliminacionista, as correspondências uma-um não serão encontradas, e a estrutura psicológica de nosso senso comum não pode obter uma redução interteórica, *porque a estrutura psicológica de nosso senso comum é uma concepção falsa e radicalmente enganosa das causas do comportamento humano e da natureza da atividade cognitiva*. Desse ponto de vista, a psicologia popular não é apenas uma representação incompleta de nossas naturezas interiores; ela é pura e simplesmente uma representação *distorcida* de nossas atividades e estados internos. Conseqüentemente, não podemos esperar que uma explicação realmente adequada de nossa vida interior feita pela neurociência revele categorias teóricas que correspondam exatamente às categorias do arcabouço de nosso senso comum. Dessa forma, devemos esperar que o antigo arcabouço seja simplesmente eliminado, e não reduzido, por uma neurociência amadurecida.

Paralelos históricos

Da mesma forma que o defensor da teoria da identidade pode mencionar casos históricos de interpretações interteóricas que tiveram êxito, também o materialista eliminacionista pode mencionar casos históricos de eliminação pura e simples da ontologia de uma teoria mais antiga, em favor da ontologia de uma teoria nova e superior. Durante a maior parte dos séculos XVIII e XIX, as pessoas instruídas acreditavam que o calor era um *fluido* sutil retido nos corpos, de uma forma muito semelhante ao modo como a água fica retida numa esponja. Um razoável corpo teórico moderadamente bem-sucedido descrevia o modo como essa substância fluida – chamada "calórico" – fluía no interior de um corpo, ou de um corpo para outro, e como ela produzia expansão térmica, derretimento, ebulição, e assim por diante. Mas, no final do século XIX, tinha se tornado claro, por provas abundantes, que o calor não era absolutamente uma substância, mas apenas a energia produzida pelo movimento dos trilhões de moléculas em choque que constituem o corpo aquecido. A nova teoria – a "teoria cinético/corpuscular da matéria e do calor" – tinha muito mais êxito que a antiga na previsão e explicação do comportamento térmico dos corpos. E, como não se conseguiu *identificar* o fluido calórico com a energia cinética (na antiga teoria, o calórico seria uma *substância* material, na nova teoria, a energia cinética seria uma forma de *movimento*), chegou-se por fim à conclusão de que não existia *uma coisa* chamada calórico. O calórico foi simplesmente eliminado como ontologia aceita.

Um segundo exemplo. Acreditava-se que, quando um pedaço de madeira se queima, ou um pedaço de metal enferruja, uma substância de tipo volátil chamada "flogisto" estava sendo liberada: rapidamente, no primeiro caso, lentamente, no segundo. Uma vez desaparecida, a substância "nobre" deixava apenas um amontoado de cinzas ou ferrugem. Mais tarde, chegou-se à conclusão de que ambos os processos envolvem não a perda de algo, mas o *ganho* de uma substância extraída da atmosfera: o oxigênio. O flogisto revelou-se não uma descrição incompleta do que acontecia, mas sim uma descrição radicalmente incorreta. Assim, o flogisto não era adequado a uma redução ou identificação com alguma noção da nova química do oxigênio e foi, então, simplesmente eliminado da ciência.

Nossos dois exemplos são, sem dúvida, relativos à eliminação de algo não-observável, mas também podemos mencionar exemplos da eliminação de certos "observáveis" amplamente aceitos. Antes do surgimento das concepções de Copérnico, quase todos os seres humanos que se aventuravam a sair à noite podiam olhar para a *esfera estrelada do céu* e, se continuassem por mais alguns minutos, poderiam ver também que ela *girava* em torno de um eixo que passava pela Estrela Polar. Do que era feita a esfera (cristal?) e o que a fazia girar (os deuses?) eram questões teóricas que nos manteriam ocupados durante mais de dois milênios. Dificilmente alguém poderia duvidar da existência do que todos podiam observar com os próprios olhos. No final, porém, aprendemos a reinterpretar nossa experiência visual do céu noturno no interior de um arcabouço conceitual muito diferente, e a esfera giratória evaporou-se.

As bruxas são um outro exemplo. A psicose é um distúrbio razoavelmente comum entre os seres humanos, e, séculos atrás, suas vítimas eram regularmente vistas como casos de possessão demoníaca, como instâncias do próprio espírito de Satã, observando-nos malevolamente através dos olhos de suas vítimas. A existência das bruxas não era uma questão de controvérsia. Elas eram vistas ocasionalmente, em cidades ou aldeias, envolvidas em comportamentos incoerentes, paranóicos, ou mesmo homicidas. Mas, observáveis ou não, por fim chegamos à conclusão de que bruxas simplesmente não existem. Concluímos que o conceito de bruxa é um elemento de um arcabouço conceitual que interpreta de modo tão absolutamente incorreto os fenômenos aos quais ele era regularmente aplicado que o emprego literal da noção deveria ser permanentemente eliminado. As teorias modernas dos distúrbios mentais resultaram na eliminação das bruxas de nossa ontologia séria.

Os conceitos da psicologia popular – crença, desejo, medo, sensação, dor, alegria etc. – terão um destino análogo, segundo esse ponto de vista. E, quando a neurociência tiver amadurecido, a ponto de a pobreza de nossas atuais concepções ter-se tornado manifesta a todos, e a superioridade do novo arcabouço tiver sido estabelecida, poderemos, por fim, dar início à tarefa de *reformular* nossas concepções das atividades e estados internos, no interior de um arcabouço conceitual realmente adequado. Nossas explicações sobre os comportamentos uns dos outros irão recorrer a coisas como nossos estados neurofarmacológicos, nossa atividade neural em áreas anatômicas específicas e a outros estados que forem relevantes para a nova teoria. Nossa introspecção individual também será transformada e poderá ser profundamente aprimorada em razão de um arcabouço conceitual mais penetrante e preciso, com o qual ela terá de trabalhar – da mesma forma que a percepção do céu noturno pelo astrônomo foi em muito aprimorada pelo conhecimento detalhado da moderna teoria astronômica de que ele dispõe.

Não devemos minimizar a dimensão da revolução conceitual aqui indicada: ela seria enorme. E os benefícios para a humanidade também seriam grandes. Se cada um de nós tivesse uma compreensão neurocientífica precisa das (que agora concebemos nebulosamente como) variedades e causas das doenças mentais, os fatores envolvidos no aprendizado, na base neural das emoções, na inteligência e na socialização, então a soma total da miséria humana poderia ser reduzida em muito. O simples aumento da compreensão mútua que esse novo arcabouço tornaria possível poderia contribuir em muito para uma sociedade mais pacífica e humana. Naturalmente, haveria perigos também: conhecimento maior significa poder maior, e o poder sempre pode ser mal-utilizado.

Argumentos em favor do materialismo eliminacionista

Os argumentos em favor do materialismo eliminacionista são difusos e muito pouco conclusivos, mas são mais fortes do que em geral se supõe. A característica que distingue essa posição é sua recusa de que se possa esperar por uma redução interteórica sem atritos – mesmo uma redução específica-à-espécie – do arcabouço da psicologia popular ao arcabouço de uma neurociência madura. A razão dessa recusa está na convicção do materialismo eliminacionista de que a psicologia popular é uma concepção intrinsecamente confusa e irremediavelmente primitiva de nossas atividades internas. Mas por que essa baixa opinião sobre as concepções de nosso senso comum?

Existem pelo menos três razões. Em primeiro lugar, o materialista eliminacionista vai mencionar o fracasso generalizado da psicologia popular em termos de explicação, previsão e manipulação. Muitas coisas que nos são centrais e familiares permanecem um completo mistério no âmbito da psicologia popular. Não sabemos o que é o *sono*, ou por que temos de ter sono, apesar de passar um terço de nossa vida nesse estado (a resposta "para descansar" é incorreta: mesmo quando a pessoa está continuamente em descanso, sua necessidade de sono não diminui – ao que parece, o sono atende a funções mais profundas, mas até agora não sabemos quais são elas). Não compreendemos como o *aprendizado* transforma cada um de nós, de uma criança balbuciante em um adulto capaz, ou em que se baseiam as diferenças de *inteligência*. Não temos a mínima idéia de como a *memória* funciona, ou de como conseguimos resgatar unidades de informação instantaneamente, em meio a uma massa assombrosa de informações que armazenamos. Não sabemos o que é a *doença mental*, ou como curá-la.

Em resumo, as coisas mais fundamentais sobre nós permanecem inteiramente misteriosas no âmbito da psicologia popular. E as deficiências notadas não podem ser atribuídas ao tempo insuficiente para sua correção, pois a psicologia popular não sofreu mudanças nem progressos sensíveis no decorrer de mais de dois mil anos, apesar de suas insuficiências manifestas. Pode-se esperar que teorias realmente bem-sucedidas possam sofrer redução, mas teorias basicamente malsucedidas não merecem uma expectativa como essa.

Esse argumento, baseado na pobreza explicativa, tem ainda um outro aspecto. Enquanto nos limitamos aos cérebros normais, a pobreza da psicologia popular talvez não seja tão manifestamente gritante. Mas, quando examinamos as muitas e desconcertantes deficiências comportamentais e cognitivas de que sofrem as pessoas com *danos* cerebrais, nossos recursos explicativos e descritivos começam a tatear no vazio (cf., por exemplo, o Capítulo 7.3, p.226). Como acontece com outras teorias modestas, quando se exige que funcionem com êxito em regiões inexploradas de seu antigo domínio (por exemplo, a mecânica newtoniana, no domínio de velocidades próximas à da luz, e a lei clássica dos gases no domínio de altas pressões ou temperaturas), as insuficiências da psicologia popular em termos de descrição e explicação se tornam gritantemente manifestas.

O segundo argumento tenta extrair uma lição indutiva da história dos conceitos. Nossas primeiras teorias populares sobre o movimento eram absolutamente confusas e foram, por fim, substituídas por teorias mais sofisticadas. As primeiras teorias populares sobre a estrutura e atividade celestes estavam absolutamente equivocadas e sobrevivem apenas como lições históricas do quanto podemos estar enganados. Nossas teorias populares sobre a natureza do fogo e sobre a natureza da vida eram igualmente ridículas. E poderíamos prosseguir com a lista, uma vez que a grande maioria das concepções de nossos antepassados foi, da mesma forma, refutada. Todas elas, exceto a psicologia popular, que sobrevive até hoje e apenas recentemente começou a ser posta em questão. Mas o fenômeno da inteligência consciente é, sem dúvida, um fenômeno mais complexo e difícil que qualquer um dos que acabamos de mencionar. No que toca a uma concepção precisa, seria um *milagre* se acertássemos logo da primeira vez justamente em *seu* caso, quando fracassamos de modo tão deplorável em todos os demais. A psicologia popular, ao que parece, sobreviveu por tanto tempo não porque estivesse basicamente correta em suas representações, mas porque os fenômenos que ela examina são tão terrivelmente difíceis que qualquer abordagem útil deles, não importa o quanto precária, dificilmente seria descartada sem mais.

O terceiro argumento tenta mostrar uma vantagem *a priori* do materialismo eliminacionista com relação à teoria da identidade e ao funcionalismo. O argumento busca se contrapor à intuição comum de que o materialismo eliminacionista pode ser, talvez, remotamente possível, mas ele é muito menos provável que a teoria da identidade ou o funcionalismo. Aqui também o argumento se concentra na possibilidade de os conceitos da psicologia popular encontrarem correspondências corroboradoras numa neurociência amadurecida: o eliminacionista aposta que não; os dois outros apostam que sim (mesmo o funcionalista aposta que sim, mas acredita que as correspondências serão apenas específicas-à-espécie, ou apenas específicas-às-pessoas: o funcionalismo, para lembrar, nega apenas a existência de identidades *universais* tipo/tipo).

O eliminacionista irá salientar que as exigências de uma redução são bastante rigorosas. A nova teoria deve implicar um conjunto de princípios e conceitos incorporados, que espelhem de uma maneira bastante precisa o arcabouço conceitual específico a ser reduzido. O fato é que existem muitos mais modos de ser uma neurociência bem-sucedida em termos de explicações, *sem*, ao mesmo tempo, espelhar o arcabouço da psicologia popular, do que existem modos de ser uma neurociência bem-sucedida em termos de explicação e, ao mesmo tempo, *espelhar* o arcabouço conceitual específico da psicologia popular. Assim, a probabilidade *a priori* do materialismo eliminacionista não é menor, mas sim substancialmente *maior* que a de ambas as teorias adversárias. Nossas intuições iniciais, neste caso, são simplesmente equivocadas.

É verdade que essa vantagem *a priori* inicial poderia ser reduzida se existissem garantias muito fortes para admitir a verdade da psicologia popular – teorias verdadeiras têm mais chance de chegar a uma redução. Mas, em face dos dois primeiros argumentos aqui apresentados, as garantias, nesse caso, parecem estar mais do lado oposto.

Paul M. Churchland

Argumentos contra o materialismo eliminacionista

Para quase todos nós, a plausibilidade inicial dessa concepção bastante radical é muito baixa, uma vez que ela nega pressuposições que nos estão profundamente enraizadas. Mas isso é, no melhor dos casos, incorrer em petição de princípio, pois são justamente essas pressuposições que estão em questão. No entanto, a seguinte linha de pensamento tenta montar um argumento consistente.

O materialismo eliminacionista é falso, diz o argumento, pois nossa própria introspecção revela diretamente a existência de dores, crenças, desejos, medos etc. Sua existência é tão óbvia quanto a de qualquer outra coisa.

O materialista eliminacionista responderá que esse argumento comete o mesmo erro que uma pessoa, na Antigüidade ou na Idade Média, que insistisse em que simplesmente podia ver com seus próprios olhos que o céu forma uma esfera giratória, ou que as bruxas existem. O fato é que toda observação ocorre no contexto de um sistema de conceitos e que nossos juízos observacionais são apenas tão bons quanto o arcabouço conceitual no qual eles são emitidos. Em todos os três casos – a esfera estelar, as bruxas e os estados mentais com os quais estamos familiarizados –, o que está sendo desafiado é justamente a integridade dos arcabouços conceituais que servem como base sobre a qual os juízos observacionais são emitidos. Insistir na validade de nossas experiências, *interpretadas nos termos tradicionais*, é, dessa forma, mais uma vez, cometer petição de princípio, pressupondo a própria questão em discussão. Pois, em todos os três casos, a questão é saber se devemos ou não *reformular* nossas concepções sobre a natureza de um certo domínio observacional com que estamos familiarizados.

Uma segunda crítica tenta encontrar uma incoerência presente na posição do materialista eliminacionista. A afirmação pura e simples do materialismo eliminacionista é a de que os estados mentais com os quais estamos familiarizados não existem realmente. Mas essa afirmação só tem sentido, continua o argumento, se for a expressão de uma certa *crença*, de uma *intenção* de comunicar-se e de um *conhecimento* da língua, e assim por diante. Mas, se a afirmação é verdadeira, então esses estados mentais não existem, e, assim, a afirmação não passa de um encadeamento de sinais e ruídos e, portanto, não pode ser verdadeira. Dessa forma, a admissão de que o materialismo eliminacionista é verdadeiro implica que ele não pode ser verdadeiro.

A falha nesse argumento está na premissa relativa às condições necessárias para que uma afirmação tenha sentido. Ela incorre em petição de princípio. Se o materialismo eliminacionista é verdadeiro, a significatividade deve ter uma outra origem. Insistir na "antiga" origem é insistir na validade do próprio arcabouço que está em questão. Mais uma vez, podemos recorrer, aqui, a um paralelo histórico. Consideremos a teoria medieval de que ser biologicamente *vivo* é estar animado por um *espírito vital* imaterial. Consideremos também a seguinte resposta a alguém que afirmasse não acreditar nessa teoria:

> Meu culto amigo afirmou que espírito vital é algo que não existe. Mas essa afirmação é incoerente. Pois, se ela é verdadeira, então meu amigo não tem um espírito vital e, assim, deve estar *morto*. Mas se ele está morto, então essa afirmação não passa de um encadeamento de ruídos, carente de sentido ou verdade. Assim, a admissão de que o antivitalismo é verdadeiro implica que ele não pode ser verdadeiro! Q. E. D.

Esse segundo argumento é hoje em dia uma piada, mas o primeiro argumento comete petição de princípio exatamente da mesma forma que ele.

Uma última crítica extrai uma conclusão muito mais fraca, mas consegue argumentar de modo mais consistente. O materialismo eliminacionista, diz ela, está fazendo tempestade em copo d'água. Ele exagera ao avaliar os defeitos da psicologia popular e subestima seus êxitos concretos. Talvez a chegada da neurociência amadurecida venha a exigir a eliminação de um ou outro conceito da psicologia popular, continua a crítica, e talvez venha a ser necessário algum ajuste de pequena monta em certos princípios da psicologia popular. Mas a eliminação em massa prevista pelo defensor do materialismo eliminacionista não passa de preocupação alarmista ou de entusiasmo romântico. Talvez essa queixa seja justa. E talvez ela esteja apenas sendo complacente. Como quer que seja, ela sem dúvida ressalta o fato importante de que não estamos aqui contrapondo duas possibilidades simples e mutuamente excludentes: a redução pura e simples contra a eliminação pura e simples. Ao contrário, essas duas posições são os dois extremos de uma gama gradual de resultados possíveis, entre os quais ocorrem casos mistos de eliminação parcial e redução parcial. Somente a pesquisa empírica (cf. Capítulo 7) pode nos dizer em que ponto dessa gama de possibilidades nosso caso específico irá se situar. Talvez devamos falar aqui nos termos mais liberais de um "materialismo revisionista", em vez de nos concentrar na possibilidade mais radical de uma eliminação cabal. Talvez seja esse o caso. Mas meu objetivo nesta seção foi tornar pelo menos inteligível a você que nosso destino conceitual coletivo se situa em grande parte mais para o lado da extremidade revolucionária dessa gama de possibilidades.

Leituras sugeridas

CHURCHLAND, P. Eliminative Materialism and the Propositional Attitudes. *Journal of Philosophy*, v.LXXVIII, n.2, 1981.

_____. Some Reductive Strategies in Cognitive Neurobiology. *Mind*, v.95, n.379, 1986.

DENNETT, D. Why You Can't Make a Computer that Feels Pain. In: _____. *Brainstorms*. Montgomery, VT: Bradford, Cambridge, MA: MIT Press, 1978.

FEYERABEND, P. Comment: "Mental Events and the Brain". *Journal of Philosophy*, v.LX, 1963. Reimpresso em: BORST, C. V. (Org.) *The Mind/Brain Identity Theory*. London: Macmillan, 1970.

_____. Materialism and the Mind-Body Problem. *Review of Metaphysics*, v.XVII, 1963. Reimpresso em: BORST, C. V. (Org.) *The Mind/Brain Identity Theory*. London: Macmillan, 1970.

RORTY, R. Mind-Body Identity, Privacy, and Categories. *Review of Metaphysics*, v.XIX, 1965. Reimpresso em: ROSENTHAL, D. M. (Org.) *Materialism and the Mind-Body Problem*. Englewood Cliffs, NJ: Prentice-Hall, 1971.

_____. In Defense of Eliminative Materialism. *Review of Metaphysics*, v.XXIV, 1970. Reimpresso em: ROSENTHAL, D. M. (Org.) *Materialism and the Mind-Body Problem*. Englewood Cliffs, NJ: Prentice-Hall, 1971.

3
O problema semântico

De onde os termos do vocabulário psicológico de nosso senso comum obtêm seu significado? Essa pergunta aparentemente inocente é importante por pelo menos três razões. Os termos psicológicos constituem um teste crucial para as teorias do significado em geral. O problema semântico está estreitamente vinculado ao problema ontológico, como vimos no primeiro capítulo. E está ainda mais estreitamente viculado ao problema epistemológico, como veremos no próximo capítulo.

Neste capítulo, vamos examinar os argumentos contra e a favor de cada uma das três principais teorias atualmente em debate. A primeira delas afirma que o significado de todo termo psicológico do senso comum (ou pelo menos da maioria deles) deriva de um ato de *ostensão interior*. A segunda insiste em que o significado desses termos deriva de *definições operacionais*. A terceira defende que o significado desses termos deriva de sua posição numa *rede de leis* que constituem a psicologia "popular". Sem mais comentários, abordemos a primeira teoria.

1 A definição por ostensão interior

Um modo de introduzir um termo ou expressão no vocabulário de alguém – "cavalo" ou "carro de bombeiro", por exemplo – é simplesmente mostrar à pessoa um exemplo do tipo em questão e dizer algo como: *"isso* é um cavalo" ou *"isso* é um carro de bombeiro". Esses são exemplos do que chamamos *definição ostensiva*. Espera-se que o ouvinte note as características relevantes na situação que se apresenta e, dessa forma, tenha condições de reutilizar o termo quando uma nova situação também contiver essas mesmas características.

Naturalmente, ambas as expressões citadas poderiam ser introduzidas de alguma outra forma. Poderíamos simplesmente ter dito ao ouvinte: "um cavalo é um animal de grande porte, com cascos nas patas e usado para montar". Nesse caso, estaríamos dando o significado do termo, ao conectá-lo de um modo específico com outros termos do vocabulário do ouvinte. Esse modo de introdução dos termos pode variar do explícito e completo ("um triângulo isósceles é uma figura de três lados plana e fechada, com pelo menos dois lados iguais") a parcial e circunstancial ("energia é o que faz nossos carros funcionarem e mantém nossas luzes acesas"). Mas nem todos os termos obtêm seu significado desse modo, diz-se com freqüência. Alguns termos podem obter seu significado somente do primeiro modo, por ostensão direta. Termos como "vermelho", "doce" e "quente", por exemplo. Seu significado não é determinado pelas relações que eles mantêm com outros termos: ele depende de sua associação direta com uma qualidade específica apresentada pelos objetos materiais. É desse modo que se exprimem tanto a teoria semântica ortodoxa quanto o senso comum.

E quanto aos termos do vocabulário psicológico de nosso senso comum? Quando pensamos em termos como "dor", "coceira" e "sensação-de-vermelho", a ostensão parece ser a fonte óbvia de seu significado. Como poderíamos conhecer o significado de qualquer um desses termos se não tivéssemos efetivamente uma dor, uma coceira ou uma sensação-de-vermelho? À primeira vista, parece que não poderíamos. Chamemos essa posição de "a concepção-padrão".

Embora a concepção-padrão possa ser correta para uma classe significativa de termos psicológicos, ela manifestamente não é correta para todos os termos desse tipo, nem mesmo para a maioria deles. Muitos tipos importantes de estados mentais não apresentam nenhum caráter qualitativo, ou pelo menos nenhum que seja relevante para sua identidade de tipo. Consideremos a diversidade de crenças diferentes, por exemplo: a crença de que P, a crença de que Q, a crença de que R, e assim por diante. Temos aqui uma infinidade potencial de estados diferentes, num sentido importante. Não seria possível assimilar o significado de cada uma dessas expressões, aprendendo, um a um, o caráter qualitativo peculiar a cada estado. E, de qualquer forma, nenhum deles tem *quale* algum distinto. E o mesmo vale para a infinidade potencial de pensamentos distintos de que P, e desejos de que P, e medos de que P, e também para todas as outras "atitudes proposicionais". Essas são talvez as expressões mais centrais no arcabouço de nosso senso comum, e elas se distinguem pelo papel que um elemento, a sentença P, desempenha, e não por algum *quale* (= "qualidade fenomenológica") introspectivo. Seu significado deve ter, então, alguma outra origem.

Sem dúvida, a concepção-padrão não pode ser uma explicação completa do significado dos predicados psicológicos. Além do mais, a concepção-padrão é suspeita até mesmo em seus casos mais plausíveis. Entre os estados mentais que estão associados aos *qualia*, nem todos os tipos têm um *quale uniforme*. De fato, muito poucos deles têm, se é que algum de fato tem. Consideremos o termo "dor" e pensemos na enorme variedade de sensações substancialmente diferentes que estão subjacentes a ele (por exemplo, uma dor de cabeça, uma sensação de queimadura, um ruído estridente, um golpe no joelho, e assim por diante). Sem dúvida, todos esses *qualia* são semelhantes, na medida em que causam uma reação de aversão na vítima, mas essa é uma propriedade *causal/relacional* comum a todas as dores, e não um *quale* de que elas partilhariam. Mesmo as sensações-de-vermelho apresentam uma enorme variação, passando por muitas tonalidades e matizes que se aproximam do marrom, laranja, rosa, roxo ou preto, em seus diversos extremos. É verdade que semelhanças intrínsecas ajudam a unificar essa classe difusa, mas parece evidente que a classe das sensações-de-vermelho é igualmente delimitada pelo fato de que as sensações-de-vermelho tipicamente resultam da observação de exemplos-padrão como lábios, morangos, maçãs e carros do corpo de bombeiros. Isto é, elas são unificadas pelas características causais/relacionais que têm em comum. A idéia de que o significado seria exaurido por um único *quale* inambíguo parece ser um mito.

Podemos ter certeza de que conhecer o *quale* é ao menos necessário para se conhecer o significado? Alguns argumentam que uma pessoa que nunca sentiu dor (talvez em razão de alguma deficiência no sistema nervoso) ainda assim poderia conhecer o significado da palavra "dor" e empregá-la em conversas, explicações e previsões, como fazemos ao empregá-la para descrever outras pessoas que não nós mesmos. Sem dúvida, essa pessoa não saberia o que é *sentir* dor, mas ainda assim poderia saber tudo sobre suas propriedades causais/relacionais e, dessa forma, saberia tão bem quanto nós que tipo de estado é a dor. Ainda restaria *algo* que essa pessoa não conheceria, mas não parece evidente que esse algo seja o significado da palavra "dor".

Se o significado de termos como "dor" e "sensação-de-vermelho" realmente se esgotasse por meio de sua associação com um *quale* interior, então nos seria muito difícil evitar o *solipcismo semântico* (solipcismo é a tese de que todo conhecimento é impossível, exceto o conhecimento do próprio eu imediato). Uma vez que cada um de nós pode vivenciar somente seus *próprios* estados de consciência, seria então impossível decidir se seu próprio significado de "dor" é ou não o mesmo que o de alguma outra pessoa. E, sem dúvida, seria uma teoria do significado muito estranha a que resultasse na conclusão solipcista de que uma pessoa jamais entende o que a outra quer dizer.

Essas dúvidas sobre a teoria-padrão do significado baseada na "ostensão interior" instigaram os filósofos a explorar outras abordagens. A primeira abordagem séria para articular e defender uma teoria alternativa foi apresentada pelos defensores do behaviorismo filosófico, com o qual já nos deparamos no capítulo anterior. Esses pensadores apresentaram ainda um outro argumento contra a concepção-padrão, que vamos agora examinar.

2 O behaviorismo filosófico

Segundo os behavioristas, o significado de qualquer termo mental é fixado pelas muitas relações que ele mantém com determinados termos: os termos para circunstâncias e comportamentos publicamente observáveis. Em suas formulações mais claras, o behaviorismo mencionava termos puramente disposicionais, como "solúvel" e "quebradiço", como análogos semânticos para os termos mentais; ele também mencionava as definições operacionais como as estruturas por meio das quais poderia ser explicitado o significado dos termos mentais. Os detalhes dessa concepção foram esboçados no Capítulo 2.2, assim, não vou repeti-los aqui.

Um problema importante para o behaviorismo era o papel insignificante que ele atribuía aos *qualia* de nossos estados mentais. Mas acabamos de ver algumas boas razões para se reavaliar (negativamente) a importância em geral atribuída aos *qualia*. E um dos filósofos que mais influenciaram a tradição behaviorista, Ludwig Wittgenstein, apresentou um outro argumento contra a concepção-padrão: *o argumento da linguagem privada.*

Apesar das conseqüências do solipcismo semântico, muitos dos defensores da concepção-padrão estavam dispostos a conviver com a idéia de que nosso vocabulário para as sensações seria uma linguagem inevitavelmente *privada*. Wittgenstein tentou mostrar que uma linguagem necessariamente privada era absolutamente impossível. O argumento é o seguinte. Suponhamos que você tente dar significado a um termo "W" exclusivamente por meio de sua associação com uma certa sensação que você está experimentando no momento. Num momento posterior, ao experimentar a sensação, você pode dizer: "Há um outro W". Mas como você poderá determinar se usou o termo corretamente nessa segunda ocasião? Talvez você se lembre de forma equivocada da primeira sensação, ou descuidadamente veja uma semelhança estreita entre uma primeira e uma segunda sensação, quando, de fato, existe apenas uma leve e remota semelhança. Se o termo "W" não estiver em algum tipo de conexão de significado com *outros* fenômenos, como certas causas e/ou efeitos que servem como padrão para o tipo de sensação em questão, então será absolutamente impossível distinguir entre o uso correto de "W" e o uso incorreto de "W". Ora, um termo cuja aplicação adequada está definitivamente além de qualquer determinação é um termo sem significado. Assim, uma linguagem necessariamente privada é impossível.

Esse argumento deu muito estímulo às tentativas dos behavioristas de definir nossas expressões comuns para os estados mentais em termos de suas conexões com circunstâncias e comportamentos publicamente observáveis. Apesar desse estímulo, essas tentativas nunca tiveram realmente êxito (como vimos no Capítulo 2.2), e a frustração rapidamente se acumulou. Talvez isso fosse previsível, pois o argumento da linguagem privada de Wittgenstein extrai uma conclusão mais consistente do que o justificável por suas premissas. Se uma verificação quanto à aplicação correta for o que é exigido para a significatividade, então tudo o que nossa compreensão de "W" precisa incluir são algumas conexões entre a ocorrência da sensação "W" e a ocorrência de *outros* fenômenos. Os outros fenômenos não *precisam* ser fenômenos publicamente observáveis: eles podem ser, por exemplo, outros estados mentais e, ainda assim, servir para a verificação da correta aplicação de "W".

Dessa forma, o que o argumento de Wittgenstein deveria ter concluído é simplesmente que nenhum termo pode ter significado na ausência de conexões sistemáticas com outros termos. O significado, ao que parece, é algo que um termo pode ter somente no contexto de uma rede de outros termos, termos vinculados entre si por meio de enunciados que os contêm. Se Wittgenstein e os behavioristas tivessem extraído essa conclusão levemente mais fraca, talvez os filósofos tivessem chegado à teoria semântica de em nossa próxima seção mais rapidamente do que o fizeram.

Leituras sugeridas

HESSE, M. Is There an Independent Observation Language? In: COLODNY, R. (Org.) *The Nature and Function of Scientific Theories*. Pittsburgh: Pittsburgh University Press, 1970. Cf., em especial, p.44-5.

MALCOLM, N. Wittgenstein's *Philosophical Investigations*. *Philosophical Review*. v.LXIII, 1954. Reimpresso em CHAPPELL, V. C. (Org.) *The Philosophy of Mind*. Englewood Cliffs, NJ: Prentice-Hall, 1962.

STRAWSON, P. Persons. In: FEIGL, H., SCRIVEN, M. (Org.) *Minnesota Studies in the Philosophy of Science*. Minneapolis: University of Minnesota Press, 1958. v.II. Reimpresso em CHAPPELL, V. C. (Org.) *The Philosophy of Mind*. Englewood Cliffs, NJ: Prentice-Hall, 1962.

3 A tese da rede teórica e a psicologia popular

A concepção que vamos explorar nesta seção pode ser apresentada da seguinte forma. Os termos para estados mentais de nosso senso comum são os *termos teóricos* de um arcabouço teórico (a psicologia popular) embutido nas concepções de nosso senso comum, e os significados desses termos são fixados da mesma forma que os significados dos termos teóricos em geral. Em termos específicos, seu significado é fixado pelo conjunto de leis/princípios/generalizações no qual eles aparecem. Para explicar essa concepção, vamos retroceder alguns passos e falar um pouco sobre teorias.

A semântica dos termos teóricos

Consideremos as teorias de grande porte, como as que encontramos nas ciências físicas: a teoria química, a teoria eletromagnética, a teoria atômica, a termodinâmica, e assim por diante. Tipicamente, essas teorias consistem em um conjunto de sentenças – em geral sentenças gerais ou *leis*. Essas leis expressam as relações que vigoram entre as diversas propriedades/valores/classes/entidades, cuja existência é postulada pela teoria. Essas propriedades e entidades são expressas ou denotadas pelo conjunto de *termos teóricos* peculiares à teoria em questão.

A teoria eletromagnética, por exemplo, postula a existência de cargas elétricas, campos de força elétricos, campos de força magnéticos; e as leis da teoria eletromagnética estabelecem como essas coisas se relacionam entre si e com diversos fenômenos observáveis. Compreender plenamente a expressão "campo elétrico" é estar familiarizado com a rede de princípios teóricos na qual essa expressão aparece. Em seu conjunto, esses princípios nos dizem o que é um campo elétrico e o que ele faz.

Esse caso é típico. Os termos teóricos, em geral, não tiram seu significado de definições explícitas e isoladas que estabelecem as condições necessárias e suficientes para sua aplicação. Eles são definidos implicitamente pela rede de princípios em que estão contidos. As "definições" circunstanciais que ocasionalmente encontramos (por exemplo, "o *elétron* é a unidade de eletricidade) em geral oferecem apenas uma pequena parte do significado do termo e, de qualquer forma, estão sempre sujeitas a falsificação (por exemplo, ao que parece, agora, o *quark* pode ser a unidade de eletricidade, com uma carga de um terço da carga do elétron). Chamemos isso de a *"teoria da rede do significado"*.

O modelo de explicação dedutivo-nomológico

As leis de qualquer teoria, no entanto, fazem mais que apenas dar sentido aos termos teóricos que elas contêm. Elas também preenchem uma função explicativa e de previsão, e esse é seu principal valor. E isso levanta a questão: o que é dar uma *explicação* de um acontecimento ou estado de coisas, e como as teorias tornam isso possível? Neste ponto, podemos introduzir a sabedoria convencional, com o seguinte relato.

Em meu laboratório existe um aparelho que consiste em uma longa barra de metal com dois espelhos, um de frente para o outro, cada um preso a uma extremidade da barra. O objetivo da barra é manter os espelhos separados a uma distância precisa. Uma manhã, ao medir novamente a distância entre os espelhos, logo antes de realizar uma experiência, meu assistente observa que a barra agora está mais longa do que antes, em cerca de um milímetro.

"Ei!", diz ele, "essa barra dilatou-se. Por que isso aconteceu?"
"Porque eu a aqueci", explico.
"F-o-i?", ele pergunta, "o que tem isso a ver?"
"Bem, a barra é feita de cobre", eu explico um pouco mais.
"S-i-m?", ele insiste, "e o que isso tem a ver?"
"Bem, todo cobre dilata-se quando aquecido", replico, reprimindo minha exasperação.
"A-h-h, entendo", diz ele, e a luz finalmente se faz.

Se, após minha última observação, meu assistente ainda não conseguisse entender, eu teria de despedi-lo, pois a explicação de por que a barra dilatou-se está agora completa, e mesmo uma criança deveria entendê-la. Podemos ver por que e em que sentido ela está completa, examinando as informações contidas em minha explicação.

1 Todo cobre dilata-se quando aquecido.

2 Esta barra é de cobre.

3 Esta barra está aquecida.

_____

4 Esta barra está dilatada.

O leitor perceberá que, no conjunto, as três primeiras proposições *implicam dedutivamente* a quarta proposição, a enunciação do acontecimento ou estado de coisas a ser explicado. A dilatação da barra é uma conseqüência inevitável das condições descritas nas três primeiras proposições.

Estamos olhando aqui para um *argumento* dedutivo válido. Uma explicação, ao que parece, tem a forma de um argumento, um argumento cujas premissas (o *explanans*) contêm a informação explicativa e cuja conclusão (o *explanandum*) descreve o fato a ser explicado. Mais importante, as premissas incluem um enunciado *nomológico* – uma lei da natureza, um enunciado geral que exprime os padrões aos quais a natureza obedece. As outras premissas exprimem o que comumente é chamado de "condições iniciais", e são elas que conectam a lei ao fato específico que deve ser explicado. Em resumo, explicar um acontecimento ou estado de coisas é deduzir sua descrição a partir de uma lei da natureza (daí o nome "modelo de explicação nomológico-dedutivo"). Agora fica fácil perceber o vínculo entre as teorias abrangentes e sua força explicativa.

A *previsão* de acontecimentos e estados de coisas, devemos observar, segue basicamente o mesmo padrão. A diferença está em que, nesse caso, as conclusões de nossos argumentos estão no tempo futuro, e não no tempo presente ou passado. Também devemos observar mais um aspecto. Quando emitimos uma explicação no dia-a-dia, dificilmente emitimos todas as premissas de nosso argumento (por exemplo, minha primeira resposta a meu assistente). Em geral, não há razão para fazê-lo, pois podemos pressupor que nossos ouvintes já possuam a maior parte das informações relevantes. O que fazemos é dar-lhes apenas a informação específica que presumimos estar faltando (por exemplo: "eu o aqueci"). A maioria das explicações que emitimos são apenas esboços de explicação. Ao ouvinte é deixada a tarefa de completá-los com o que se deixou sem dizer. Por fim, deve-se observar que as "leis" que estão por trás das explicações de nosso senso comum em geral tendem para o aproximativo, exprimindo apenas uma aproximação tosca, ou uma idéia incompleta, das verdadeiras regularidades envolvidas. Essa é então mais uma dimensão na qual nossas explicações são, em geral, esboços de explicação.

A psicologia popular

Consideremos agora a enorme capacidade dos seres humanos normais para explicar e prever o comportamento dos outros seres humanos. Podemos até mesmo explicar e prever os estados psicológicos de outros seres humanos. Explicamos seu comportamento em termos de suas crenças e desejos, de suas dores, esperanças e medos. Explicamos sua tristeza em termos de seu desapontamento, suas intenções em termos de seus desejos, e suas crenças em termos de suas percepções e inferências. Como é que temos a capacidade de fazer tudo isso?

Se a descrição do que é uma explicação, na seção anterior, estiver correta, então cada um de nós deve possuir o conhecimento ou domínio de um conjunto bastante substancial de leis ou enunciados gerais que conectam os vários estados mentais com (1) outros estados mentais, com (2) circunstâncias externas e com (3) comportamentos manifestos. Será mesmo?

Podemos verificar isso apresentando algumas explicações do senso comum, como a que apresentamos no diálogo anterior, para descobrir quais outros elementos nós, em geral, deixamos sem dizer. Quando fazemos isso, argumentam os que propõem essa concepção, descobrimos literalmente centenas e centenas de generalizações do senso comum relativas aos estados mentais, tais como:

As pessoas tendem a sentir dor em pontos onde há danos físicos recentes.

As pessoas que não recebem líquidos durante certo tempo tendem a sentir sede.

As pessoas com dores tendem a querer aliviar a dor.

As pessoas que sentem sede tendem a desejar líquidos ingeríveis.

As pessoas que estão irritadas tendem a ser impacientes.

As pessoas que sentem uma dor súbita e aguda tendem a se contrair.

As pessoas que estão irritadas tendem a fazer carrancas.

As pessoas que querem que *P*, e acreditam que *Q* será suficiente para fazer que *P*, e não têm desejos conflitantes ou estratégias preferidas, tentarão fazer que *Q*.

Esses lugares-comuns com que estamos familiarizados e centenas de outros como eles, nos quais estão incluídos outros termos mentais, são o que constitui nossa compreensão sobre como funcionamos. Essas *leis* gerais ou enunciados tendendo para o aproximativo apresentam explicações e previsões feitas da maneira habitual. No conjunto, elas constituem uma *teoria*, uma teoria que postula uma série de estados interiores, cujas relações causais são descritas pelas leis da teoria. Todos nós aprendemos esse arcabouço teórico (no colo da mãe, à medida que aprendemos nossa língua) e, ao fazê-lo, adquirimos a concepção do senso comum sobre o que *é* a inteligência consciente. Podemos chamar esse arcabouço teórico de "psicologia popular". Ele incorpora a sabedoria acumulada de tentativas, de milhares de gerações, de compreender como nós, seres humanos, funcionamos.

Para ilustrar resumidamente o papel que tais leis desempenham em nossas explicações habituais, consideremos o seguinte diálogo:

"Por que Michael se retraiu levemente quando se sentou para a reunião?"

"Porque sentiu uma dor repentina e aguda."

"Sei. E por que ele sentiu a dor?"

"Porque ele se sentou sobre a tachinha que coloquei em sua cadeira."

Aqui temos duas explicações, uma após a outra. Se cada uma delas for examinada como fizemos em nosso exemplo inicial, a sexta e a primeira lei da lista precedente irão emergir da base de pressuposições, e ficarão evidentes dois argumentos dedutivos, apresentando o mesmo padrão presente na explicação da dilatação da barra.

Se a psicologia popular é literalmente uma teoria – embora uma teoria muito antiga, profundamente enraizada na linguagem e cultura humanas –, então os significados de nossos termos psicológicos devem sem dúvida ser fixados da forma como a tese desta seção afirma que eles são fixados: pelo conjunto de leis da psicologia popular nas quais eles aparecem. Essa concepção tem uma certa plausibilidade manifesta: afinal, quem dirá que alguém compreende o significado do termo "dor" sem ter qualquer idéia de que a dor é causada por danos físicos, de que as pessoas odeiam a dor, de que ela causa sofrimento, retraimento, gemidos e comportamentos de esquiva?

Qualia, mais uma vez

E quanto aos *qualia* de nossos diferentes estados psicológicos? Podemos realmente acreditar, como parece exigir a teoria da rede, que os *qualia* não desempenham papel *nenhum* no significado de nossos termos psicológicos? Nossa intuição de que eles de fato desempenham é extremamente forte. Existem pelo menos dois modos pelos quais o defensor da teoria da rede pode tentar lidar com essa intuição persistente.

O primeiro está em simplesmente admitir que os *qualia* efetivamente desempenham *algum* papel no significado de *alguns* termos, embora, no máximo, apenas um papel menor ou secundário. Essa concessão pode fazer muito para tranqüilizar nossas intuições, e é tentador simplesmente adotá-la e declarar a questão encerrada. Mas isso, na verdade, deixa sem resolver certos problemas. Uma vez que os *qualia* das sensações que você tem são manifestos apenas para você mesmo, e os meus, apenas para mim mesmo, *parte* do significado de nossos termos-para-sensações permanecerá privada e continuará sendo uma questão, que teima em permanecer em aberto, determinar se todos nós queremos dizer a mesma coisa por meio desses termos.

A segunda solução de meio-termo concede aos *qualia* um papel significativo na *aplicação* introspectiva dos termos-para-sensações, mas ainda tenta negar que seu papel tenha algum significado *semântico*. A idéia central aqui está em que a discriminação introspectiva que você faz de uma dor com relação a uma coceira, ou de uma sensação-de-vermelho com relação a uma sensação-de-verde, está, naturalmente, vinculada ao caráter qualitativo, em você, dos estados relevantes. Cada um de nós aprende a explorar esses *qualia* da forma como nossos estados os exibem, a fim de emitir julgamentos observacionais espontâneos quanto aos estados em que nos encontramos. Mas o que rigorosamente queremos dizer por "dor", por exemplo, não é algo vinculado a *qualia* específicos. O caráter qualitativo das dores varia substancialmente, mesmo no interior de um determinado indivíduo; ele pode muito bem variar ainda mais entre os diferentes indivíduos; e quase com certeza ele varia substancialmente entre as diferentes espécies biológicas. Os *qualia*, dessa forma, têm um significado epistemológico, mas eles não têm significado semântico para os termos de uma linguagem intersubjetiva.

Essas são as duas alternativas rivais que se oferecem como complementação para a teoria da rede do significado. Qual delas deve ser adotada, deixo a decisão ao leitor. Em ambos os casos, a lição básica parece evidente: a principal e talvez única fonte do significado dos termos psicológicos está na rede teórica do senso comum na qual eles estão integrados. Assim como acontece com os termos teóricos em geral, nós temos acesso a seu significado unicamente à medida que aprendemos a empregar as generalizações explicativas e de previsão nas quais eles aparecem.

Relevância geral

A relevância dessa teoria da rede do significado – para o problema da relação mente/corpo – é a seguinte. A teoria da rede é rigorosamente compatível com todas as três posições materialistas atuais, e também é compatível com o dualismo. Por si só, ela não implica nem elimina nenhuma dessas posições. O que ela de fato faz é dizer-nos algo sobre a natureza do conflito entre todas elas e sobre o modo como o conflito será resolvido. A lição é a seguinte.

Se o arcabouço de nosso senso comum para os estados psicológicos é literalmente uma *teoria*, então a pergunta sobre a relação entre os estados mentais e os estados do cérebro se torna uma pergunta sobre como a antiga teoria (a psicologia popular) vai se relacionar com a nova teoria (a neurociência amadurecida) que, de uma certa forma, ameaça desalojá-la. As quatro principais posições sobre a questão mente-corpo surgem como quatro diferentes prognósticos de como esse conflito teórico irá ser resolvido. O defensor da teoria da identidade espera que a antiga teoria venha a ser reduzida, sem grandes atritos, por uma neurociência amadurecida. O dualista afirma que a antiga teoria não será reduzida por uma neurociência amadurecida, sob o argumento de que o comportamento humano tem fontes não-físicas. O funcionalista também acredita que a antiga teoria não será reduzida, mas porque (ironicamente) uma diversidade muito grande de espécies de sistemas físicos pode produzir exatamente a mesma organização causal especificada pela antiga teoria. E o materialista eliminacionista também acredita que a antiga teoria não obterá redução, com base em ainda um outro argumento, o de que ela é simplesmente demasiado confusa e imprecisa para conseguir sobreviver por meio de uma redução interteórica.

O que está aqui em questão é o destino de uma teoria, o destino de um arcabouço de explicação especulativo, isto é, nossa própria e querida psicologia popular. E é evidente que a questão que se coloca entre esses quatro destinos possíveis é basicamente uma questão empírica, que só será solucionada de modo definitivo com a continuidade da pesquisa na esfera das neurociências, da psicologia cognitiva e da inteligência artificial. Já apresentamos no Capítulo 2 parte dos resultados da pesquisa disponíveis. Exploraremos um pouco mais alguns deles nos três capítulos finais. A conclusão deste capítulo – de que a concepção sobre nós mesmos com que estamos familiarizados é e sempre foi uma concepção teórica independente – situa todos esses resultados numa perspectiva mais profunda.

Como veremos, a teoria da rede do significado também tem conseqüências importantes para os constrangedores problemas epistemológicos que serão explorados no próximo capítulo. Vamos abordar esses problemas após examinar uma última questão relativa ao significado: a *intencionalidade* de muitos de nossos estados.

Leituras sugeridas

CHURCHLAND, P. The Logical Character of Action Explanations. *Philosophical Review*, v.LXXIX, n.2, 1970.

_____. *Scientific Realism and the Plasticity of Mind*. Cambridge: Cambridge University Press, 1979. Section 12.

FODOR, J., CHIHARA, C. Operationalism and Ordinary Language: A Critique of Wittgenstein. *American Philosophical Quarterly*, v.2, n.4, 1965.

HEMPEL, C., OPPENHEIM, P. Studies in the Logic of Explanation. *Philosophy of Science*, v.15, 1948, parte I. Reimpresso em HEMPEL, C. (Org.) *Aspects of Scientific Explanation*. New York: Collier-Macmillan, 1965.

SELLARS, W. Empiricism and the Philosophy of Mind. In: FEIGL, H., SCRIVEN, M. (Org.) *Minnesota Studies in the Philosophy of Science*. Minneapolis: University of Minnesota Press, 1956. v.I. Reimpresso em SELLARS, W. *Science, Perception, and Reality*. New York: Routledge & Keegan Paul, 1963. Cf., em especial, as seções 45-63.

4 A intencionalidade e as atitudes proposicionais

Até aqui exploramos a linguagem que empregamos para falar sobre nossos estados mentais e examinamos as teorias relativas à origem de seu significado. Vamos agora dirigir nossa atenção para alguns dos estados mentais propriamente ditos – os pensamentos, as crenças e os medos, por exemplo – pois cada um desses estados tem também um "significado", um "conteúdo" proposicional específico. Temos:

o *pensamento* de que [as crianças são fantásticas],

a *crença* de que [os seres humanos têm um grande potencial], e

o *medo* de que [a civilização passará por outra Era das Trevas].

Esses estados são chamados de *atitudes proposicionais* porque cada um deles expressa uma "atitude" específica com relação a uma proposição específica. No vocabulário técnico dos filósofos, diz-se que esses estados exibem *intencionalidade*, pelo fato de "visar a" ou "apontar para" algo além deles mesmos: eles "visam a" ou apontam para crianças, seres humanos e civilização (atenção: esse uso do termo "intencionalidade" nada tem a ver com o termo "intencional" no sentido de "feito deliberadamente").

As atitudes proposicionais não são raras. Elas dominam o vocabulário de nossa psicologia popular. Lembremo-nos de que podemos suspeitar de que P, esperar que P, desejar que P, ouvir que P, observar introspectivamente que P, inferir que P, supor que P, suspeitar que P, preferir que P a que Q, ter aversão a que P, estar encantado de que P, estar surpreso de que P, estar apavorado de que P, e assim por diante. No seu conjunto, esses estados constituem a essência da inteligência consciente, da forma como a concebe a psicologia popular.

A intencionalidade dessas atitudes proposicionais tem sido às vezes citada como a característica crucial que distingue o mental do meramente físico, como algo que nenhum estado puramente físico pode ter. Parte dessa afirmação pode estar absolutamente correta, na medida em que a manipulação racional das atitudes proposicionais pode sem dúvida ser a característica distintiva da inteligência consciente. Mas, embora a intencionalidade tenha muitas vezes sido citada como a "marca do mental", isso não necessariamente constitui uma admissão de qualquer tipo de dualismo. Já vimos, no Capítulo 2.3, como estados puramente físicos, como os estados mentais, podem ter um conteúdo proposicional e, dessa forma, apresentar intencionalidade. Ter conteúdo ou significado, ao que parece, é apenas uma questão de desempenhar um papel específico numa complexa economia inferencial/computacional. E não há razão alguma por que os estados internos no cérebro, ou mesmo de um computador, não possam desempenhar esse papel.

Se certos estados de nosso cérebro efetivamente desempenham um tal papel, e se nossos estados mentais são, num certo sentido, idênticos a esses estados do cérebro (como o funcionalismo e a teoria da identidade afirmam), então não temos aqui uma refutação do materialismo, mas antes uma explicação plausível de como, afinal, nossas atitudes proposicionais têm conteúdo proposicional. E se elas têm um significado distinto ou um conteúdo proposicional, então, naturalmente elas terão também uma referência (ou tentativa de referência): elas terão o caráter de "apontar para além" de si mesmas que originalmente configurava a intencionalidade.

Há uma ironia histórica no fato de que as atitudes proposicionais tenham sido às vezes citadas pelos filósofos como aquilo que distingue o mental como absolutamente diferente do físico. A ironia está em que, quando examinamos, nesse caso, a estrutura lógica de nossas concepções populares, não descobrimos diferenças, mas sim algumas *semelhanças* bastante profundas entre a estrutura da psicologia popular e a estrutura das teorias paradigmaticamente físicas. Comecemos pela comparação dos elementos das duas listas seguintes:

Atitudes proposicionais	Atitudes numéricas
... acredita que *P*	... tem um comprimento$_m$ de *n*
... deseja que *P*	... tem uma velocidade$_{m/s}$ de *n*
... teme que *P*	... tem uma temperatura$_k$ de *n*
... vê que *P*	... tem uma carga$_c$ de *n*
... suspeita que *P*	... tem uma energia cinética$_j$ de *n*
⋮	⋮

Onde a psicologia popular apresenta atitudes *proposicionais*, a física matemática apresenta atitudes *numéricas*. As expressões da primeira lista são completadas colocando-se um termo para uma proposição específica no lugar de "*P*"; uma expressão da segunda lista é completada colocando-se um termo para um número específico no lugar de "*n*". Somente então resulta um predicado determinado. Esse paralelo estrutural produz outros paralelos. Da mesma forma que relações entre números (por exemplo, ter duas vezes o tamanho de *n*) também podem caracterizar relações entre *atitudes* numéricas (por exemplo, meu peso é duas vezes o seu peso), relações entre proposições (por exemplo, a incompatibilidade lógica, a implicação) também caracterizam relações entre *atitudes* proposicionais (por exemplo, minha crença é incompatível com sua crença). Atitudes de um certo tipo "herdam" as propriedades abstratas que os objetos abstratos do mesmo tipo possuem.

Esses paralelos estão por trás do mais importante de todos os paralelos. Na medida em que a relação entre certos tipos de atitudes proposicionais, ou entre certos tipos de atitudes numéricas, tem validade universal, nós podemos estabelecer *leis*, leis que exploram as relações abstratas que vigoram entre as atitudes proposicionais que elas põem em relação. Muitas das leis explicativas da psicologia popular apresentam exatamente esse padrão.

- Se x teme que P, então x deseja que não-P.
- Se x espera que P, e x descobre que P, então x está contente de que P.
- Se x acredita que P, e x acredita que (se P, então Q), então, excluindo-se confusão, distração e assim por diante, x acreditará que Q.
- Se x deseja que P, e x acredita que (se Q, então P), e x tem condições de fazer que Q, então, excluindo-se desejos conflitantes ou preferências estratégicas, x irá fazer que Q.[1]

De modo análogo, as leis da física matemática apresentam uma estrutura exatamente paralela, somente que são as relações numéricas que estão sendo exploradas, e não as relações lógicas.

- Se x tem uma pressão de P, e x tem um volume de V, e x tem uma massa de μ, então, excluindo-se uma pressão ou densidade muito altas, x tem uma temperatura de $PV/\mu R$.
- Se x tem uma massa de M, e x sofre uma força combinada de F, então x tem uma aceleração de F/M.

---

1 A rigor, essas sentenças devem todas receber quantificação universal, e também devem ser feitas qualificações tanto para os termos quanto para os conectivos. Mas, uma vez que este livro introdutório não pressupõe o conhecimento da lógica formal, vou ignorar essas sutilezas. Essas questões recebem uma abordagem apropriada no artigo de Paul Churchland incluído na lista de leituras sugeridas, no final desta seção.

Exemplos desse tipo podem ser multiplicados aos milhares. Da mesma forma, muitas das expressões encontradas nas ciências físicas contêm um termo para um *vetor*, e as leis que abrangem essas "atitudes vetoriais" apresentam ou exploram, de modo característico, as relações *algébricas/trigonométricas* que vigoram entre os vetores denotados por esses termos. Por exemplo:

- Se x tem uma quantidade de movimento de P_x, e y tem uma quantidade de movimento de P_y e x e y são os únicos corpos interagindo em um sistema isolado, então a soma vetorial de P_x e P_y é uma constante no tempo.

O que ocorre nesses exemplos é o mesmo em todos os casos. As relações abstratas que vigoram no domínio de certos objetos abstratos – números, ou vetores, ou proposições – são meios a que recorremos para enunciar as regularidades empíricas que vigoram entre os estados *reais* e os objetos, como as que vigoram entre as temperaturas e as pressões, as forças e as acelerações, entre as quantidades de movimento em interação ... e entre diversos tipos de estados mentais. O arcabouço conceitual da psicologia popular está explorando uma estratégia intelectual que é padrão em muitos de nossos esforços conceituais. E da mesma forma que uma teoria para a exploração de números e vetores não é nem essencialmente física nem essencialmente não-física, também uma teoria para a exploração de proposições não é nem essencialmente física nem essencialmente não-física. Continua sendo uma questão empírica a determinação de se as atitudes proposicionais são, em última análise, de natureza física. O mero fato de que elas são atitudes *proposicionais* (e dessa forma apresentam intencionalidade) não implica nada num sentido ou no outro.

Há duas lições evidentes a ser extraídas dessa rápida discussão. A primeira é a idéia de que, uma vez que o significado tem origem na posição que um determinado item ocupa numa rede de pressuposições e no resultante papel conceitual que o item desempenha na economia inferencial que se desenvolve no sistema, nossos estados mentais podem ter os conteúdos proposicionais que eles têm em razão de nada mais que suas intricadas características *relacionais*. Isso quer dizer que não há problema em admitir que os estados físicos poderiam ter conteúdo proposicional, uma vez que, em princípio, eles poderiam facilmente apresentar as características relacionais pertinentes. Essa concepção está hoje bastante disseminada entre os pesquisadores da área, mas não é a opinião universal, assim, sugerimos ao leitor que seja cauteloso.

A segunda lição refere-se às analogias estruturais muito estreitas existentes entre os conceitos e as leis da psicologia popular e os conceitos e as leis de outras teorias. O aparecimento desses paralelos está em estreita conformidade com a concepção, já sugerida na seção anterior, de que a psicologia popular é literalmente uma teoria. No próximo capítulo, virão à tona mais alguns incentivos a essa concepção.

Leituras sugeridas

BRENTANO, F. The Distinction between Mental and physical Phenomena. Em CHISHOLM, R. M. (Org.) *Realism and the Background of Phenomenology*. Glencoe, IL: Free Press, 1960.

CHISHOLM, R. Notes on the Logic of Believing. *Philosophy and Phenomenological Research*, v.24, 1963.

CHURCHLAND, P. Eliminative Materialism and the Propositional Attitudes. *Journal of Philosophy*, v.78, n.2, section 1, 1981.

_____. *Scientific Realism and the Plasticity of Mind*. Cambridge: Cambridge University Press, 1979. Section 14.

FIELD, H. Mental Representation. *Erkenntnis*, v.13, n.1, 1978. Reimpresso em BLOCK, N. (Org.) *Readings in Philosophy of Psychology*. Cambridge, MA: Harvard University Press, 1981. v.II.

FODOR, J. Methodological Solipsism Considered as a Research Strategy in Cognitive Psychology. Em *The Behavioral and Brain Sciences*, v.3, 1980.

FODOR, J. Propositional Attitudes. *Monist*, v.61, n.4, 1978. Reimpresso em BLOCK, N. (Org.) *Readings in Philosophy of Psychology*. Cambridge, MA: Harvard University Press, 1981. v.II.

STICH, S. C. *From Folk Psychology to Cognitive Science*: The Case Against Belief. Cambridge, MA: MIT Press/Bradford, 1983.

Contra a teoria da rede inferencial do significado e da intencionalidade

SEARLE, J. Minds, Brains, and Programs. *The Behavioral and Brain Sciences*, v.III, n.3, 1980.

4
O problema epistemológico

O problema epistemológico tem duas metades, ambas vinculadas ao modo como obtemos *conhecimento* sobre as atividades internas das mentes inteligentes e conscientes. O primeiro problema é chamado de o *problema das outras mentes*: como determinamos se alguma outra coisa além de nós mesmos – uma criatura alienígena, um robô sofisticado, um computador socialmente ativo, ou mesmo um outro ser humano – é realmente um ser consciente, pensante e sentiente, e não, por exemplo, um autômato inconsciente, cujo comportamento tem origem em alguma outra coisa que não estados mentais genuínos? Como podemos decidir essa questão? O segundo problema é chamado de o *problema da autoconsciência*: como um ser consciente tem conhecimento privilegiado e imediato de suas próprias sensações, emoções, crenças, desejos, e assim por diante? Como isso é possível? E até que ponto esse conhecimento é confiável? As soluções para esses problemas, creio que ficará evidente, não são independentes. Examinemos o primeiro deles.

1 O problema das outras mentes

É, naturalmente, pela observação do comportamento de uma criatura, inclusive seu comportamento verbal, que a julgamos uma criatura pensante e consciente – que ela é "uma outra mente". Da observação de danos físicos e de gemidos, inferimos a dor. Da observação de risos e gargalhadas, inferimos a alegria. Da observação do ato de evitar uma bola de neve, inferimos a percepção. Da observação de uma manipulação complexa e apropriada do meio ambiente, inferimos desejos, intenções e crenças. Da observação dessas e de outras coisas, e sobretudo da fala, inferimos a inteligência consciente na criatura em questão.

Isso tudo é óbvio, mas essas observações servem apenas como introdução a nosso problema, e não como sua solução. O problema começa a aparecer quando perguntamos o que *justifica* os tipos de inferência citados. Inferir a ocorrência (oculta) de certos tipos de estados mentais, a partir da ocorrência de certos tipos de comportamento, é pressupor que conexões gerais apropriadas vigoram entre eles, conexões presumivelmente da forma: "se o comportamento do tipo *B* é apresentado por alguma criatura, então em geral um estado mental do tipo *S* está ocorrendo". "Generalizações psicológico-comportamentais" desse tipo têm a forma de generalizações empíricas-padrão, tais como: "se um som semelhante ao do trovão ocorre, então, em geral, há (ou houve) um relâmpago caindo em algum lugar nas vizinhanças". Presumivelmente sua justificação também está em paralelo com essas generalizações: declarações gerais desse tipo se justificam por nossa experiência passada da conexão regular entre os fenômenos citados. Sempre que e em todo lugar que percebemos um relâmpago, em geral também percebemos um estrondo (muito alto), e, exceto pelos equipamentos de guerra, nada mais produz exatamente esse som.

Como podemos, no entanto, estar justificados em acreditar que nossas generalizações psicológico-comportamentais são verdadeiras no caso de outras criaturas, *quando tudo o que podemos observar é uma das metades da conexão afirmada: o comportamento da criatura?* Os estados mentais da criatura – se é que ela tem algum tipo de estado mental – são diretamente observados unicamente pela própria criatura. Não podemos observá-los e, dessa forma, não podemos reunir suporte empírico do tipo necessário. Assim, ao que parece, não é possível estarmos justificados em acreditar nessas generalizações psicológico-comportamentais. Dessa forma, não estamos justificados em inferir do comportamento de uma outra criatura se ela possui estados mentais. O que é o mesmo que dizer que não podemos estar justificados em acreditar que uma outra criatura – além de nosso próprio caso individual – tem estados mentais!

Essa conclusão é extremamente implausível, mas o problema cético é bastante sólido. A crença em outras mentes exige inferências a partir do comportamento; essas inferências exigem generalizações sobre as criaturas em geral; essas generalizações, por sua vez, somente podem ser justificadas pela experiência das criaturas em geral; mas tudo que podemos ter é a experiência de nosso próprio caso individual. Esse é o problema clássico das outras mentes.

O argumento por analogia

Existem três tentativas clássicas de solução do problema das outras mentes, e talvez a mais simples delas seja o *argumento por analogia*. Podemos observar ambos os lados das conexões psicológico-comportamentais em exatamente um caso, diz o argumento: o nosso próprio caso individual. Posso determinar se as generalizações em questão são de fato verdadeiras, pelo menos em mim mesmo. Mas os outros seres humanos são, pelo menos até onde posso observar, inteiramente semelhantes a mim. Se as generalizações são verdadeiras com relação a mim, então é uma inferência razoável, por analogia com meu próprio caso, que elas também são verdadeiras no caso dos outros seres humanos. Assim, afinal, tenho uma certa justificativa para aceitar essas generalizações e, dessa forma, estou justificado em extrair inferências específicas sobre os estados mentais de criaturas específicas com base nessas generalizações.

Nosso impulso em resistir à conclusão cética do problema das outras mentes é suficientemente grande para que possamos distinguir qualquer solução que prometa um meio de evitá-la. Existem, no entanto, sérias dificuldades com o argumento por analogia, e devemos ser cautelosos em aceitá-lo. O primeiro problema está em que ele representa nosso conhecimento de outras mentes como apoiado numa generalização indutiva a partir de exatamente *um* caso. Essa é a instância absolutamente mais fraca possível de um argumento indutivo, comparável à inferência de que todos os ursos são brancos com base na observação de um único urso (um urso polar). Podemos nos perguntar se nossa firme confiança na existência de outras mentes pode realmente ser justificada e explicada por um argumento assim fraco. Sem dúvida, gostaríamos de objetar, minha crença de que você é uma criatura consciente é mais bem fundamentada que *isso*.

E ainda há outros problemas. Se nosso conhecimento das outras mentes é, em última análise, limitado pelo que podemos observar em nosso próprio caso, então não será possível para as pessoas daltônicas acreditar justificadamente que outros seres humanos têm sensações visuais que elas não têm, nem também a uma pessoa surda acreditar justificadamente que outros seres humanos podem ouvir, e assim por diante. Com base nessa concepção, podemos sensatamente atribuir a outras mentes apenas o que encontramos em nossa própria mente. Isso implica, por exemplo, que não é possível estarmos justificados em atribuir estados mentais a uma criatura alienígena se sua psicologia for sistematicamente diferente de nossa própria (como, afinal, é bem provável que seja). Estariam nossas hipóteses sensatas sobre os conteúdos de outras mentes realmente limitadas a esses procedimentos restritos?

Uma terceira objeção tenta minar por completo o argumento por analogia como descrição adequada de como chegamos a avaliar as conexões psicológico-comportamentais em questão. Se é possível que distinga e reconheça claramente as muitas variedades de estados mentais, para depois descobrir as conexões que elas têm com meu comportamento, devo possuir os conceitos necessários para fazer esses julgamentos de identificação: devo captar o significado dos termos "dor", "tristeza", "medo", "desejo", "crença", e assim por diante. Mas já vimos, no capítulo precedente, que o significado desses termos é dado, em grande parte ou inteiramente, por uma rede de pressuposições gerais que os conectam com termos para outros estados mentais, com circunstâncias externas, e com comportamentos observáveis. O mero fato de possuir os conceitos apropriados, dessa forma, é *já* estar familiarizado com as conexões gerais entre os estados mentais e o comportamento que o mero exame de nosso próprio caso individual deveria oferecer. A compreensão que uma pessoa tem dos conceitos da psicologia popular, dessa forma, deve derivar de algo mais que o exame do fluxo de sua própria consciência sem o apoio de informações prévias.

Esse conjunto de dificuldades presentes no argumento por analogia fornece um forte motivo para se buscar uma solução diferente para o problema das outras mentes. Uma solução que não crie problemas do mesmo tipo do problema a ser resolvido.

O behaviorismo, novamente

Os defensores do behaviorismo filosófico foram rápidos em apresentar uma nova solução, levando em conta as dificuldades descobertas no argumento por analogia. Especificamente, eles sustentavam que, se as generalizações que conectam os estados mentais com o comportamento não podem ser justificadas adequadamente pela observação empírica, talvez isso ocorra porque essas generalizações não eram generalizações empíricas, para começo de conversa. Ao contrário, sugeriam eles, essas generalizações são verdadeiras por pura *definição*. Elas são definições operacionais dos termos psicológicos que contêm. Como tais, essas generalizações não têm necessidade de justificação empírica. E a criatura que se comporta, ou está disposta a se comportar, de modo apropriado é, *por definição*, consciente, sentiente e inteligente (os behavioristas típicos nem sempre foram assim ousados e diretos em suas afirmações, mas também não eram, em geral, assim claros no que afirmavam).

Diante da premência de uma solução para o problema das outras mentes, da impotência do argumento por analogia e da atratividade da idéia de que o significado dos termos psicológicos estaria de alguma forma vinculado às generalizações psicológico-comportamentais, pode-se avaliar por que os filósofos se empenharam tanto em fazer que alguma variante dessa posição desse bons resultados. Mas eles não conseguiram. Quando examinamos as generalizações da psicologia popular, verificamos que elas raramente assumem – se é que alguma vez assumem – a forma de "definições operacionais" simples (basta lembrar nossa discussão sobre o termo "solúvel", no Capítulo 2.2). Os behavioristas não tiveram êxito em estabelecer as condições *comportamentais* necessárias e suficientes para a aplicação de um único termo psicológico sequer. Também as generalizações da psicologia popular não parecem ser verdadeiras por definição. Elas parecem, ao contrário, ser verdades empíricas aproximadas, tanto em termos de seu efeito sobre nossas intuições lingüísticas quanto em termos de suas funções de explicação e previsão em nossos intercâmbios cotidianos. Esse fato nos traz de volta ao problema de se tentar *justificar* as diversas generalizações psicológico-comportamentais das quais parece depender nosso conhecimento das outras mentes.

Hipóteses de explicação e psicologia popular

O problema das outras mentes foi formulado pela primeira vez numa época em que nossa compreensão da natureza da justificação teórica era ainda bastante primitiva. Até muito recentemente quase todo mundo acreditava que uma lei geral somente poderia ser justificada por uma generalização indutiva a partir de um número adequado de instâncias observáveis dos elementos abrangidos pela lei. Ao observar um certo número de corvos, notamos que cada um deles é preto e generalizamos para "todos os corvos são pretos". E o mesmo para todas as leis. Era o que se pensava. Essa idéia podia ser adequada para leis que conectam coisas observáveis a propriedades observáveis, mas a ciência moderna está repleta de leis que governam o comportamento de coisas e propriedades *não-observáveis*. Basta lembrar os átomos, as moléculas, os genes e as ondas eletromagnéticas. Assim, é evidente que as leis relativas aos não-observáveis devem receber uma outra forma de justificação empírica, para que seja possível justificá-las.

Não é preciso ir buscar muito longe essa outra forma de justificação. Os cientistas que elaboram as teorias postulam entidades não-observáveis e leis específicas que as governam, pois ocasionalmente isso produz uma teoria que nos permite elaborar previsões e explicações de fenômenos observáveis, até então não explicados. Mais especificamente, se admitimos certas hipóteses e as conjugamos a informações sobre circunstâncias observáveis, podemos muitas vezes deduzir afirmações relativas a outros fenômenos observáveis, afirmações que, é o que se revela depois, são sistematicamente *verdadeiras*. Na medida em que uma teoria apresenta tais virtudes de explicação e previsão, ela se torna uma hipótese que merece crédito. Ela tem o que comumente chamamos de justificação "hipotético-dedutiva" (ou justificação "H-D", na forma abreviada). Em resumo, uma teoria sobre não-observáveis pode merecer nosso crédito se ela nos permitir explicar e prever algum domínio de fenômenos observáveis melhor que qualquer outra teoria rival. Esse é, na verdade, o modo-padrão de justificação para as teorias em geral.

Consideremos agora a rede de princípios gerais – conectando os estados mentais entre si com as circunstâncias físicas e com o comportamento – que constitui a psicologia popular. Essa "teoria" nos permite explicar e prever o comportamento dos seres humanos melhor que todas as outras hipóteses atualmente disponíveis, e que outra melhor razão pode haver para se acreditar em um conjunto de leis gerais sobre estados e propriedades não-observáveis? As leis da psicologia popular merecem crédito pela mesma razão que as leis de qualquer teoria merecem crédito: seu êxito em termos de explicação e de previsão. Observemos também que a justificação, nesse caso, não precisa dever nada a um auto-exame de nosso próprio caso individual. O que importa é o êxito da psicologia popular com relação ao comportamento das pessoas em geral. É até mesmo concebível que o caso individual da pessoa difira do das outras (basta lembrar-se da objeção da "criatura alienígena" ao argumento por analogia). Mas isso não necessariamente afeta seu acesso teórico aos estados internos delas, por mais diferentes que eles possam ser. Apenas iríamos usar uma teoria psicológica diferente para compreender o comportamento delas, uma teoria diferente da que envolve sua própria vida interior e comportamento exterior.

Passando agora das leis gerais para os indivíduos, nessa concepção, a hipótese de que um indivíduo específico tem inteligência consciente é também uma hipótese de explicação. E ela é plausível na medida em que o comportamento constante do indivíduo é mais bem explicado e previsto em termos de desejos, crenças, percepções, emoções, e assim por diante. Como esse é, de fato, o melhor modo de compreender o comportamento da maioria dos seres humanos, estamos, dessa forma, justificados em acreditar que eles são "outras mentes". E, de modo análogo, estaremos justificados em atribuir estados psicológicos a todas as outras criaturas ou máquinas, desde que tais atribuições continuem a ser as explicações e previsões mais bem-sucedidas de seu comportamento continuado.

Essa é a solução mais recente para o problema das outras mentes. Suas virtudes são bastante evidentes, e ela é bem compatível com nossa solução anterior para o problema semântico. Ambos os problemas parecem permitir uma solução, a de que o arcabouço conceitual de nosso senso comum para os estados mentais tem todas as características de uma teoria. No entanto, nem todos acharam plausível essa pressuposição, apesar de suas virtudes. Se você concentrar sua atenção em sua consciência direta de seus estados mentais, a idéia de que eles são "entidades teóricas" pode parecer uma sugestão muito estranha. Se e como essa sugestão faz ou não sentido é o que vamos abordar na próxima seção.

Leituras sugeridas

CHURCHLAND, P. *Scientific Realism and the Plasticity of Mind.* Cambridge: Cambridge University Press, 1979. Section 12.

MALCOLM, N. Knowledge of Other Minds. *Journal of Philosophy*, v.LV, 1958. Reimpresso em CHAPPELL, V. C. (Org.) *The Philosophy of Mind.* Englewood Cliffs, NJ: Prentice-Hall, 1962.

SELLARS, W. Empiricism and the Philosophy of Mind. In: FEIGL, H., SCRIVEN, M. (Org.) *Minnesota Studies in the Philosophy of Science.* Minneapolis: University of Minnesota Press, 1956. v.I. Reimpresso em SELLARS, W. *Science, Perception, and Reality.* London: Routledge & Keegan Paul, 1963. Sections 45-63.

STRAWSON, P. Persons. In: FEIGL, H., SCRIVEN, M., MAXWELL, G. (Org.) *Minnesota Studies in the Philosophy of Science.* Minneapolis: University of Minnesota Press, 1958. v.II. Reimpresso em CHAPPELL, V. C. (Org.) *The Philosophy of Mind.* Englewood Cliffs, NJ: Prentice-Hall, 1962.

2 O problema da autoconsciência

À primeira reflexão, a autoconsciência talvez pareça implacavelmente misteriosa e absolutamente única. Isso é em parte o que a torna tão fascinante. Numa reflexão mais profunda, no entanto, o véu de mistério começa a se abrir apenas um pouquinho, e a autoconsciência pode ser vista como uma instância de um fenômeno mais geral.

Ser autoconsciente é, numa definição mínima, ter *conhecimento* de si mesmo. Mas isso não é tudo. A autoconsciência envolve o conhecimento não apenas dos próprios estados físicos, mas, especialmente, o conhecimento específico dos próprios *estados mentais*. Além disso, a autoconsciência envolve o mesmo tipo de conhecimento *continuamente atualizado* de que desfrutamos em nossa percepção contínua do mundo exterior. A autoconsciência, ao que parece, é uma espécie de apreensão contínua de uma realidade interior, a realidade dos próprios estados e atividades mentais.

Autoconsciência: uma visão contemporânea

O aspecto da apreensão é importante: evidentemente não é suficiente apenas ter estados mentais. Deve-se distinguir um tipo de estado de outro. Deve-se reconhecê-los naquilo que eles são. Em resumo, deve-se apreendê-los no interior de um ou outro arcabouço conceitual que catalogue os diferentes tipos de estados mentais. Apenas então será possível o *juízo* recognitivo ("eu estou com raiva", "eu estou exultante", "eu acredito que *P*", e assim por diante). Isso sugere que existem diferentes graus de autoconsciência, uma vez que, presumivelmente, nossa capacidade de discriminar tipos sutilmente diferentes de estados mentais aumenta com a prática e com uma experiência maior, e uma vez que o arcabouço conceitual no interior do qual o reconhecimento explícito é expresso aumenta em sofisticação e amplitude, à medida que se aprende mais e mais sobre as complexidades da natureza humana. Dessa forma, a autopercepção de uma criança pequena, embora real, será muito mais limitada ou tosca que a de um adulto sensível. O que, para uma criança, é simplesmente o não-gostar de alguém, para um adulto sincero e autoperceptivo, pode se dividir numa mistura de ciúme, medo e desaprovação moral de alguém.

Isso sugere também que a autoconsciência pode variar de pessoa para pessoa, dependendo de que áreas de discriminação e concepção foram completamente dominadas. Uma romancista ou psicóloga pode ter uma percepção contínua de seus estados emocionais muito mais penetrante do que a do restante de nós; uma pesquisadora da lógica pode ter uma consciência mais detalhada da evolução contínua de suas crenças; quem trabalha com teoria da decisão pode ter uma percepção superior do fluxo de seus desejos, intenções e raciocínios práticos; um pintor pode ter um reconhecimento mais aguçado da estrutura de suas sensações visuais; e assim por diante. A autoconsciência, evidentemente, tem um componente *aprendido* muito amplo.

Nesses aspectos, a consciência introspectiva que uma pessoa tem de si própria parece muito semelhante a sua própria consciência perceptiva do mundo exterior. A diferença está em que, no primeiro caso, quaisquer que sejam os mecanismos de discriminação que se encontrem em operação, eles estão ajustados a condições internas, e não a condições externas. Os próprios mecanismos são, presumivelmente, inatos, mas deve-se aprender a usá-los: a fazer discriminações úteis e a produzir julgamentos perspicazes. As habilidades perceptivas aprendidas são-nos familiares, no caso da percepção externa. Um maestro regendo uma sinfonia pode ouvir a contribuição dos clarinetes para o que, a uma criança, é um som desconexo. Um astrônomo pode reconhecer os planetas, as nebulosas e as gigantes vermelhas em meio ao que, para outros, não passa de salpicos no céu noturno. Um bom mestre-cuca pode detectar alecrim e cheiro-verde em meio ao que é apenas um sabor apetitoso, para uma pessoa com fome. E assim por diante. É evidente que a percepção, quer interna quer externa, é substancialmente uma habilidade aprendida. A maior parte desse aprendizado ocorre em nossa tenra infância, é evidente: o que é agora perceptualmente óbvio para nós era uma discriminação sutil aos oito meses. Mas sempre há lugar para se aprender mais. Em resumo, para essa concepção, a autoconsciência é apenas uma espécie de percepção: a *autopercepção*. Não é a percepção de nosso pé com nossos olhos, mas sim a percepção de nossos estados mentais por meio do que podemos chamar (em grande parte por ignorância) de nossa faculdade de introspecção. A autoconsciência, dessa forma, não é mais (nem menos) misteriosa que a percepção em geral. Ela apenas é dirigida para o interior e não para o exterior.

Também não é de surpreender que criaturas avançadas no aspecto cognitivo possuam autoconsciência. O que a percepção exige nada mais é que nossa faculdade de julgar esteja em contato causal sistemático com o domínio a ser percebido, de um modo tal que possamos aprender a fazer, em base contínua, julgamentos espontâneos, não-inferidos, mas apropriados, sobre esse domínio. Nossa faculdade de julgamento está em contato causal com o mundo exterior, por meio das diversas modalidades sensoriais; mas também está em contato causal sistemático com todo o resto do domínio interior do qual ela faz parte. Quem se surpreenderá de que um tipo de atividade do cérebro esteja em ricas conexões causais com outros tipos de atividade do cérebro? Mas tais conexões transportam informações e, dessa forma, tornam possível o julgamento "com base em informações". Dessa forma, a autoconsciência, num certo nível ou certo grau de penetração, deve ser esperada em quase toda criatura cognitivamente avançada.

Essa visão é compatível com uma concepção evolucionária. Presumivelmente, a humanidade lutou rumo à autoconsciência em duas dimensões: na da evolução neurofisiológica de nossa capacidade de fazer discriminações introspectivas úteis, e na da evolução social de um arcabouço conceitual que explorasse essa capacidade discriminatória de produzir julgamentos úteis em termos de explicação e de previsão. Igualmente, cada um de nós é, durante toda sua vida, o lugar de uma luta evolucionária rumo à autoapreensão, na qual aprendemos a usar e refinar nossas capacidades discriminatórias inatas e a dominar o arcabouço conceitual socialmente implantado (a psicologia popular) e necessário para explorá-las.

A concepção tradicional

Essas observações sobre a autoconsciência podem parecer bastante plausíveis, mas uma longa tradição da filosofia da mente assume uma concepção muito diferente de nosso conhecimento introspectivo. A introspecção, argumenta ela, é fundamentalmente diferente de toda forma de percepção exterior. Nossa percepção do mundo exterior é sempre mediada por sensações ou impressões de algum tipo, e o mundo exterior é, dessa forma, conhecido apenas de modo indireto e problemático. Com a introspecção, no entanto, nosso conhecimento é imediato e direto. Nós não apreendemos introspectivamente uma sensação por meio de uma sensação dessa sensação, nem apreendemos uma impressão por meio de uma impressão dessa impressão. Em resultado disso, não podemos ser vítimas de uma falsa impressão (de uma impressão), ou de uma sensação (de uma sensação) enganadora. Assim, quando estamos considerando os estados de nossa própria mente, a distinção entre aparência e realidade desaparece completamente. A mente é transparente a si mesma, e as coisas na mente são, de modo necessário, exatamente o que elas "parecem" ser. Não faz nenhum sentido dizer, por exemplo, "pareceu-me que eu estava sentindo uma dor imensa, mas eu estava enganado". Assim, nossos cândidos julgamentos introspectivos sobre nossos próprios estados mentais – ou pelo menos sobre nossas próprias *sensações* – são infalíveis e não estão sujeitos a correções: é logicamente impossível eles estarem errados. A mente conhece a si mesma, em primeiro lugar, de uma forma única, e muito melhor do que ela jamais poderá conhecer o mundo exterior.

Essa posição extraordinária deve ser levada a sério – pelo menos temporariamente – por diversas razões. Em primeiro lugar, ela é parte essencial de uma antiga e influente teoria do conhecimento-em-geral: o empirismo ortodoxo. Em segundo lugar, a afirmação de que nossas sensações não são mediadas por outras "sensações$_2$" parece bastante plausível. E toda tentativa de negá-la levaria ou a uma regressão infinita de "sensações$_3$", "sensações$_4$", e assim por diante; ou a um certo nível de "sensações$_n$", onde nosso conhecimento delas é por fim não-mediado. Em terceiro lugar, quem propõe essa concepção tem uma forte questão retórica. "Como *poderia* alguém enganar-se sobre o fato de ter ou não uma *dor*? Como é ao menos possível estar errado sobre uma coisa como essa? Como o leitor irá notar, essa questão não é fácil de responder.

Argumentos contra a concepção tradicional

A concepção de que a mente conhece primeiramente a si mesma, de um modo único, e muito melhor do que poderá jamais conhecer o mundo exterior, predominou no pensamento ocidental durante mais de três séculos. Mas, se adotamos uma perspectiva completamente naturalista e evolucionária a respeito da mente, a concepção tradicional imediatamente adquire uma espécie de qualidade de conto de fadas. Afinal de contas, os cérebros foram selecionados porque conferiam uma vantagem reprodutiva aos indivíduos que os possuíam. E eles conferiam essa vantagem porque permitiam aos indivíduos prever seu ambiente, distinguir alimentos de não-alimentos, predadores de não-predadores, segurança de perigo e parceiros de acasalamento de não-parceiros de acasalamento. Em resumo, um cérebro dava-lhes conhecimento e controle do *mundo exterior*. Os cérebros foram os beneficiários da seleção natural precisamente graças a essa característica. Evidentemente, o que eles conhecem primeiro e melhor não é eles próprios, mas sim o ambiente no qual têm de sobreviver.

A capacidade de *auto*conhecimento pode, concebivelmente, ter sido selecionada como concomitante incidental para a capacidade de conhecimento em geral, e pode ter sido selecionada especificamente, se de alguma forma podia melhorar a capacidade do cérebro de conhecimento exterior. Mas, em ambos os casos, ela só pode ser uma vantagem secundária derivada do aumento de nosso conhecimento e controle do mundo exterior. E, de qualquer forma, não há razão para supor que a autopercepção, na medida em que ela efetivamente evoluiu, seria fundamentalmente diferente em espécie da percepção exterior e nenhuma razão em absoluto para supor que ela seria infalível.

Embora a concepção tradicional seja basicamente implausível, examinemos os argumentos apresentados em favor dela, para ver se eles resistem a um escrutínio. Consideremos primeiramente a pergunta retórica: "como poderíamos estar enganados sobre a identidade de nossas próprias sensações?". Como argumento em favor da "incorrigibilidade" de nosso conhecimento de nossas sensações, ele tem a forma: "nenhum de nós pode *pensar* em um modo de estarmos enganados em nossos julgamentos sobre nossas sensações; dessa forma, não *há* como possamos estar enganados". Mas esse argumento comete uma falácia elementar: é um argumento baseado na ignorância. Pode muito bem haver modos pelos quais o erro é possível, apesar de nosso desconhecimento deles. Na verdade, talvez não tenhamos consciência deles justamente porque compreendemos tão pouco os mecanismos ocultos da introspecção. A pergunta retórica, dessa forma, pode ser posta de lado com segurança, mesmo que não possamos responder a ela. Mas, na verdade, nós podemos responder. Com um pouco de esforço, podemos pensar em muitos modos pelos quais erros de julgamento introspectivo podem ocorrer, e efetivamente ocorrem, como veremos a seguir.

Consideremos agora o argumento de que a distinção entre aparência e realidade deve vir por terra no caso das sensações, uma vez que nossa apreensão delas não é mediada por nada que possa representá-las incorretamente. Esse argumento só terá validade se a representação incorreta por meio de uma mediação for o único modo pelo qual um erro poderia ocorrer. Mas ela não é. Mesmo que a introspecção seja não-mediada por "sensações$_2$" de segunda ordem, nada garante que o julgamento introspectivo "eu sinto dor" será causado somente pela ocorrência de dores. Talvez também outras coisas possam causar esse julgamento, pelo menos em algumas circunstâncias inabituais, caso em que o julgamento seria falso. Consideremos a ocorrência de algo bastante *semelhante* a uma dor – uma sensação súbita de frio extremo, por exemplo – numa situação em que *esperássemos* fortemente sentir dor. Suponhamos que você seja um espião capturado, sendo interrogado exaustivamente com o apoio repetido de um ferro quente pressionado rapidamente contra suas costas. Se, na vigésima tentativa, um *cubo de gelo* for pressionado contra suas costas, sua reação imediata irá diferir pouco ou nada de suas primeiras dezenove reações. Você muito provavelmente irá pensar, por um curto momento, que está sentindo dor.

O defensor da incorrigibilidade pode tentar insistir em que a sensação número vinte foi uma dor, afinal de contas, apesar de sua causa benigna, com base em que se você a tomou por uma dor, se você sentiu que lhe ela era dolorosa, então realmente era dor. Essa interpretação se acomoda muito mal ao fato de que podemos nos recuperar dos tipos de identificação incorreta que acabamos de apresentar. Nosso grito inicial de horror dá lugar a um "espere... espere... não é a mesma sensação de antes. O que está acontecendo aí atrás?". Se a sensação número vinte realmente *era* uma dor, por que nosso julgamento se inverte alguns segundos depois?

Um caso análogo: a sensação de sabor de suco de lima é apenas levemente diferente da sensação de sabor do suco de laranja, e em testes com os olhos vendados as pessoas erram de forma surpreendente na identificação de qual dessas sensações elas estão realmente sentindo. Uma pessoa que espera suco de laranja e recebe suco de lima pode identificar de maneira confiante sua sensação de sabor como do tipo normalmente produzido por um suco de laranja, apenas para negar essa identificação, após experimentar (ainda de olhos vendados) o sabor da versão genuinamente de laranja. Aqui, *corrigimos* nossa identificação qualitativa, em contradição direta com a idéia de que esse tipo de erro é impossível. Erros desse tipo são chamados de *efeitos de expectativas* e são um fenômeno-padrão da percepção em geral. Evidentemente, eles também se aplicam à introspecção. A existência dos efeitos de expectativas nos oferece uma receita para produzir quase todo tipo de identificação incorreta, quer de coisas exteriores, quer de estados interiores.

Além disso, realmente conhecemos os mecanismos de introspecção o suficiente para insistir em que nada faz a mediação entre a sensação e nosso julgamento sobre ela? É verdade que não existe um intermediário do qual estejamos *conscientes*, mas isso não significa nada, uma vez que, em qualquer das concepções, deve haver uma boa parte das operações da mente que estão abaixo do nível de detecção introspectiva. Aqui pode estar, então, uma outra possível fonte de erros. No caso das sensações, a distinção entre aparência e realidade pode ser difícil de delinear, apenas porque conhecemos muito pouco sobre os processos pelos quais as coisas podem ocorrer – e efetivamente ocorrem – erradamente.

Um outro modo pelo qual as sensações podem ser avaliadas incorretamente vem à tona quando consideramos as sensações de duração muito curta. As sensações podem ser induzidas artificialmente, de modo a ter durações de extensão arbitrária. Não surpreendentemente, à medida que as durações se tornam mais curtas, as identificações confiáveis (ou sua identificação qualitativa) se tornam cada vez mais difíceis de ser feitas, e os erros se tornam não impossíveis, mas inevitáveis. Isso significa que a concordância entre o que a pessoa diz que a sensação é e o que o modo de produção dessa sensação indica que ela deveria ser é quase perfeita para longas exposições, mas decai para o mero fortuito, à medida que as exposições se aproximam de zero. Tais "efeitos de exposição" também são um padrão da percepção em geral. E se o sujeito estiver apropriadamente exausto ou sob o efeito de alguma droga, a confiabilidade de suas identificações decai ainda mais rapidamente. Isso também é um padrão.

Também devem-se mencionar os efeitos da memória. Suponhamos que uma pessoa, talvez em razão de algum dano neurológico na juventude, não sentiu dor ou qualquer outra sensação tátil ou corporal durante *cinqüenta anos*, ou foi daltônica durante o mesmo período de tempo. Alguém poderá realmente esperar que, se a deficiência neural dessa pessoa fosse de repente reparada, após um período tão longo, ela estaria instantaneamente apta a discriminar e identificar (= reconhecer que classe de semelhanças é a instanciada) cada uma das sensações que ela acaba de recuperar, e a fazê-lo com precisão infalível? Essa hipótese não é de forma alguma plausível. Efeitos como esses também podem ser produzidos, por um curto período, por drogas que obscurecem temporariamente a memória da pessoa para vários tipos de sensação. A não-identificação ou a identificação simplesmente incorreta seriam absolutamente naturais. E mesmo em casos normais, seriam totalmente impossíveis lapsos de memória espontâneos, isolados e não-percebidos? Como pode o defensor da concepção tradicional eliminá-los?

Um tipo de caso ainda mais familiar também merece ser mencionado. Suponhamos que você está sonhando que tem uma dor de cabeça insuportável, ou que está sentindo uma dor dilacerante por estar sendo torturado. Quando acorda de repente, não percebe, com um sentimento de alívio, que você *não era realmente* vítima de uma dor de cabeça ou de dor dilacerante, apesar da convicção que acompanha todo sonho? A tese da incorrigibilidade começa a parecer altamente implausível.

Nada disso deveria surpreender. A tese da incorrigibilidade pode ter sido inicialmente plausível, no caso das sensações, mas não é sequer remotamente plausível para a maioria dos outros estados mentais como as crenças, os desejos e as emoções. Somos notavelmente ruins, por exemplo, em julgar se somos ciumentos ou vingativos, em julgar nossos próprios desejos mais básicos e em julgar nossos próprios traços de caráter. É verdade que a infalibilidade raramente foi reivindicada para outra coisa além das sensações. Mas essa restrição por si só dá origem a problemas. Por que a infalibilidade acompanharia as sensações, mas não as emoções e os desejos? O conhecimento desses últimos parece tão pouco "mediado" quanto o conhecimento das sensações.

Intrigantemente, a pesquisa recente na esfera da psicologia social tem mostrado que as explicações que as pessoas apresentam para o próprio comportamento muitas vezes têm origem em pouca ou nenhuma introspecção confiável, apesar de suas crenças sinceras nesse sentido, mas são, ao contrário, espontaneamente confabuladas de improviso como *hipóteses explicativas* para ser encaixadas nos comportamentos e circunstâncias observados (cf. o artigo de Nisbett & Wilson cuja leitura é sugerida no final desta seção). E, freqüentemente, elas são demonstravelmente incorretas, uma vez que os relatos "introspectivos" apresentados mostram-se uma função de aspectos totalmente exteriores à situação experimental, aspectos sob o controle dos experimentadores. Na visão desses pesquisadores, boa parte do que passa por relatos introspectivos é, na verdade, a expressão de nossa *teorização* espontânea sobre nossas razões, motivos e percepções, teorização na qual as hipóteses apresentadas se baseiam nas mesmas evidências externas disponíveis para as pessoas em geral.

Consideremos um último argumento contra a tese da incorrigibilidade. Nossos julgamentos introspectivos estão estruturados no bojo dos conceitos da psicologia popular, cujo arcabouço já determinamos (nos capítulos 3.3, 3.4 e 4.1) como tendo a estrutura e o estatuto de uma teoria empírica. Como todo julgamento desse tipo, sua confiabilidade é apenas tão boa quanto a confiabilidade da teoria empírica à qual os conceitos em questão estão semanticamente integrados. O que significa dizer que, se a psicologia popular se revelar uma teoria radicalmente falsa, a pretensão à realidade de toda sua ontologia será rejeitada. E todo julgamento estruturado em seus termos deverá ser considerado falso, por pressupor uma falsa teoria de base. Uma vez que a psicologia popular é uma teoria empírica, é sempre rigorosamente possível que ela venha a se revelar radicalmente falsa. Dessa forma, é sempre possível que todo julgamento estruturado em seus termos seja falso. Assim, nossos julgamentos introspectivos não são incorrigíveis. Não apenas eles podem estar às vezes errados, um a um eles *todos* podem ser distorcidos!

A carga teórica presente em toda percepção

A estranheza da idéia de que os estados mentais são "teóricos" pode ser reduzida pelas seguintes reflexões. *Todos* os julgamentos de percepção, não apenas os introspectivos, são "carregados de teoria": toda percepção envolve uma interpretação especulativa. Essa pelo menos é a afirmação das versões do empirismo desenvolvidas mais recentemente. A idéia básica por trás dessa afirmação pode ser expressa com o seguinte argumento, muito curto mas também bastante geral: o *argumento da rede*.

1 Todo julgamento de percepção envolve a aplicação de *conceitos* (por exemplo, *a* é *F*).

2 Todo conceito é um nó numa *rede* de conceitos contrastantes e seu significado é fixado por seu lugar específico no interior dessa rede.

3 Toda rede de conceitos é uma pressuposição especulativa, ou *teoria*: no mínimo, quanto às classes em que a natureza se divide e quanto às principais relações que vigoram entre elas.

Assim,

4 Todo julgamento de percepção pressupõe uma teoria.

De acordo com essa concepção geral, a mente/cérebro é uma teorizadora furiosamente ativa a partir do momento em que se põe a funcionar. O mundo da percepção é, em grande parte, uma confusão ininteligível para a criança recém-nascida, mas sua mente/cérebro se põe imediatamente a formular um arcabouço conceitual com o qual ela apreende, explica e faz previsões sobre esse mundo. Assim se desenvolve uma série de invenções, modificações e revoluções conceituais, que por fim produz algo que se aproxima da concepção do mundo de nosso senso comum. A furiosa evolução conceitual, pela qual toda criança passa em seus dois primeiros anos de idade, provavelmente não terá outra igual durante todo o resto de sua vida.

O aspecto fundamental em tudo isso, para nossos propósitos, é o seguinte. No início da vida, a mente/cérebro se acha tão confusa e ininteligível quanto ela acha o mundo exterior. Ela deve se pôr a aprender a estrutura e as atividades de seus estados internos tanto quanto deve se pôr a aprender a estrutura e as atividades do mundo fora dela. Com o tempo, ela efetivamente aprende sobre si mesma, mas por meio de um processo de desenvolvimento conceitual e de discriminação aprendida que está em paralelo exato com o processo pelo qual ela apreende o mundo fora dela. A concepção tradicional, ao que parece, está simplesmente errada.

Leituras sugeridas

ARMSTRONG, D. *A Materialist Theory of the Mind*. London: Routledge & Keegan Paul, 1968. Cap.6, sections IX, X; e cap.15, section II.

CHURCHLAND, P. *Scientific Realism and the Plasticity of Mind*. Cambridge: Cambridge University Press, 1979. Sections 13 and 16. (Sobre a carga teórica da percepção em geral, cf. cap.2).

_____. Consciousness: The Transmutation of a Concept. *Pacific Philosophical Quarterly*, v.64, 1983.

DENNETT, D. Toward a Cognitive Theory of Consciousness. In: SAVAGE, C. W. (Org.) *Minnesota Studies in the Philosophy of Science.* Minneapolis: University of Minnesota Press, 1978. v.IX. Reimpresso em DENNETT, D. *Brainstorms.* Montgomery, VT: Bradford, Cambridge, MA: MIT Press, 1978.

NAGEL, T. What Is It Like to Be a Bat? *Philosophical Review*, v.LXXXIII, 1974. Reimpresso em BLOCK, N. (Org.) *Readings in Philosophy of Psychology.* Cambridge, MA: Harvard University Press, 1980. v.I.

NISBETT, R., WILSON, T. Telling More Than We Can Know: Verbal Reports on Mental Processes. *Psychological Review*, v.84, n.3, 1977.

5
O problema metodológico

É evidente que a estrutura conceitual de nossa psicologia popular fornece uma compreensão não-trivial de muitos aspectos da mente humana. No entanto, são igualmente evidentes os muitos aspectos da inteligência consciente que ela deixa quase totalmente no escuro: o aprendizado, a memória, o uso da linguagem, as diferenças em termos de inteligência, o sono, a coordenação motora, a percepção, a loucura, e assim por diante. Compreendemos muito pouco do que há para ser compreendido, e é tarefa da ciência afastar as sombras que envolvem a mente e nos revelar sua natureza interna e seus mecanismos secretos.

Até esse ponto, os defensores de todas as posições concordam. Existe, no entanto, uma discordância importante sobre como uma ciência da mente deverá proceder para ter melhores chances de sucesso, isto é, há discordâncias quanto aos *métodos* intelectuais que devem ser empregados. A seguir, apresentamos uma rápida descrição e discussão das quatro metodologias mais influentes, que orientaram a pesquisa sobre a mente, no século XX.

1 O idealismo e a fenomenologia

Aqui será útil retroceder alguns passos e apresentar um pouco de história. Enquanto De la Mettrie (ver p.161-2) tentava reduzir a mente à matéria, outros pensadores estavam interessados em efetuar uma redução exatamente na direção oposta. O bispo George Berkeley (1685-1753) argumentava que os objetos materiais não têm existência, exceto como "objetos" ou "conteúdos" dos estados perceptivos das mentes conscientes. Dizendo isso de um modo bastante tosco, o mundo material nada mais seria que um *sonho* coerente. Se uma pessoa sustenta que o mundo material é meramente seu próprio sonho, ela se caracteriza como *idealista subjetivista*. Se ela acredita, como fazia Berkeley, que o mundo material é o sonho de Deus, um sonho do qual todos nós partilhamos, então ela se caracteriza como *idealista objetivista*. Em ambos os casos, o constituinte básico da existência é a mente, e não a matéria. Daí o termo "idealismo".

Essa é uma hipótese intrigante e surpreendente. Ela requer que pensemos no mundo material "objetivo" como nada mais que o *"sensorium* de Deus": o mundo material está para a mente de Deus na mesma relação que a experiência sensorial que você tem está para sua própria mente. Nós todos somos, de certa forma, espectadores do sonho de Deus: o universo físico. Essa hipótese pode, por si só, parecer um sonho meio maluco, mas podemos pelo menos tentar imaginar quais indicações sérias podem dar sustentação a ela. Suponhamos que seja possível apresentar *explicações* detalhadas sobre o comportamento e a constituição da matéria, explicações sustentadas em pressupostos teóricos sobre a constituição da mente (ou, talvez, da mente de Deus). O idealismo então começaria a parecer genuinamente plausível.

Mas, de fato, jamais foi oferecida alguma explicação desse tipo que se mostrasse genuinamente útil, e assim o idealismo permanece uma hipótese bastante implausível. As explicações no sentido contrário – de diversos fenômenos mentais em termos de fenômenos físicos – são muito mais substanciais. Basta lembrar a teoria evolutiva, a inteligência artificial e as neurociências, para percebermos a dimensão do avanço da vanguarda materialista (essas teorias serão examinadas em detalhe nos capítulos 6, 7 e 8).

Houve uma época, no entanto, em que essas explicações idealistas sobre o mundo material de fato pareciam realmente disponíveis. Immanuel Kant (1724-1804) provocou uma impressão permanente na filosofia ocidental, ao sustentar, na *Crítica da razão pura*, que nossa experiência humana familiar do mundo material é, em grande parte, *construída* pela atividade da mente humana. De acordo com Kant, as formas inatas da percepção humana e as categorias inatas do entendimento humano impõem uma ordem invariante ao caos inicial da entrada de dados sensoriais não-processados. Assim, todos os seres humanos partilham da experiência de um mundo empírico altamente específico. Kant tentou explicar, desse modo, por que as leis da geometria euclidiana e da física newtoniana eram necessariamente verdadeiras para o mundo-da-experiência-humana. Ele acreditava que elas eram uma conseqüência inevitável da atividade estruturadora da própria mente.

Desde então, tanto a geometria euclidiana quanto a física newtoniana se revelaram empiricamente falsas, o que sem dúvida mina as teses específicas da teoria kantiana. Mas a idéia central de Kant – a de que as formas gerais ou categorias de nossa experiência perceptiva são impostas por uma mente ativa e estruturadora – é uma idéia que sobrevive. Os objetos materiais de nossa experiência construída podem, dessa forma, ser empiricamente reais (= reais para toda e qualquer experiência humana), mas eles não precisam ser transcendentalmente reais (= reais do ponto de vista de um Deus possível).

A degradação da matéria ao estatuto de principal categoria num mundo de meros fenômenos é característica de boa parte da filosofia desde Kant. No entanto, Kant acrescentava um segundo elemento a sua tese, o que a afasta de uma descrição puramente idealista e destaca Kant como um idealista extremamente atípico. Segundo Kant, o mundo do sentido interno, o mundo das sensações, pensamentos e emoções, é *também* um "mundo construído". Da mesma forma que o acesso da mente ao mundo "externo", o acesso da mente a si mesma é igualmente mediado por suas próprias contribuições conceituais e estruturais. Ela tem acesso a si mesma apenas por meio de representações que ela faz de si mesma. Assim, embora empiricamente real, a mente não precisa ser transcendentalmente real, da mesma forma que a matéria também não. Para Kant, a natureza transcendental da mente-em-si é tão opaca quanto a natureza transcendental da matéria-em-si. E, no geral, ele acreditava que as coisas-como-elas-são-em-si-mesmas (independentemente da percepção e conceitualização humanas) são definitivamente incognoscíveis para os seres humanos.

Os filósofos posteriores foram mais otimistas que Kant quanto às possibilidades da mente de compreender a si mesma. Muitos deles acreditam que, por meio da pesquisa científica, a mente pode realizar *progressos* conceituais, avançando em sua meta de reformular as concepções, tanto do mundo material quanto da mente, em termos conceituais que de fato, por fim, correspondam à natureza verdadeira das coisas-em-si. Essa é a esperança do *realismo científico*, uma concepção filosófica que está por trás da maior parte da atual pesquisa da psicologia e da neurociência. A tradição *fenomenológica*, embora também otimista quanto à possibilidade de a mente compreender a si própria, assume uma concepção curiosamente diferente.

Fenomenologia é o nome de uma tradição filosófica que se desenvolveu principalmente na Europa continental. Com raízes na filosofia kantiana, ela forma uma árvore com muitas ramificações, mas seus diferentes defensores concordam todos em que uma verdadeira compreensão da natureza da mente só pode ser alcançada por métodos radicalmente diferentes daqueles que orientam a ciência em geral. As razões dessa posição extrema provêm, em parte, da teoria do conhecimento (a epistemologia) adotada pelos fenomenólogos. Eles estão extremamente atentos, assim como quase todos os filósofos desde o trabalho de Kant, ao fato de que o mundo-de-nossa-experiência é, em grande parte, um mundo construído. Nossas formas inatas da percepção, nossas formas inatas do entendimento e nossos arcabouços conceituais apreendidos estruturam, para todos nós, o mundo perceptivo de nosso senso comum: nosso *Lebenswelt*, nosso *mundo-da-vida*.

A atividade científica-padrão, segundo os fenomenólogos, não passa de um prolongamento de algumas dessas atividades "construtivas" da mente; nós construímos concepções cada vez mais intricadas e mais radicalmente interpretativas do mundo objetivo, e as fazemos responder aos fatos perceptivos de nosso *Lebenswelt*, por meio de previsões, explicações, e assim por diante.

Mas, insistem os fenomenólogos, um tal procedimento construtivo não é o meio de chegarmos a uma verdadeira compreensão da *mente*, a *autora* de toda essa atividade construtiva. Esse procedimento simplesmente afasta a mente, cada vez mais, dos fenômenos "puros" e originais e a envolve, cada vez mais, nas complexidades de sua própria construção. Os conceitos da ciência física jamais podem ser algo além de uma interpretação do mundo "objetivo" construída pela mente. Para compreender a *mente*, ao contrário, precisamos fazer um giro de cento e oitenta graus e adotar um procedimento de análise e desinterpretação de nossa experiência. Essa metodologia irá retraçar e revelar a atividade estruturadora da mente e, dessa forma, nos reconduzirá à natureza essencial da própria mente. É possível para a mente vislumbrar sua natureza essencial, uma vez que, em contraste com seu conhecimento do mundo objetivo, a mente tem, ou pode aspirar a ter, um acesso direto e imediato a si própria. Esse programa de pesquisa analítica e introspectiva deverá oferecer um nível de percepção e compreensão que é tanto superior quanto independente de toda compreensão que possa ser oferecida pelos procedimentos essencialmente interpretativos e construtivos da ciência comum.

Além de partilhar algo dessa perspectiva, os fenomenólogos se apresentam em variedades muito diversas. Georg Hegel (1770-1831), uma das primeiras figuras dessa tradição, trouxe à cena uma nova versão do idealismo objetivista. A jornada do espírito rumo ao conhecimento último de si mesmo, acreditava ele, é uma jornada rumo à dissolução da distinção entre o eu subjetivo e o mundo objetivo. O avanço histórico da consciência humana, individual e coletiva, é apenas o lento e difuso processo pelo qual a Mente Absoluta ainda entorpecida (= Deus = Universo) aspira a atingir a *auto*consciência. Cada "consciência" humana individual é apenas um aspecto da Mente maior, e o contraste entre o "si" mesmo e os outros, e entre o "si mesmo" e o mundo objetivo, irá por fim ser suprimido quando a Mente Absoluta finalmente atingir o reconhecimento pleno de si. Nesse meio-tempo, nosso *Lebenswelt* será mais adequadamente interpretado não como o *sonho* pacífico da Mente Absoluta, mas sim como o conteúdo de seus esforços, num embate contínuo, em busca da percepção autoconsciente.

Hegel, no entanto, não é uma figura típica dessa tradição, e a fenomenologia não tem um comprometimento de essência com a ontologia idealista. Edmund Husserl (1859-1938) é a figura central da tradição moderna. Husserl desenvolveu sua pesquisa fenomenológica no interior de um arcabouço aproximativamente cartesiano, no qual a mente e a matéria são igualmente reais, e seu interesse principal se concentrava na compreensão do *caráter intencional* dos estados de nossa mente (ver o Capítulo 3.4). O exame introspectivo das atividades construtivas da mente, argumentava ele, revela a fonte de nossos "conteúdos" mentais e conduz a uma percepção purificada e indubitável do eu transcendental individual, que está por trás do eu empírico ou fenomênico. Aqui, pensava ele, podem-se explorar os fundamentos indubitáveis da experiência humana e de todas as ciências empíricas objetivas.

Esse rápido esboço não faz justiça ao que é uma tradição muito rica, e nenhuma tradição desse porte pode ser refutada num parágrafo. O leitor perceberá, no entanto, que o que nós chamamos no último capítulo – com relação à introspecção – de "a concepção tradicional" é, de certa forma, uma parte importante da tradição fenomenológica. A idéia de que seja possível um conhecimento supracientífico do eu – isto é, uma forma especial de conhecimento, que não recorre a uma conceitualização objetivante e construtora – é comum a toda essa tradição. Essa concepção se contrapõe à convicção do próprio Kant de que o autoconhecimento introspectivo é necessariamente apenas mais uma instância da "construção" objetivante, da mesma forma que nosso conhecimento do mundo exterior. Ela também se contrapõe às modernas provas da psicologia, de que nossos julgamentos introspectivos são absolutamente equiparáveis aos julgamentos perceptivos em geral, e de que os conhecimentos que eles fornecem não se distinguem de forma alguma por um estatuto, pureza ou autoridade especiais.

Se *todo* conhecimento é inevitavelmente uma questão de construção conceitual e de interpretação especulativa (lembremo-nos da conclusão do Capítulo 4.2), então, ao que parece, o "acesso especial" à "natureza essencial" da mente, buscado pelos fenomenólogos, não passa de um sonho, e os métodos-padrão da ciência empírica constituem a única esperança que a mente tem de chegar a compreender a si mesma. Isso não necessariamente exclui a admissão dos julgamentos introspectivos como dados para a ciência e, dessa forma, não necessariamente exclui a "pesquisa fenomenológica", mas nega que os resultados de tal pesquisa tenham um estatuto epistemológico especial ou exclusivo.

O retorno aos "métodos-padrão da ciência empírica", no entanto, não resulta em unanimidade imediata, pois existem diversas concepções rivais quanto ao que seriam esses "métodos-padrão", ou quanto ao que eles deveriam ser, como mostrará a próxima seção.

Leituras sugeridas

DREYFUS, H. L. (Org.) *Husserl, Intentionality, and Cognitive Science*. Cambridge, MA: MIT Press, Bradford, 1982.

MARX, W. *Hegel's Phenomenology of Spirit*. New York: Harper and Row, 1975.

PIAGET, J. *Insights and Illusions of Philosophy*. New York: World Publishing Co., 1971. Cap.3, The False Ideal of a Suprascientific Knowledge.

SMITH, D. W., MCINTYRE, R. *Husserl and Intentionality*. Boston: Reidel, 1982.

SPIEGELBERG, H. *The Phenomenological Movement*. Haia: Harper and Row, 1960; v.I e II. Cf. em especial a discussão sobre Edmund Husserl, v.I, p.73-167.

2 O behaviorismo metodológico

O *behaviorismo metodológico* representa uma reação radical contra as abordagens dualistas e introspectivas empregadas pela psicologia que o precedeu. Um filho do século XX, ele é também um empreendimento sério de reconstrução da ciência da psicologia que se empenha deliberadamente em seguir o programa das extremamente bem-sucedidas ciências naturais, como a física, a química e a biologia. Nos últimos cinqüenta anos, o behaviorismo foi a escola de psicologia mais influente no mundo de língua inglesa. As duas últimas décadas forçaram a uma reavaliação e a um abrandamento de algumas de suas doutrinas, mas ele continua sendo uma importante influência.

Teses e argumentos centrais

Os princípios centrais do behaviorismo não são difíceis de compreender. De acordo com ele, a primeira e mais importante obrigação da ciência da psicologia é *explicar o comportamento* das criaturas que ela examina, inclusive os seres humanos. Com o termo *"behavior"* – comportamento –, os behavioristas se referem às atividades dessas criaturas, desde que publicamente observáveis, mensuráveis e passíveis de ser registradas: movimentos corporais, ruídos emitidos, mudanças de temperatura, liberação de substâncias químicas, interações com o meio ambiente, e assim por diante. Não se põe em dúvida a realidade objetiva desses fenômenos: ela é sentida, e a psicologia não pode perder o rumo ao focalizar o *comportamento* animal como sua primeira meta explicativa. Isso está em oposição direta com as concepções anteriores, que tomavam os elementos e conteúdos da *consciência* interna como a meta explicativa apropriada para a psicologia.

De igual importância para a maioria dos behavioristas, no entanto, era o *modo* como o comportamento devia ser adequadamente explicado. As explicações do senso comum que recorrem aos "estados da mente" são consideradas por eles como seriamente deficientes, sob diversos aspectos. Essas explicações recorrem a uma coletânea de folclore, sem nenhuma base científica adequada, e essa coletânea pode consistir, em grande parte, em superstição e confusão, como é o caso de tantas de nossas concepções do passado. As noções mentalistas que empregamos corriqueiramente são mal definidas e carecem de critérios objetivos para sua aplicação, em especial, no caso dos animais não-humanos; a introspecção individual não oferece uma base uniforme e confiável para sua aplicação, mesmo no caso dos seres humanos; as explicações mentalistas são, em geral, construídas após-o-fato, e os princípios invocados possuem muito pouca força de previsão; e tais explicações "voltadas-para-o-interior" ocultam de nós o papel bastante amplo do ambiente externo ao organismo no controle de seu comportamento.

Em vez de recorrer aos estados da mente, os behavioristas propunham-se a explicar o comportamento de um organismo em termos das circunstâncias ambientais peculiares em que está situado. Ou em termos do meio ambiente, aliado a certas características observáveis do organismo. Ou, não sendo isso possível, também em termos de certas características não-observáveis do organismo – as disposições e os reflexos condicionados e inatos –, desde que essas características possam atender a uma condição muito rigorosa: elas devem ser tais que sua presença ou ausência sempre possam ser determinadas de modo conclusivo por meio de um teste comportamental, da mesma forma que a solubilidade de um torrão de açúcar se revela por sua dissolução efetiva (o comportamento), quando ele é colocado em água (a circunstância ambiental). Em resumo, as explicações na psicologia devem se basear inteiramente em noções que sejam elas próprias publicamente observáveis, ou que sejam ao menos definidas em termos operacionais por meio de outras noções, por sua vez, publicamente observáveis (consultar o Capítulo 2.2, quanto à noção de definição operacional).

Os behavioristas estão (ou estavam) dispostos a se restringir a esses recursos e a exigir que os outros observassem essas mesmas restrições, pois esse seria o preço inevitável a pagar para fazer da psicologia uma ciência genuína. Deixar de lado o antigo aparato conceitual do senso comum parecia ser um pequeno preço a pagar, na tentativa de atingir uma meta tão importante. Se as noções mentalistas do senso comum são de fato coerentes e bem-definidas, acreditava-se, então a metodologia behaviorista irá, no final, nos reconduzir a elas, ou a versões adequadamente definidas delas. Caso elas não o sejam, rejeitá-las não será nenhuma perda real.

Além disso, uma concepção influente numa área próxima oferecia um apoio incidental aos behavioristas. Uma escola filosófica de mentalidade científica, chamada "positivismo lógico", ou "empirismo lógico", sustentava a concepção de que o significado de todo termo teórico, em qualquer ciência, deriva, em última análise, de suas conexões definicionais, por mais distantes que sejam, com noções *observacionais*, que, por sua vez, derivam seu significado diretamente da experiência sensorial. Alguns filósofos da ciência vinculados a essa escola afirmavam especificamente que todo termo teórico dotado de significado deve ter uma definição *operacional* em termos de observáveis. O behaviorismo, dessa forma, parecia estar apenas seguindo as regras que, segundo se dizia, governavam a ciência legítima em geral.

Críticas ao behaviorismo

Ao adotar uma atitude abertamente cética com relação à ontologia dos estados da mente e com relação a nossa concepção corriqueira das causas do comportamento humano, os behavioristas provocaram uma forte reação negativa da parte de um grande número de moralistas, clérigos, romancistas e de outras escolas de filosofia e psicologia. A principal queixa era a de que o behaviorismo tendia a desumanizar os seres humanos, ao eliminar arbitrariamente do âmbito de legitimidade da ciência a própria característica que nos faz especiais: a vida mental consciente. Em certa medida, essa é uma queixa que comete petição de princípio: se os seres humanos são "especiais" e, se o são, que características os fazem especiais, são elas próprias questões científicas que exigem respostas científicas. Talvez as crenças de nosso senso comum estejam equivocadas quanto a se e por que nós somos especiais (não seria a primeira vez: basta lembrar a convicção universal de que a humanidade estaria colocada no centro do universo físico). Além disso, não é uma crítica de peso ao behaviorismo apenas repetir teimosamente nossas convicções culturalmente enraizadas.

Mesmo assim, hoje em dia, em geral se concorda que o behaviorismo foi longe demais em suas afirmações e restrições iniciais, mais que o necessário para garantir um estatuto científico para a psicologia. Antes de mais nada, logo se percebeu que a concepção positivista de que um termo teórico dotado de significado tem de admitir uma definição operacional em termos de observáveis era uma concepção equivocada. A maioria dos termos da física teórica, por exemplo, é dotada de pelo menos algum vínculo distante com observáveis, mas não do tipo simples que permita *definições* operacionais em termos desses observáveis. Tente, por exemplo, dar uma definição desse tipo para "*x* é um neutrino" ou "*x* tem um elétron na camada orbital mais baixa". Os condicionais apropriados para conectar esses termos a observáveis sempre acabam por exigir o uso de muitos *outros* termos teóricos e, dessa forma, a definição deixa de ser puramente "operacional". Assim, se fôssemos seguir a restrição de adotar apenas definições operacionais, a maior parte da *física* teórica teria de ser eliminada como uma pseudociência carente de significado!

As concepções atuais do significado tendem a inverter totalmente a concepção positivista: o significado de um termo, inclusive os termos observacionais, é fixado por sua posição na rede de crenças na qual ele aparece (a teoria da rede do significado foi discutida no Capítulo 3.3). Nosso vocabulário mentalista, dessa forma, não pode ser eliminado da ciência com base exclusiva num princípio puramente abstrato. Ele de fato deverá ser eliminado – se é que de fato deverá sê-lo – com base em seus fracassos, em termos de explicação e previsão, em confronto com outras teorias rivais sobre a natureza humana.

Também não parece cientificamente razoável negar ou simplesmente ignorar a existência de fenômenos internos, aos quais temos pelo menos um acesso introspectivo, por mais confuso que ele seja, e que desempenham pelo menos um certo papel, por mais mal compreendido que ele seja, nas origens causais de nosso comportamento. Na medida em que exigia que ignorássemos inteiramente esses fenômenos e tratássemos os seres humanos como "caixas-pretas" com reflexos que não podiam ser explicados em termos das atividades e estruturas internas da caixa, o behaviorismo foi longe demais. Ele foi desnecessariamente restritivo e condenou a si próprio a uma reação exacerbada a seus excessos anteriores.

Tendo admitido a justiça dessas críticas, a maioria dos pensadores viu-se inclinada a esquecer o behaviorismo. Mas essa não é uma reação apropriada. As versões e os defensores atuais do behaviorismo estão preparados para admitir as críticas mencionadas. Mas certos elementos importantes do behaviorismo sobrevivem e podem ainda se revelar corretos.

Um dos mais conhecidos defensores do behaviorismo ao longo dos anos, B. F. Skinner, da Universidade de Harvard, defendeu uma versão do behaviorismo que afirma tanto a realidade dos fenômenos internos quanto nosso acesso introspectivo a eles, e que atribui aos fenômenos internos um papel perfeitamente legítimo na psicologia. Apesar dessas concessões, Skinner defende três importantes teses. Em primeiro lugar, o que "esperamos" quando fazemos uma introspecção é apenas um estado fisiológico de nosso próprio corpo e sistema nervoso, e não uma realidade "não-física". Em segundo lugar, a introspecção dá acesso a apenas uma porção muito pequena de nossas atividades e estados internos, e é confusa e pouco confiável, mesmo nesse caso. E, em terceiro, os estados que nós distinguimos na introspecção, embora estejam correlacionados com nosso comportamento, não precisam, portanto, ser as causas efetivas de nosso comportamento.

Poderíamos dar início à tarefa de isolar as causas (internas) reais de nosso comportamento, examinando mais uma vez os fatores ambientais que controlam nosso comportamento e, depois, acompanhando os efeitos causais desses fatores internamente. O papel do *ambiente* no controle do comportamento continua sendo uma característica central dessa abordagem, e não é difícil perceber a razão disso. As espécies atualmente vivas devem, todas elas, sua sobrevivência ao fato de que suas instâncias responderam apropriadamente a seus ambientes de modo mais eficiente que outras. A psicologia humana, ou a de qualquer outra espécie, é o resultado de uma longa modelagem evolutiva de comportamentos controlados pelo ambiente – por exemplo, "coma o que cheirar bem", "lute com (ou fuja de) tudo que atacar", "acasale com tudo que lhe parecer bonito", e assim por diante. Por onde mais a psicologia deveria começar a não ser pelo estudo sistemático desses controles?

Como veremos, *existem* outros lugares interessantes por onde a psicologia pode começar. Mas o programa de pesquisa behaviorista continua sendo uma opção autêntica, e seria um erro descartar, sem mais, suas versões recentes.

Leituras sugeridas

CHOMSKY, N. A Review of B. F. Skinner's Verbal Behavior. *Language*, v.35, n.1, 1959. Reimpresso em BLOCK, N. (Org.) *Readings in Philosophy of Psychology*. Cambridge, MA: Harvard University Press, 1980. V.I.

DENNETT, D. Skinner Skinned. In: *Brainstorms*. Montgomery, VT: Bradford, Cambridge, MA: MIT Press, 1978.

SKINNER, B. F. *About Behaviorism*. New York: Random House, 1974.

3 A abordagem cognitiva/computacional

No âmbito do arcabouço geral da concepção funcionalista da mente que discutimos no Capítulo 2.4, encontramos dois programas de pesquisa em estreita relação mútua e voltados para a solução do mistério da inteligência consciente: a *psicologia cognitiva* e a *inteligência artificial*. Essas duas abordagens opõem-se às formas tradicionais do behaviorismo, pelo fato de que ambas se sentem livres para postular ou atribuir um sistema intricado de estados internos às criaturas inteligentes, quando explicam o comportamento delas. Em geral, os estados postulados são, de uma ou outra forma, estados "portadores-de-informações", e suas interações coletivas são uma função das informações específicas que eles portam. Daí, a caracterização geral de "abordagem do processamento de informações", ou, de modo mais simples, "abordagem computacional".

Examinemos, por exemplo, o funcionamento de uma calculadora de bolso. Seus vários estados de entrada de dados representam números específicos e operações aritméticas, e as atividades internas que se seguem são determinadas pelas características computacionalmente relevantes desses estados. No final, os estados de saída mantêm com esses estados de entrada relações sistemáticas regidas por regras. O mesmo, supõe-se, vale para os organismos que apresentam inteligência natural, exceto que seus estados de entrada de dados representam muito mais coisas que apenas números, e as "computações" que eles executam são dirigidas a muito mais coisas além de meras relações aritméticas. Essas computações também se ocupam, por exemplo, com relações lógicas e com formas espaciais, com as relações sociais, as estruturas lingüísticas, as cores, o movimento, e assim por diante (exploraremos alguns exemplos no próximo capítulo).

A meta da psicologia cognitiva é explicar as diversas atividades que constituem a inteligência – a percepção, a memória, a inferência, a deliberação, o aprendizado, o uso da linguagem, o controle motor, e assim por diante –, postulando um sistema de estados internos controlados por um sistema de procedimentos computacionais, ou mesmo um conjunto interativo desses sistemas, controlado por um conjunto desses procedimentos. A meta é montar um esboço de descrição da organização *funcional* efetiva do sistema nervoso humano, ou do sistema nervoso de qualquer criatura que seja objeto de seu estudo.

Essa é uma meta ambiciosa, dada a complexidade extraordinária das criaturas inteligentes, e, assim, quase sempre se adota uma abordagem do tipo parte por parte. Um estudioso pode concentrar sua atenção na percepção, por exemplo, ou no uso da linguagem e depois tentar montar um sistema computacional que dê conta exclusivamente das atividades específicas da faculdade escolhida. Os resultados da abordagem do tipo parte por parte podem, dessa forma, ser reunidos, à medida que vão sendo obtidos, para formar uma explicação geral da inteligência do organismo. Três critérios são relevantes na formulação e avaliação dessas hipóteses computacionais. Em primeiro lugar, o sistema computacional proposto deverá ter êxito em explicar as entradas e saídas de dados da faculdade cognitiva que está sendo estudada. Se a faculdade for a percepção, por exemplo, o sistema computacional proposto deverá dar conta das discriminações que a criatura efetivamente faz quando há estimulação de seus órgãos sensoriais. Se a faculdade for a do uso da linguagem, então o sistema deve dar conta de nossa capacidade de distinguir sentenças gramaticais de expressões sem sentido, bem como de nossa capacidade de emitir quase que exclusivamente sentenças gramaticais. Em termos gerais, o sistema proposto deve fazer o que a criatura em questão consegue fazer, ou o que faz a faculdade dessa criatura escolhida para estudo.

O primeiro critério é importante, mas ele é demasiado tosco para, por si só, ser adequado, pois existem muitos modos diferentes de abordar um determinado problema. Para toda relação desejada entre entradas e saídas de dados, existe um número infinito de procedimentos computacionais *diferentes* que produzirão exatamente essa relação.

O problema pode ser facilmente ilustrado por meio de um exemplo elementar. Suponhamos que você tenha um pequeno dispositivo do tipo calculadora, que se comporta da seguinte forma. Para cada número n que você digita no teclado, ele em seguida exibe um número igual a $2n$. Um meio que ele pode estar empregando para calcular suas respostas seria simplesmente multiplicar por 2 o número que você dá entrada. Um segundo meio de obter o mesmo resultado seria multiplicar o número por 6 e dividir a resposta obtida por 3. Um terceiro modo seria dividir por 10 o número que você deu entrada e então multiplicar a resposta por 20. E assim por diante. Todos esses procedimentos de cálculo irão produzir o mesmo "comportamento manifesto" de duplicação de números arbitrariamente escolhidos. Mas a calculadora está, supõe-se, empregando apenas um deles. Como podemos determinar qual?

Aqui entra o segundo critério para a avaliação das hipóteses computacionais. Procedimentos que produzem o "mesmo comportamento" num nível de análise podem apresentar diferenças sutis num nível mais refinado de análise. Por exemplo, os dois últimos procedimentos envolvem, cada um, duas operações distintas, enquanto o primeiro envolve apenas uma. Se tudo o mais for igual, espera-se que os dois últimos procedimentos sejam mais demorados na execução do cálculo. A medição cuidadosa dos tempos envolvidos nas operações pode, dessa forma, revelar qual entre duas calculadoras estaria usando o procedimento mais simples. Além disso, padrões de erro também podem ajudar a fazer distinções entre as hipóteses. Se cada operação computacional tem uma probabilidade pequena, mas finita, de erros a cada execução, então os dois últimos procedimentos irão cometer erros mais freqüentemente que o procedimento mais simples. Dessa forma, uma longa série de testes pode ajudar a distinguir um procedimento de outro. A natureza específica dos erros também pode dizer muita coisa sobre os procedimentos que os produziram.

O terceiro critério para a avaliação da hipótese computacional é evidente, tanto para os artefatos quanto para os organismos biológicos: os procedimentos computacionais propostos devem ser compatíveis com as capacidades físicas do sistema de circuitos ou do sistema nervoso da criatura. Uma hipótese aceitável deve estar de acordo com a estrutura do *hardware* ou do organismo vivo que está concretamente executando a atividade computacional em questão.

Esse terceiro critério em geral é bastante difícil de ser aplicado, exceto em nível muito superficial, pois o mecanismo neural que constitui um sistema nervoso adiantado é composto por elementos extremamente minúsculos, é extremamente intricado em suas conexões e dotado de amplitude vastíssima. A elucidação do sistema nervoso, como veremos no Capítulo 7, não é uma questão simples. Em resultado disso, esse terceiro critério exerce influência menor que os dois primeiros, em boa parte da teorização no âmbito da psicologia cognitiva. E talvez isso seja apenas o que deveríamos esperar: no caso da maioria das funções cognitivas, ainda não temos o problema de escolher entre hipóteses computacionais igualmente adequadas. Ainda estamos tentando construir pelo menos *uma* hipótese que seja totalmente adequada à atividade em questão. Mesmo assim, são o segundo e o terceiro critérios que mantêm a psicologia cognitiva como uma ciência empírica genuína, uma ciência voltada para a questão de como a inteligência natural é de fato produzida.

Em contrapartida, o que em geral caracteriza o programa de pesquisa da inteligência *artificial* é o fato de ela ignorar todos esses critérios, exceto o primeiro. O objetivo desse programa é simplesmente projetar sistemas computacionais capazes de todo e qualquer comportamento inteligente observado nos organismos naturais. Se os sistemas propostos empregam os *mesmos* procedimentos computacionais usados por algum organismo natural é algo que costuma ser, no melhor dos casos, de interesse secundário.

Existem razões imperiosas para buscar essa abordagem alternativa da inteligência. Sobretudo, não há razão para acreditar que os procedimentos computacionais usados pelos organismos naturais sejam necessariamente os melhores procedimentos possíveis para atingir os objetivos buscados. Nossa história evolutiva e nossa maquinaria biológica muito provavelmente impõem limitações sérias, e provavelmente arbitrárias, aos tipos de procedimentos que podemos usar. Máquinas eletrônicas que computam em alta velocidade, por exemplo, são capazes de executar rotinas que são impossíveis para os sistemas nervosos. E, de qualquer forma, argumenta-se, devemos estudar não apenas a inteligência "em sistemas biológicos", mas também as muitas dimensões da inteligência em geral. Além disso, os progressos nessa última frente provavelmente irão ajudar a avançar nossa compreensão da inteligência puramente natural.

O contraste entre as duas abordagens é manifesto, mas, na prática, ele muitas vezes tende a desaparecer. Um modo de testar a hipótese sobre as atividades de processamento de informações de uma certa criatura é escrever um programa para executar determinadas computações, rodá-lo num computador e comparar o comportamento de saída com o comportamento da criatura. Nesse ponto, a investigação da psicologia cognitiva será muito parecida com a investigação na esfera da inteligência artificial. Mas o pesquisador da inteligência artificial não precisa ter receio em recorrer ao comportamento e aos relatos introspectivos das criaturas reais, a fim de inspirar a invenção de programas inteligentes. Aqui, a pesquisa da inteligência artificial será muito parecida com a da psicologia cognitiva.

A inteligência artificial será abordada mais de perto no próximo capítulo. Vou encerrar esta seção discutindo uma objeção contra as duas estratégias que acabamos de delinear. O leitor deve ter notado que, na abordagem computacional, a inteligência não aparece com uma única essência unificadora, ou uma natureza única e simples. Ao contrário, as criaturas inteligentes são representadas por uma miscelânea de procedimentos computacionais altamente diversificados e interconectados de modo frouxo, mais ou menos como um colega uma vez caracterizou meu primeiro carro: "um esquadrão de porcas e parafusos voando em formação livre".

De fato, essa descrição de meu carro estava correta e a concepção de inteligência apresentada pela abordagem computacional pode estar igualmente correta. O lento acúmulo de sistemas de controle semi-isolados faz sentido em termos evolutivos. Os sistemas nervosos evoluíram aos trancos e barrancos, um ocasional acréscimo acidental sendo selecionado porque, por acaso, dava um controle vantajoso sobre algum aspecto do comportamento da criatura ou de suas operações internas. A seleção natural de longo prazo torna provável que criaturas sobreviventes desfrutem de uma interação sem grandes atritos com o ambiente, mas os mecanismos internos que sustentam essa interação podem muito bem ser arbitrários, fortuitos e *ad hoc*. Assim, não é uma crítica da abordagem computacional afirmar que ela pode representar esses mecanismos dessa forma.

Leituras sugeridas

ANDERSON, J. R. *Cognitive Psychologism and Its Implications*. San Francisco: Freeman, 1980.

BODEN, M. *Artificial Intelligence and Natural Man*. New York: Harvester Press, 1977.

DENNETT, D. Artificial intelligence as Philosophy and as Psychology. In: *Brainstorms*. Montgomery, VT: Bradford, Cambridge, MA: MIT Press, 1978.

JOHNSON-LAIRD, P. N., WASON, P. C. *Thinking*: Readings in Cognitive Science. Cambridge: Cambridge University Press, 1977.

PYLYSHYN, Z. Computation and Cognition. *The Behavioral and Brain Sciences*, v.3, 1980.

Consultar também as leituras sugeridas em todo o Capítulo 6.

4 O materialismo metodológico

A metodologia descrita na seção precedente é, em geral, chamada "abordagem-de-cima-para-baixo", porque ela parte de nossa compreensão atual do que as criaturas inteligentes fazem e depois se pergunta que tipo de operações subjacentes poderiam produzir ou explicar essas atividades cognitivas. Em contraste radical, a metodologia descrita na presente seção parte da extremidade oposta do espectro e é chamada "abordagem-de-*baixo-para-cima*". Sua idéia básica é a de que as atividades cognitivas, em última análise, nada mais são que atividades do sistema nervoso; e se queremos compreender as atividades do sistema nervoso, o melhor modo de obter esse conhecimento consiste em examinar o próprio sistema nervoso, descobrir a estrutura e comportamento de seus elementos mínimos, as interconexões e a interatividade entre esses elementos, o desenvolvimento deles no decorrer do tempo, e o modo como, em conjunto, eles controlam o comportamento.

É essa a metodologia que orienta as diversas disciplinas reunidas sob o termo *neurociência*, e é basicamente esse mesmo espírito que nos impele a remover a tampa de trás de um despertador e desmontá-lo para ver o que o faz tiquetaquear. Essa abordagem do comportamento inteligente tem uma história muito longa. Ainda na Antigüidade, o grego Hipócrates tinha conhecimento de que a degeneração do cérebro destrói a sanidade, e o médico romano, Galeno, já havia descoberto a existência e a diferença entre o sistema nervoso somato-sensorial (o conjunto de fibras que conduzem as informações táteis até o cérebro) e o sistema nervoso motor (o conjunto de fibras que se irradiam a partir do cérebro e da medula espinhal e que controlam os músculos do corpo). A dissecação de animais mortos havia revelado sua existência, e Galeno descobriu que lesões localizadas ou cortes nos dois sistemas em animais vivos produziam "cegueira" tátil localizada no primeiro caso, e paralisia localizada, no segundo.

O avanço sistemático no conhecimento da estrutura e funcionamento do sistema nervoso teve de esperar até séculos mais recentes, uma vez que as autoridades religiosas reprovavam ou absolutamente proibiam a dissecação *post-mortem* do corpo humano. Mesmo assim, uma tosca anatomia do sistema nervoso era mais ou menos compreendida no final do século XVII. Mas isso dava apenas uma compreensão limitada de seu funcionamento, e o progresso real no conhecimento da microestrutura e microatividade do cérebro teve de esperar até o desenvolvimento das modernas técnicas de microscopia, até o desenvolvimento das modernas teorias da química e da eletricidade, e até o desenvolvimento dos modernos instrumentos eletrônicos de registro e medição. Em resultado disso, os desenvolvimentos mais importantes ocorreram no século XX.

A arquitetura neuronal revelada por esses métodos é intricada, a ponto de tirar o fôlego. Os átomos funcionais do cérebro parecem ser as minúsculas células processadoras de impulsos, chamadas *neurônios*, e existem cerca de 10^{11} (um número 1 seguido de 11 zeros: 100 bilhões) neurônios num único cérebro humano. Para termos uma idéia desse número, imaginemos uma pequena casa de dois andares cheia com areia grossa, do porão ao telhado. Existem tantos neurônios em nosso cérebro quantos grãos de areia nessa casa. E o que é ainda mais intrigante, os neurônios têm em média – por meio de minúsculas fibras que se estendem a partir de cada um deles, chamadas *dendritos* e *axônios* – cerca de 3 mil conexões com outros neurônios, de modo que o número de interconexões em todo o sistema é realmente extraordinário: cerca de 10^{14}, ou 100 trilhões, de conexões.

Essa complexidade frustra toda pronta compreensão, e nós mal começamos a desvendá-la. Evidentemente, as considerações éticas impedem a livre experimentação em seres humanos vivos, mas a própria natureza é impiedosa o suficiente para realizar suas próprias experiências, e os neurologistas recebem um fluxo constante de cérebros sofrendo de traumatismos variados, vítimas de anomalias químicas, físicas ou degenerativas. Nesses casos, pode-se aprender muito com a cirurgia ou com os exames *post-mortem*. Também as criaturas com sistemas nervosos muito simples fornecem uma via alternativa para nosso conhecimento. O sistema nervoso de uma lesma-do-mar, por exemplo, contém apenas cerca de 10 mil neurônios, e essa é uma rede que os pesquisadores mapearam por completo. O processo químico de sua habituação a certos estímulos – um caso primitivo de aprendizado – também foi descrito com base em microexperimentação. O conhecimento adquirido em tais casos nos ajuda a abordar as atividades neurais de criaturas mais complexas, como lagostas, ratazanas, macacos – e seres humanos.

A convicção do materialismo metodológico é a de que, se nos dispusermos a compreender o comportamento dos neurônios, e em especial dos sistemas de neurônios, em termos físicos, químicos, elétricos e de seu desenvolvimento, bem como os modos pelos quais eles exercem controle uns sobre os outros e sobre o comportamento, então estaremos a caminho de compreender tudo o que há para se conhecer sobre a inteligência natural. É verdade que a abordagem-de-baixo-para-cima não se volta diretamente para os fenômenos mentalistas com que estamos familiarizados e que são admitidos pela psicologia popular, mas esse fato pode ser visto como uma virtude dessa abordagem. Se as categorias corriqueiras da psicologia popular (crença, desejo, consciência, e assim por diante) efetivamente tiverem integridade objetiva, a abordagem-de-baixo-para-cima terminará por nos reconduzir até elas. E se não tiverem, a abordagem-de-baixo-para-cima, estando tão estreitamente vinculada ao cérebro empírico, oferece a melhor esperança de construção de um novo e mais adequado conjunto de conceitos que nos permitam compreender nossa vida interior. Evidentemente, é essa metodologia que dá expressão mais direta aos temas filosóficos propostos pelos materialistas reducionistas e eliminacionistas.

Talvez sintamos que essa abordagem impiedosamente materialista degrada ou subestima seriamente a verdadeira natureza da inteligência consciente. Mas a resposta do materialista é a de que, ao contrário, é essa reação que degrada e subestima seriamente as capacidades e a perfeição do *cérebro* humano, da forma como elas vêm se revelando na pesquisa da neurociência. Em que consiste parte dessa pesquisa e como ela lança luz sobre questões relativas à inteligência consciente, é o que examinaremos no Capítulo 7.

Leitura sugerida

Consultar as listas após cada uma das seções do Capítulo 7.

6
A inteligência artificial

É possível construir e configurar um dispositivo puramente físico para que ele possua inteligência genuína? A convicção do programa de pesquisa denominado "inteligência artificial" ("IA", na forma abreviada) é de que é possível, e a meta desse programa é criar dispositivos desse tipo. O que esse programa envolve e por que os que estão nele empenhados são otimistas quanto a suas possibilidades é o tema do presente capítulo. Alguns problemas com os quais esse programa se defronta também serão discutidos.

Nossos esforços esperançosos em busca do comportamento inteligente artificial têm uma longa história. Na segunda metade do século de Descartes, o matemático e filósofo alemão Gottfried Leibniz construiu um dispositivo que podia somar e subtrair por meio de cilindros rotatórios interconectados. Ele também defendia a possibilidade de uma linguagem perfeitamente lógica, na qual todo pensamento seria reduzido a puro cálculo. Leibniz não tinha uma idéia muito clara quanto ao que seria essa linguagem, mas, como veremos, sua idéia era profética.

No século seguinte, um pensador de mentalidade fisiologista, chamado Julien de la Mettrie, estava igualmente impressionado com os mecanismos do corpo humano e com a idéia de que a atividade "vital" tinha origem não em um princípio intrínseco à matéria, nem em alguma substância não-material, mas na estrutura física e na *organização* funcional que resultava dessa estrutura e à qual a matéria podia estar submetida. Mas, enquanto Descartes recuava diante das conseqüências que isso tudo sugeria, De la Mettrie mergulhava totalmente nelas. Não apenas nossas atividades "vitais", mas também todas as nossas atividades *mentais*, declarava ele, resultam da organização da matéria física.

Seu livro, *Homem-máquina*, foi por toda parte vilipendiado, mas, uma vez expressas, essas idéias não seriam mais silenciadas. Um contemporâneo de De la Mettrie, Jacques de Vaucanson, projetou e construiu diversas belas estátuas que pareciam vivas e cujos mecanismos internos, mecânicos e pneumáticos, produziam uma variedade de comportamentos simples. Um pato de cobre todo decorado aparecia colocado numa exibição convincente dos atos de beber, comer, grasnar e espadanar pela água. Uma estátua na forma humana e em tamanho natural, segundo se relata, teria tocado flauta de modo muito convincente. Embora esses autômatos limitados dificilmente impressionem nossa opinião atual, não há dúvida de que sua súbita colocação em movimento provocou um abalo, de repercussões duradouras, no ingênuo observador do século XVIII.

Capacidades mais especificamente *mentais* foram objeto dos trabalhos do matemático de Cambridge, Charles Babbage, cujo cuidadosamente projetado *Dispositivo analítico* era capaz de executar todas as operações elementares da lógica e da aritmética, e cujos princípios prefiguravam o moderno computador digital. No entanto, Babbage ainda estava limitado a dispositivos puramente mecânicos, e embora seu projeto detalhado sem dúvida tivesse condições de funcionar, caso fosse fisicamente realizado, nunca se tentou construir uma máquina a partir dele, em razão de sua grande complexidade mecânica.

A complexidade presente em toda atividade inteligente constituía uma barreira persistente à simulação por meio de dispositivos mecânicos, uma barreira que, para ser transposta, precisou de um século de tecnologia, desde o *Project* de Babbage. Mas o tempo decorrido nesse intervalo não foi desperdiçado. Nesse período, ocorreram progressos fundamentais no domínio abstrato: em nossa compreensão da lógica das proposições e da lógica das classes, bem como da estrutura lógica da geometria, da aritmética e da álgebra. Terminamos por dar o devido valor à noção de *sistema formal*, do qual os sistemas mencionados são todos exemplos. Um sistema formal consiste em (1) um conjunto de *fórmulas* e (2) um conjunto de *regras de transformação* para manipulá-las. As fórmulas são elaboradas pela junção, por meio de regras de formação específicas, de diversos itens tomados de um estoque básico de *elementos*. As regras de transformação estão vinculadas à *estrutura formal* de toda fórmula dada (= o padrão de acordo com o qual seus elementos são combinados), e sua função é apenas a de transformar uma fórmula em outra fórmula.

No caso da álgebra elementar, os elementos básicos são os numerais de 0 a 9, e as variáveis, "a", "b", "c", ..., "(", ")", "=", "+", "-", "/" e "x". As fórmulas são termos como "$(12 - 4)/2$", ou equações como "$x = (12 - 4)/2$". Uma seqüência de transformações poderia ser:

$$x = (12 - 4)/2$$
$$x = 8/2$$
$$x = 4$$

Você conhece essas regras de transformação, bem como o que pode ser feito com elas. Assim, você já possui o domínio autoconsciente de pelo menos um sistema formal. E uma vez que você pode pensar, também tem pelo menos um domínio tácito da lógica geral das proposições, que é um outro sistema formal.

Existe um número infinito de sistemas formais possíveis, em sua maioria triviais e de pouco interesse. Mas muitos deles são extraordinariamente potentes, como atestam os exemplos da lógica e da matemática. Do ponto de vista da inteligência artificial, o mais interessante é que todo sistema formal pode, em princípio, ser automatizado. Isto é, os elementos e as operações de todo sistema formal são sempre de tal espécie que um dispositivo físico construído de modo apropriado *poderia* formular e manipular por si próprio. A construção efetiva de um dispositivo apropriado, naturalmente, pode ser inviável por razões de escala, tempo ou tecnologia. Mas, na segunda metade do século XX, os desenvolvimentos no campo da eletrônica tornaram possível a construção do computador digital para finalidades gerais operando em alta velocidade. Essas máquinas tornaram possível a automação de sistemas formais muito potentes, e elas são igualmente capazes de formas muito potentes de cálculo. A barreira que frustrava Babbage foi rompida.

1 Os computadores: alguns conceitos elementares

Hardware

O termo *hardware* refere-se ao aspecto físico do computador e seus dispositivos periféricos, tais como o teclado para a entrada de dados, as telas de vídeo e as impressoras para a saída de dados, e as fitas/discos/tambores magnéticos de memória "passiva", para ambas (Figura 6.1). O termo se contrapõe a *software*, que denota a seqüência de instruções que dizem ao *hardware* o que fazer.

O computador propriamente dito consiste em dois principais elementos: a *unidade central de processamento* (CPU) e a *memória ativa*, que em geral é do tipo "acesso aleatório" (RAM). Esta última expressão significa que os elementos da memória responsáveis pelo armazenamento de informações estão dispostos numa grade eletrônica, de modo que cada elemento ou "registro" dispõe de um único "endereço" que pode ser acessado diretamente pela unidade central de processamento. Isso permite à CPU encontrar imediatamente o que está em qualquer registro dado, sem ser necessário procurar laboriosamente os dados buscados por toda a seqüência dos muitos milhares de registros. Inversamente, a CPU também pode colocar informações diretamente num determinado registro. Ela tem acesso livre e direto a qualquer elemento de uma memória ativa desse tipo. Daí o nome "memória de acesso aleatório" ou "RAM". A memória ativa serve como "bloco de rascunho" ou "área de trabalho" para a CPU; ela também mantém ativas as instruções, ou *programa*, que nós colocamos nela e que devem dizer à CPU especificamente o que fazer.

Computador propriamente dito

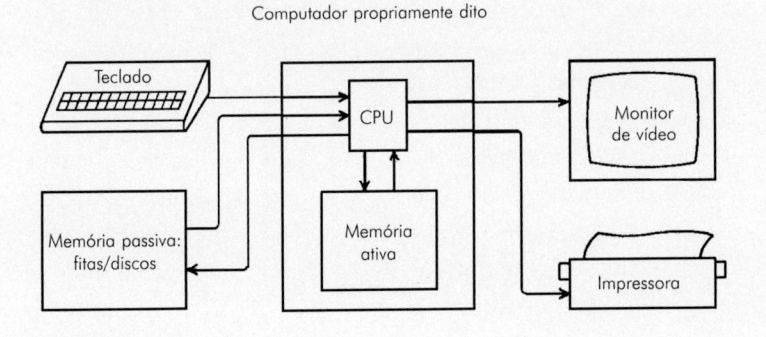

FIGURA 6.1

A unidade central de processamento é o núcleo funcional do sistema. É ela que manipula as diversas fórmulas com que ele é alimentado; é ela que incorpora e executa as regras de transformação básicas com que a máquina opera. A computação, ou processamento de informações, consiste na transformação, controlada por regras, de fórmulas em outras fórmulas, e esse é o trabalho da CPU.

Que fórmulas exatamente a CPU manipula e como ela as transforma? O sistema formal para cuja manipulação os computadores são geralmente construídos é extremamente austero. Ele tem apenas *dois* elementos básicos – podemos chamá-los de "1" e "0" –, a partir dos quais *todas* as fórmulas devem ser construídas. Isso é chamado de *código de máquina*, ou *linguagem de máquina*, e toda fórmula nele construída constitui uma série finita de "1" e "0". Estes são representados na própria máquina como um estado de "carregado" ou de "não-carregado" de cada um dos elementos da memória ativa, e como um impulso ou não-impulso nas diversas rotas da CPU.

Construídos fisicamente, ou *hard-wired*, na CPU, estão numerosos pequenos elementos chamados *portas lógicas*, que recebem um 1 ou um 0 em cada porta de entrada e dão um 1 ou um 0 como saída, onde a saída dada é rigorosamente determinada pela natureza da porta e dos elementos fornecidos como entrada. Ao usar bancos inteiros de portas lógicas, séries inteiras de "1" e "0" podem ser transformadas em novas séries de "1" e "0" numa nova ordem, dependendo de como e onde elas são alimentadas na CPU. É aqui que ocorrem as *transformações controladas por regras*.

O intrigante nessa tediosa manipulação de fórmulas – sem mencionar a velocidade assombrosa com que ela é feita: mais de um milhão de transformações por segundo – está em que algumas das séries podem ser *interpretadas* sistematicamente como representando *números* normais, enquanto certas subunidades da CPU podem ser interpretadas como somadores, multiplicadores, divisores, e assim por diante. Qualquer número pode ser expresso em *código binário*, em vez de nosso conhecido código decimal, isto é, os números podem ser expressos como séries de "1" e "0".[1] E quando são assim expressas, as séries de entrada S_1 e S_2, e a série de saída S_3, de uma certa subunidade da CPU, estão sempre

---

1 Na notação decimal, as colunas, a partir da direita, vão de 0 a 9, e se um número for maior que o maior número que a última coluna da direita pode

numa relação tal que S_3 – considerada como composta de números e não como série simples não-interpretada – sempre equivale a $S_1 + S_2$. Essa subunidade – um conjunto de portas lógicas apropriadamente conectadas – funciona como um *somador*. Outras subunidades executam outras funções aritméticas básicas.

De modo análogo, podemos usar a linguagem de máquina para codificar fórmulas da lógica proposicional (fórmulas que representam sentenças da linguagem natural), e certas subunidades da CPU processarão essas séries de modo que a série de saída sempre represente uma outra fórmula, que consiste na *conjunção* lógica das fórmulas representadas pelas séries de entrada, ou sua *disjunção* ou *negação*, ou *condicionalização*. Igualmente, as séries de entrada que representam enunciados arbitrários (enunciados do tipo "se-então", por exemplo) podem ser processadas de modo que a série de saída represente uma decisão relativa à validade verifuncional do enunciado original.

As CPUs são construídas com a capacidade de executar todas as operações lógicas e aritméticas mais básicas, e um número infinitamente maior de operações pode ser realizado pela combinação das operações elementares de modo a formular operações mais complexas, bem como pela combinação ulterior dessas operações mais complexas, como acontece quando escrevemos programas. Evidentemente, essa manipulação entediante de séries de "1" e "0" pode resultar em algumas formas muito instigantes de atividade computacional, potentes tanto em termos de profundidade e complexidade quanto em termos de velocidade.

representar, passaremos para a coluna seguinte, que vai de 0 a 9, agora denotando dezenas. E assim por diante. Na notação binária, a última coluna da direita vai apenas de 0 a 1, e *então* passa para a coluna seguinte, que também vai de 0 a 1, dessa vez, denotando a casa dos duplos. Ela passa para a terceira coluna, denotando a casa dos quádruplos, e assim por diante. Por exemplo, na notação binária a soma "1 + 2 = 3" se torna "1 + 10 = 11", e "4 + 5 = 9" se torna "100 + 101 = 1001".

Software

A atividade computacional da CPU pode ser controlada, e o termo *software* refere-se à seqüência de instruções, ou *programa*, que exerce esse controle. Um programa é carregado na memória ativa do computador, onde suas instruções individuais são lidas e executadas em seqüência pela CPU. O programa diz à CPU quais das séries que foram entradas ela deve processar, e de que modo, onde e quando armazenar os resultados na memória, quando recuperá-los, exibi-los, imprimi-los, e assim por diante.

Assim, um programa específico converte o computador numa máquina para "finalidades especiais". E, uma vez que existe um número potencialmente infinito de programas distintos, podemos fazer o computador se comportar como distintas máquinas para "finalidades especiais" em número potencialmente infinito. Essa é uma das razões por que os computadores aqui descritos são chamados de máquinas para "finalidades gerais". E existe uma razão mais profunda para isso, que vamos agora examinar.

No nível mais básico, a CPU deve ser alimentada com um programa de instruções em linguagem de máquina, na forma de séries de "1" e "0", pois essa é a única linguagem que o computador entende (= é o único sistema formal para cuja manipulação a CPU é construída). Mas a linguagem de máquina é extremamente opaca e difícil para os seres humanos utilizarem. As séries que representam os números, as equações e as proposições específicas e as séries que representam as instruções para a execução de operações lógicas e aritméticas parecem iguais para todos nós, exceto para o programador mais sofisticado: elas se parecem com séries que nada representam – uma algaravia uniforme de "1" e "0". Evidentemente, seria melhor se pudéssemos traduzir a linguagem de máquina numa linguagem mais acessível aos seres humanos.

Isso de fato pode ser feito, e uma vez que uma tradução é um caso de transformação de um tipo de fórmula em outro tipo, e como um computador é um dispositivo de transformação por excelência, podemos fazê-*lo* executar também esse trabalho para nós. O primeiro passo consiste em construir o teclado de entrada de modo que a tecla correspondente a cada um dos caracteres da escrita normal, ao ser pressionado, envie esse caractere para o computador, apropriadamente codificado em uma série única de oito unidades "1" e "0". Essa codificação preliminar é, em geral, baseada no código ASCII (American Standard Code for Information Interchange – Código-padrão Americano para Intercâmbio de Informações). Dessa forma, seqüências de caracteres como "ADD 7, 5" (somar 7, 5) podem pelo menos ser representados no vocabulário da linguagem de máquina. O passo seguinte consiste em carregar o computador com um programa (elaboradamente escrito na linguagem de máquina, mas esse trabalho precisa ser feito apenas uma única vez), para *transformar* essas séries em séries da linguagem de máquina que, por exemplo, efetivamente dão à CPU a instrução de somar o equivalente binário de 7 ao equivalente binário de 5. O mesmo programa pode transformar a saída resultante (1100) novamente em código ASCII (00110001, 00110010), e a impressora codificada em ASCII, ao recebê-lo, irá imprimir a seqüência nos números ou letras da escrita normal, no caso, "12".

Esse tipo de programa é chamado *intérprete*, ou *compilador*, ou *montador*, e o leitor irá perceber que essa estratégia pode oferecer não apenas uma interação mais "amistosa" entre o ser humano e a máquina, mas também uma maior economia em termos de expressões. Uma expressão simples como "AVERAGE X_1, X_2, ..., X_n" (média X_1, X_2, ..., X_n) pode ser transformada (primeiramente no código ASCII e depois) numa longa série em linguagem de máquina, série que combina um certo número de distintas operações básicas, como somar e dividir. Assim, uma instrução na linguagem de alto nível produz a execução de um grande número de instruções na linguagem de máquina. Essas linguagens de alto nível são chamadas *linguagens de programação*, e elas são o mais próximo que a maioria dos programadores irá chegar da austera notação da linguagem de máquina.

É evidente que, uma vez carregado com um programa intérprete que permita o uso de uma linguagem de programação de alto nível, o computador passa a manipular as fórmulas de um novo sistema formal; nesse novo sistema, algumas transformações "básicas" são na verdade mais sofisticadas que as presentes no sistema formal da linguagem de máquina. Nosso computador original está agora *simulando* um computador diferente, um computador construído para manipular séries nessa linguagem de *programação* (de alto nível). Para a pessoa que usa esse "novo" computador, a "nova" linguagem *é* a linguagem do computador. Por essa razão, o conjunto computador-mais-intérprete é muitas vezes chamado "máquina virtual".

Tudo isso significa que um sistema de processamento de informações, ao ser programado de um ou outro modo, pode simular muitos sistemas de processamento de informações bastante diferentes. Isso indica que um computador, apropriadamente programado, deve poder simular os sistemas de processamento de informações encontrados nos sistemas nervosos de criaturas biológicas. Certos resultados da teoria abstrata da computação oferecem, de fato, uma boa confirmação para essa expectativa. Se um determinado computador satisfaz certas condições funcionais, então ele é uma instância do que os teóricos chamam *máquina universal de Turing* (assim denominada em homenagem ao pioneiro da teoria da computação Alan M. Turing). O interessante sobre a máquina universal de Turing é que, *para todo e qualquer procedimento computacional bem definido, uma máquina universal de Turing pode simular uma máquina que executará esses procedimentos*. Ela o faz reproduzindo exatamente o comportamento de entrada/saída da máquina que está sendo simulada. E o fato instigante é que o computador moderno *é* uma máquina universal de Turing (uma especificação: os computadores reais não têm memória ilimitada, mas a memória sempre pode ser ampliada, de acordo com as necessidades). Esse é o sentido mais profundo, a que nos referimos anteriormente, de chamarmos os modernos computadores digitais de máquinas para "finalidades gerais".

Assim a questão com que se depara o programa de pesquisa da inteligência artificial não é se computadores apropriadamente programados podem simular o comportamento produzido pelos procedimentos computacionais encontrados nos animais naturais, inclusive os encontrados nos seres humanos. Essa questão é em geral considerada como resolvida. Em princípio, pelo menos, eles podem. A questão relevante é se as atividades que constituem a inteligência consciente são todas elas algum tipo de *procedimento computacional*. A pressuposição que orienta a inteligência artificial é a de que elas o são, e seu objetivo é construir programas concretos que as simulem.

Esse é o motivo por que a grande maioria dos que trabalham com a inteligência artificial tem se preocupado com a escrita de programas mais que com a construção de novas formas de *hardware* para computação. Pois a máquina para finalidades gerais já está à nossa disposição, e essa máquina pode ser programada para simular todo e qualquer tipo específico de processador de informações que queiramos. Diante disso, a abordagem mais promissora da simulação dos processos cognitivos parece ser, então, por meio de programas engenhosamente projetados, que possam rodar em máquinas para finalidades gerais. Na próxima seção, vamos explorar alguns dos resultados desse fértil tipo de abordagem.

Leituras sugeridas

NEWELL, A., SIMON, H. Computer Science as Empirical Inquiry: Symbols and Search. In: HAUGELAND, J. *Mind Design*. Montgomery, VT: Bradford, Cambridge, MA: MIT Press, 1981.

RAPHAEL, B. *The Thinking Computer: Mind inside Matter*. San Francisco: Freeman, 1976.

WEIZENBAUM, J. *Computer Power and Human Reason*. San Francisco: Freeman, 1976. Cf., em especial, os capítulos 2 e 3.

2 A inteligência de programação: a abordagem passo a passo

Uma abordagem ingênua da inteligência de programação poderia imaginar que tudo de que precisamos é que algum gênio da programação, em alguma ocasião particularmente inspirada, passe uma noite em furiosa criação e apareça na manhã seguinte com O Segredo, na forma de um programa que, quando rodado na máquina disponível mais próxima, produza uma outra consciência exatamente como a sua e a minha. Embora seja uma idéia sedutora, isso é coisa de história em quadrinhos. É ingênuo supor que exista um fenômeno único e uniforme a ser captado, e é ingênuo supor que exista uma única essência oculta responsável por ele.

Basta lançar um olhar casual sobre o reino animal para percebermos que a inteligência aparece em muitos milhares de graus diferentes e que ela é constituída, nas diferentes criaturas, por diferentes habilidades, interesses e estratégias – tudo isso refletindo as diferenças em termos da constituição fisiológica e da história evolutiva dessas criaturas. Para tomar um exemplo popular, a inteligência de um golfinho deve, em muitos de seus aspectos, diferir substancialmente da inteligência de um ser humano. Do lado da saída comportamental, o golfinho não tem braços, mãos e dedos para a manipulação complexa; ele também não precisa se manter numa posição vertical instável num campo gravitacional permanente. Dessa forma, ele não tem necessidade de determinados mecanismos de controle que, no ser humano, controlam esses aspectos vitais. Do lado da entrada de dados, o principal sentido do golfinho é a ecolocalização sonar, que oferece uma janela para o mundo muito diferente da oferecida pela visão. Mesmo assim, o golfinho tem mecanismos de processamento que tornam seu sonar comparável à visão, em termos de suas capacidades gerais. Por exemplo, o sonar é cego a cores, mas revela aos golfinhos a estrutura interna dos corpos percebidos, uma vez que tudo é, em certo grau, "transparente" ao som. Porém, a filtragem dessas informações a partir de ecos complexos apresenta ao cérebro do golfinho problemas diferentes dos que se apresentam ao córtex visual humano, e, sem dúvida, o golfinho tem seus próprios mecanismos cerebrais ou procedimentos neurais especializados que lhe permitem resolvê-los rotineiramente.

Essas diferenças mais importantes no processamento de entrada/saída podem muito bem envolver outras diferenças em níveis mais profundos, e podemos começar a perceber que a inteligência de cada tipo de criatura é provavelmente exclusiva a sua espécie. E o que a torna exclusiva é a mistura específica de mecanismos de processamento de informações com finalidades especiais que a evolução combinou nessas criaturas. Isso nos ajuda a perceber que nossa própria inteligência deve ser entendida como uma corda tecida com muitos fios diferentes. Assim, simulá-la irá exigir que teçamos fios semelhantes de formas semelhantes. E fazer isso irá exigir que primeiramente construamos os fios. Por essa razão, os pesquisadores da inteligência artificial em geral tendem a selecionar algum aspecto da inteligência, concentrando-se, então, na simulação desse aspecto. Por uma questão de estratégia, podemos deixar temporariamente de lado os problemas relativos à integração entre esses aspectos.

O comportamento orientado por finalidades e a resolução de problemas

São muitas as coisas que caem sob esse título amplo – a caça de presas, o jogo de xadrez, a construção de torres com blocos –, em geral, tudo aquilo em que a atividade do agente pode ser considerada como uma tentativa de atingir um fim ou meta específicos. O caso mais simples seria o torpedo de orientação automática ou o míssil orientado pelo calor. Esses dispositivos guiam-se por mecanismos de orientação que entram em giros e volteios para se manter fixos no alvo em evasão. Eles podem parecer tenazmente obstinados se um deles estiver perseguindo você, mas, em tempos de paz, somos muito pouco tentados a atribuir-lhes verdadeira inteligência, uma vez que eles têm uma única resposta para cada ação evasiva, uma resposta sintonizada diretamente na medida de "desvio-do-alvo-com-relação-à-mira" do sensor desses mísseis. Sistemas como esses não são irrelevantes para a compreensão do comportamento animal – os mosquitos, ao que parece, se orientam por meio de um mecanismo simples desse tipo: pelo aumento dos gradientes de dióxido de carbono (respiração exalada) –, mas pretendemos mais com a inteligência artificial que a inteligência do mosquito.

O que acontece quando a variação de respostas possíveis ao hiato percebido entre o estado atual e o estado-meta é muito maior, e quando a escolha apropriada em meio a essas respostas exige algum tipo de solução de problemas por parte do agente? Isso parece estar mais próximo da questão da inteligência real. Curiosamente, há um número considerável de programas que podem satisfazer a essa condição, e alguns deles produzem comportamentos complexos que, num ser humano, seriam considerados altamente inteligentes.

Começando pelos casos simples, analisemos o exemplo do "jogo-da-velha", cuja meta é preencher o quadriculado com "X" e "O" (Figura 6.2), e consideremos os procedimentos que um computador pode explorar para maximizar suas chances de vencer, ou pelo menos empatar com qualquer outro jogador. Supondo-se que o computador inicie com os "X", há 9 lances que ele pode fazer. Para cada um deles, existem 8 possíveis lances em resposta da parte do jogador que preenche os O's. E para cada um desses lances em resposta, há 7 respostas possíveis para o computador. E assim por diante. Num cálculo simples, há $9 \times 8 \times 7 \times \ldots \times 2$ (= 9! = 362.880) modos diferentes de preencher a matriz do jogo (há um número um pouco menor de jogos completados, pois a maioria deles termina quando se chega a uma seqüência de três numa fileira, antes que a matriz esteja cheia). Podemos representar essas possibilidades por meio de uma *árvore de jogo* (Figura 6.3).

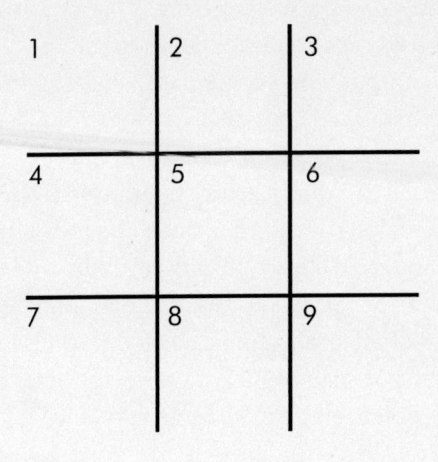

FIGURA 6.2

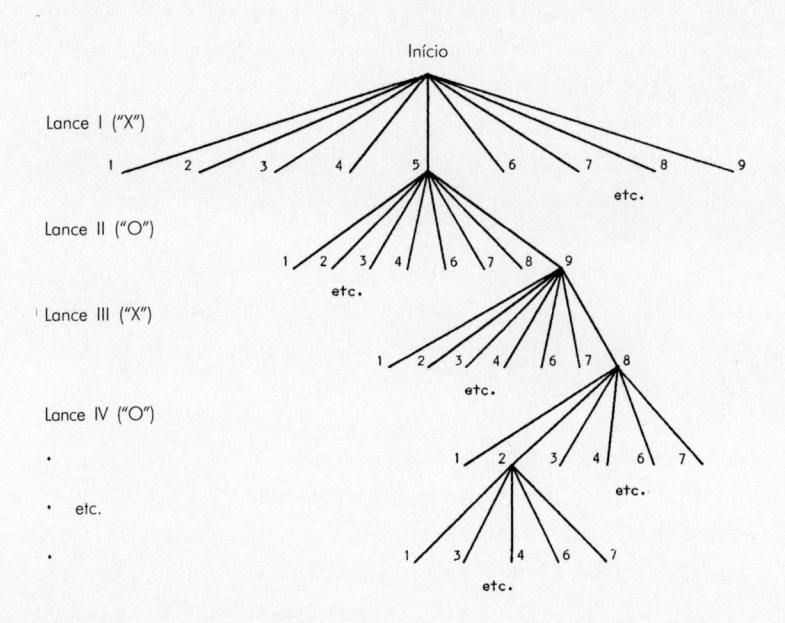

FIGURA 6.3

Essa árvore de jogo é grande demais para que mais de uma amostra dela possa caber numa página, mas não é grande demais para que um computador adequadamente programado possa rapidamente explorar cada ramificação individual e notar se ela resulta em uma vitória, perda ou empate para X. Esses dados podem oferecer as informações necessárias para sua escolha de lances, a cada estágio do jogo. Digamos que toda ramificação da árvore confrontando X é uma "ramificação ruim" se, no lance *seguinte*, o jogador que preenche com "O" tem um lance de fim de jogo que dá a vitória a O. E digamos que toda ramificação confrontando X é também uma ramificação ruim se, no lance seguinte, o jogador que preenche com "O" tem um lance que deixará X diante apenas de lances ruins. Com essa definição recursiva em mãos, e identificando primeiramente as ramificações que levam a um final ruim, o computador pode, então, descer pela árvore e identificar *todas* as ramificações ruins. Se também o programarmos para que, a cada estágio do jogo efetivo, ele nunca escolha uma das ramificações que identificou como ruins por meio desses procedimentos, e sempre escolha um lance vencedor contra um empate, então o computador nunca perderá um jogo! O melhor que podemos esperar é empatar o jogo, e se dois computadores assim programados jogarem um com o outro, eles irão empatar todos os jogos.

Para ilustrar esses pontos rapidamente, consideremos o jogo específico X—5, O—9, X—8, O—2, X—7, O—3, X—6, O—1. Comecemos com o jogo após o lance IV, com a matriz mostrada na Figura 6.4.

Se quiser, você pode inserir a lápis os quatro últimos lances e observar a derrota de X. Se agora observarmos uma parte da árvore de busca, a partir do lance de O em IV (Figura 6.5), podemos ver por que X não deveria ter escolhido a célula 7 no lance V. A partir daí, O tem um lance (na célula 3) que deixa X diante *apenas* de ramificações ruins. X será então obrigado a escolher entre 1, 4 ou 6, no lance VII, e todas essas três opções deixam O com uma escolha vencedora já no lance seguinte. Assim, todas as três ramificações são ruins. Dessa forma, a ramificação de X para a célula 7, no lance V, *também* é uma ramificação ruim, uma vez que ela permite, no lance seguinte, que X seja deixado diante apenas de ramificações ruins. À luz disso, podemos perceber que X não deveria ter ido para a célula 7 no lance V. O mesmo vale para nosso computador programado: isto é, ele irá, portanto, evitar o erro que acabamos de examinar. E todos os outros, onde quer que estejam localizados na árvore.

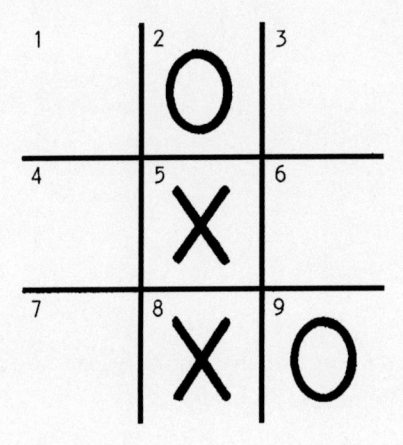

FIGURA 6.4

Assim, temos aqui um caso em que a máquina programada tem uma meta (vencer, ou pelo menos empatar), uma gama de respostas possíveis para cada uma das circunstâncias nas quais ela pode se encontrar e um procedimento para resolver, a cada estágio, o problema de qual dessas respostas é a mais apropriada para atingir essa meta (se duas ou mais respostas forem igualmente apropriadas, podemos acrescentar uma instrução para ele simplesmente escolher a primeira opção da lista ou então "jogar uma moeda" pelo recurso a alguma sub-rotina de escolha aleatória).

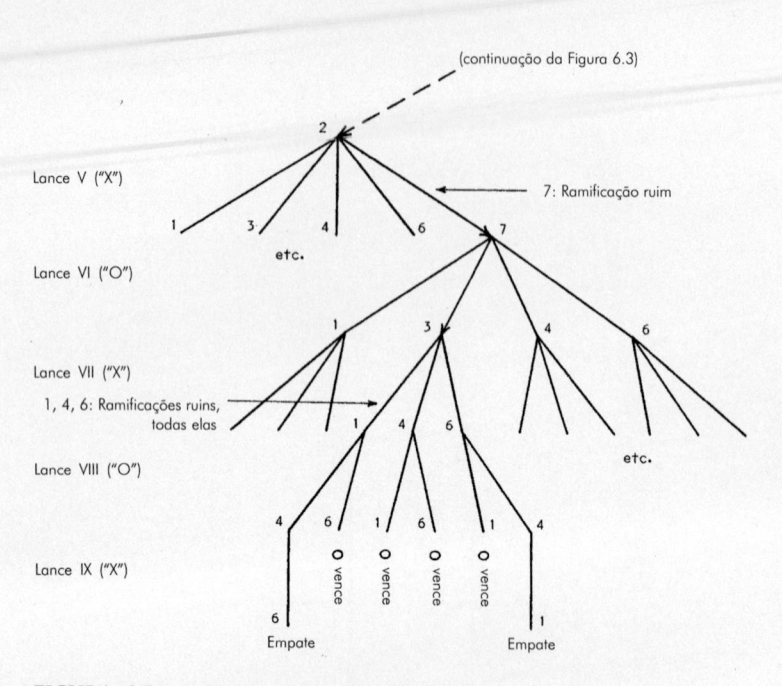

FIGURA 6.5

Essa estratégia que acabamos de delinear é um exemplo do que chamamos abordagem pela *força bruta* para a solução de problemas: a partir da descrição básica do problema, o computador desenvolve uma *árvore de busca* que abrange cada uma das possibilidades e realiza uma busca exaustiva da ramificação – ou ramificações – que oferece uma solução. Esse procedimento é chamado *exame prospectivo exaustivo*. Para os problemas que têm solução (nem todos têm), essa abordagem funciona magnificamente, desde que haja suficiente "força" disponível. Temos aqui um procedimento eficiente, ou *algoritmo*, para a identificação dos melhores lances.

"Força", nesse caso, significa velocidade e capacidade de memória da parte da máquina: suficiente força para construir e buscar a árvore apropriada. Infelizmente, muitos dos problemas com que se depara a inteligência real envolvem árvores de busca que estão além do alcance das máquinas viáveis e, com isso, da abordagem pela força bruta. Mesmo para o jogo-da-velha, a estratégia específica que descrevemos exige alta velocidade e uma grande capacidade de memória. E no caso de jogos que exigem mais, essa abordagem logo se torna impraticável.

Consideremos o xadrez. É uma atividade que exige muito, sem dúvida, mas não mais que os "jogos" sociais que os seres humanos habitualmente jogam. Em média, um jogador deve escolher, em qualquer estágio do jogo, entre cerca de 30 lances permitidos. E cada lance irá tornar possível mais cerca de 30 respostas por parte de seu adversário. Assim, só os dois primeiros lances já são um par escolhido em meio a 30^2 (= 30 x 30 = 900) pares possíveis. Se um jogo em média envolve cerca de 40 lances para cada jogador, então o número de jogos possíveis dentro dessa média de lances é de 30 à 80ª potência, ou cerca de 10^{118}. A árvore de jogo correspondente terá, dessa forma, 10^{118} ramificações. Esse é um número absurdamente alto. Um milhão de computadores, cada um examinando um milhão de ramificações por segundo, ainda assim, levariam 10^{100} (um 1 seguido de 100 zeros) *anos* para examinar toda a árvore. É evidente que essa abordagem não irá funcionar no caso do jogo de xadrez.

O problema aqui encontrado é um exemplo de *explosão combinatória*. Isso significa que o programa de jogo de xadrez não poderá empregar um algoritmo para identificar os lances possíveis com maior garantia de vitória. Ele deve recorrer a procedimentos *heurísticos*, isto é, ele deve explorar "regras práticas" para distinguir os lances meramente promissores dos não tão promissores. Consideremos como isso pode funcionar. Se escrevemos o programa de forma tal que o computador não tente examinar prospectivamente 40 lances, mas apenas 4 (= 2 para cada jogador) a cada estágio do jogo, a árvore de busca correspondente terá apenas 30^4, ou 800 mil ramificações. Isso é suficientemente limitado para as máquinas existentes executarem sua busca em tempo razoável. Mas o que ele busca se não pode buscar a vitória certa? Aqui, nós tentamos dar ao computador metas intermediárias que (a) ele *possa* identificar com eficiência e que (b) ofereçam alguma *probabilidade* de que, se forem repetidamente alcançadas, a vitória final será também alcançada.

Por exemplo, podemos atribuir números para a perda de peças específicas, em proporção a sua importância no contexto do jogo; assim, o computador pode atribuir um valor total positivo ou negativo a toda troca potencial de peças com o adversário, dependendo de quem perde e de quanto perde. O computador pode também orientar sua escolha de lances por meio da atribuição de um certo valor positivo ao fato de ter suas peças "no controle do centro" (= ter as peças em posição de fazer capturas na porção central do tabuleiro). Um outro valor pode ser atribuído a lances potenciais que ataquem o rei do adversário, uma vez que essa é uma condição necessária para a vitória. E assim por diante.

Podemos escrever o programa de modo que o computador some esses fatores a cada lance considerado, e então escolha o lance com o maior valor total. Dessa forma, podemos pelo menos fazer que o computador *jogue* um jogo de xadrez aceitável, o que é impossível por meio da abordagem pela força bruta, uma vez que a máquina ficaria paralisada pela imensidão da tarefa.

O fato é que foram escritos programas de jogo de xadrez que usam procedimentos heurísticos como esses, e outros ainda mais engenhosos, que derrotarão todos, exceto os poucos aficcionados de nível profissional, e mesmo nesse caso, eles terão um desempenho respeitável (programas mais simples, mas ainda assim impressionantes, já estão disponíveis comercialmente há vários anos, incorporados a "tabuleiros eletrônicos": a inteligência artificial já faz sucesso no mercado). Esse comportamento tão intricadamente elaborado é impressionante, mesmo para os padrões humanos de inteligência. A abordagem prospectiva por meio de procedimentos heurísticos pode não ser infalível, mas, ainda assim, pode ser muito potente.

Uma estratégia diferente da abordagem prospectiva exaustiva e da abordagem prospectiva parcial por meio de procedimentos heurísticos é representada por uma outra classe de programas que simulam a solução de problemas e o comportamento orientado por finalidades. Em vez de abordar uma determinada meta partindo da consideração de cada lance possível ao alcance da potência do computador e, em seguida, cada novo lance possível a partir daí, e assim por diante, na esperança de que alguma ramificação dessa árvore "em explosão" termine por fazer contato com a meta, o computador pode começar na outra extremidade do problema. Ele pode começar pelo exame, até onde puder, de todas as circunstâncias possíveis, nas quais mais *o* seu lance seguinte assegure a meta. Não é preciso que haja muitas dessas metas – talvez apenas uma. Essas circunstâncias possíveis então se tornam metas intermediárias, e o computador pode repetir sua exploração dos meios possíveis para garantir uma ou mais *delas*. Esse procedimento é repetido até que o computador, por fim, identifique alguma circunstância que ele tem efetivamente condições de produzir de imediato. O computador executa então esse lance e, na ordem inversa, todos os outros lances da cadeia meios-fim que ele construiu, alcançando assim sua meta original e última. Essa estratégia não é necessariamente mais eficiente que a abordagem prospectiva exaustiva, mas, se existe um número muito grande de lances que o computador pode escolher no início, e apenas uns poucos que permitem atingir a meta, essa abordagem pode ser mais rápida.

O programa STRIPS (Stanford Research Institute Problem Solver – Solucionador de Problemas do Instituto de Pesquisas de Stanford) é capaz de usar essa estratégia. Um robô dotado de movimento, com o descritivo nome de Shakey (= Trêmulo), era controlado remotamente por um computador que rodava o STRIPS, e podiam-se estabelecer diversas metas para esse sistema, que deviam ser executadas em um ambiente abrangendo várias salas interligadas por portas e guarnecidas com várias caixas grandes.

Recebendo informações sobre a disposição das salas, das portas de conexão, das caixas e do próprio Shakey, e recebendo uma meta na forma "faça que a caixa na sala 3 seja colocada na sala 7", Shakey (ou melhor, STRIPS) construía e realizava por si próprio uma seqüência de comportamentos que conduziam a essa meta.

Aprendizado

Também devemos destacar dois modos pelos quais programas desse tipo podem exibir *aprendizado*. O primeiro e mais simples deles consiste apenas em armazenar, na memória, as soluções já alcançadas. Quando o mesmo problema reaparece, a solução pode ser de imediato resgatada da memória e empregada diretamente, em vez de ser, a cada vez, laboriosamente reobtida. Uma lição, uma vez aprendida, é lembrada. O comportamento orientado por metas, que em princípio era hesitante, torna-se, dessa forma, fluido e sem hesitações.

O segundo modo de aprendizado pode ser ilustrado por um programa de xadrez que opera por meio de procedimentos heurísticos. Se escrevemos o programa de modo que o computador mantenha um registro de seu coeficiente de ganho/perda, podemos fazer que ele tente novos pesos para seus diversos procedimentos heurísticos, se ele se encontrar perdendo numa média inaceitável. Suponhamos, por exemplo, que o procedimento heurístico "ataque o rei de seu adversário" tenha, de início, um peso excessivamente alto e que a máquina perca os jogos regularmente, em razão de repetidos ataques *kamikaze* contra o rei adversário. Após avaliar suas perdas, o computador poderia tentar ajustar cada um de seus pesos, para ver se disso resulta um melhor coeficiente de ganho/perda. Com o correr do tempo, o procedimento heurístico com excesso de peso receberia um peso menor, e a qualidade do jogo da máquina iria melhorar. De modo bastante próximo àquele como eu ou você poderíamos aprender, o computador também aprende a desenvolver um jogo mais eficiente.

Sem dúvida, essas duas estratégias irão reproduzir um pouco do que comumente chamamos de aprendizado. Mas existe muito mais no aprendizado que o mero armazenamento de informações adquiridas. Em ambas as estratégias descritas, a máquina representa as informações "aprendidas" no interior do esquema de conceitos e categorias oferecidos por seu programa original. Em nenhum dos dois casos, a máquina gera *novos* conceitos e categorias para analisar e manipular as informações que chegam. Ela pode manipular as antigas categorias e formar uma variedade de combinações delas, mas a inovação conceitual está limitada à atividade combinatória no âmbito do arcabouço original.

Essa é uma forma de aprendizado extremamente conservadora, como podemos perceber quando consideramos o aprendizado por que passa uma criança pequena nos dois primeiros anos de sua vida, ou por que passou a comunidade científica no decorrer de um século. A mudança conceitual em larga escala – a geração de um arcabouço categorial genuinamente novo que derruba totalmente o antigo – é uma característica de ambos os processos. Não podemos pretender ter resolvido o problema do aprendizado enquanto não tivermos resolvido o problema da mudança conceitual.

Esse tipo de aprendizado mais fundamental é muito mais difícil de simular ou recriar que os tipos mais simples aqui discutidos, pois ele nos exige um modo de representar o conhecimento e as informações um nível *abaixo* do nível dos conceitos que podem ser lingüisticamente expressos, um nível em que seus elementos podem, de algum modo, ser combinados ou articulados para formar qualquer conceito em meio a uma vasta gama de possíveis conceitos alternativos. Esse nível de representação deve também ser sensível e poder reagir a desempenhos subseqüentes do sistema como um todo, de modo que os conceitos bem-sucedidos possam ser distinguidos dos que são inúteis e confusos.

Esse problema parecia quase insuperável até pouco tempo atrás. Felizmente, novas abordagens da representação e manipulação de quantidades muito grandes de informações produziram recentemente alguns surpreendentes "procedimentos de aprendizado" que vêm recebendo uma boa parcela da atenção atual. No entanto, esses procedimentos são projetados para implantação, pelo menos em termos ideais, em máquinas de uma construção muito diferente das que foram descritas algumas páginas atrás, e descrevê-los neste ponto seria uma digressão. Eles reaparecerão no Capítulo 7.

Visão

Se equipado com sensores óticos, um programa adequadamente programado poderia *ver*? Num nível simples de processamento das informações óticas, a resposta é claramente sim. As editoras freqüentemente usam um sistema desse tipo no processo de composição de livros para impressão. O texto original do autor, datilografado, é "lido" por um sistema que sonda cada caractere em seqüência e registra sua identidade numa fita. Um outro computador usa essa fita para rodar a máquina de composição tipográfica. Os *scanners* de reconhecimento de caracteres podem ser muito simples. Um sistema de lentes projeta uma imagem em branco e preto do caractere numa grade de elementos fotossensíveis (Figura 6.6). Células selecionadas da grade são em grande parte obstruídas pela imagem do caractere, e o dispositivo de escaneamento envia para o computador uma lista codificada de todas elas. O programa faz então que o computador compare essa lista com cada uma das muitas listas-padrão em sua memória – uma para cada padrão de caracteres. Ele seleciona a lista armazenada que combina com a lista recebida no maior número possível de pontos e, assim, identifica o caractere escaneado. Tudo isso na velocidade de um raio, evidentemente.

Sem dúvida, esse sistema é inflexível e está bastante sujeito a erros. Fontes de caracteres não-habituais irão produzir identificações cronicamente erradas. E se for alimentado com imagens de rostos ou de animais, o sistema continuará a operar como antes, identificando-os como meras letras e números. Mesmo assim, esses erros têm semelhanças com características óbvias de nosso próprio sistema visual. Nós também tendemos a interpretar o que vemos em termos de categorias familiares ou esperadas, e muitas vezes deixamos de notar o novo, a menos que sejamos deliberadamente postos em alerta com relação a ele.

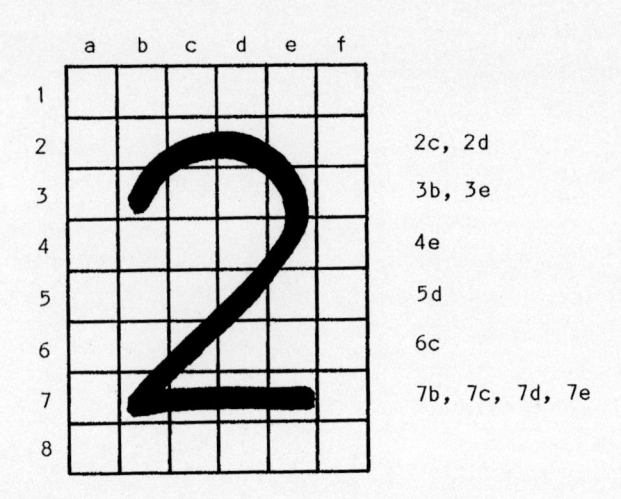

FIGURA 6.6

O reconhecimento de caracteres, no entanto, representa apenas o início tosco da visão da máquina, e não seu ponto máximo. Consideremos o problema mais geral de identificar e localizar objetos no espaço tridimensional, com o uso de nenhum outro dado além dos apresentados em uma matriz de pontos diferentemente iluminados: isso é chamado de *matriz de intensidades,* e a imagem de televisão é um exemplo bem conhecido. Exceto por ter muitos mais elementos e valores em diferentes graus para cada elemento, ela nada mais é que um caso mais complexo da mesma grade de reconhecimento de caracteres que já mencionamos.

Você e eu temos retinas que funcionam como nossas matrizes de intensidade, e podemos facilmente resolver problemas de interpretação visual, vendo as disposições específicas de objetos com base nas matrizes de intensidade retinais específicas. Não temos consciência do "problema" de interpretação nem do processamento que se opera dentro de nós e que o resolve. Mas essa capacidade é um verdadeiro desafio para o programador, uma vez que ela reflete considerável inteligência da parte do sistema visual.

Isso porque as representações visuais são sempre e indefinidamente *ambíguas*. Pode haver muitas e diferentes condições externas que são totalmente compatíveis com alguma matriz de intensidade bidimensional dada. Isso significa que diferentes circunstâncias podem "parecer" aproximativa ou mesmo exatamente iguais, como uma moeda comum que, levemente inclinada, parece ser na verdade uma moeda elíptica. Todo sistema visual deve poder razoavelmente eliminar ambigüidades como essas das cenas observadas, a fim de encontrar a interpretação mais *provável* dos dados. Da mesma forma, algumas cenas são mais complexas que outras: a interpretação "correta" pode exigir conceitos que o sistema nem sequer possui. Isso sugere que a visão, assim como a própria inteligência, se manifesta em graus. Felizmente, isso nos permite abordar os casos mais simples em primeiro lugar.

Consideremos uma matriz de intensidade específica: imagine a imagem de televisão de diversas caixas grandes, amontoadas sem nenhuma ordem. Variações súbitas na intensidade da luz refletida marcam as bordas de cada caixa, e um programa sensível a essas variações pode construir a partir delas o esboço das diversas caixas e de suas posições relativas. A partir desse ponto, um programa sensível ao modo como as bordas se encontram para formar os cantos/lados/totalidades de volume (como o programa SEE, de Guzman) pode avaliar corretamente quantas caixas lá estão e em que posições relativas. Esses programas funcionam bem em ambientes altamente artificiais, onde existem apenas sólidos com superfícies planas, mas há muitas ambigüidades que permanecem além de sua capacidade de solução, e eles fracassam totalmente quando confrontados com uma praia rochosa ou uma encosta coberta de vegetação.

Outros programas mais recentes exploram as informações contidas nas mudanças *contínuas* de intensidade – por exemplo, o modo como a luz é distribuída numa esfera ou num cilindro – para dar base a hipóteses sobre uma gama muito maior de objetos. Também está sendo explorada a estereoscopia (visão tridimensional) artificial. As diferenças sutis entre um par de matrizes de intensidade bidimensionais tomado de duas posições levemente diferentes (como as imagens que você tem em suas retinas direita e esquerda) contêm informações potencialmente decisivas sobre os contornos e as posições espaciais relativas dos itens em cena. Já foi inventado um algoritmo que resgata as informações tridimensionais ocultas no par-estéreo exibido na Figura 6.7.

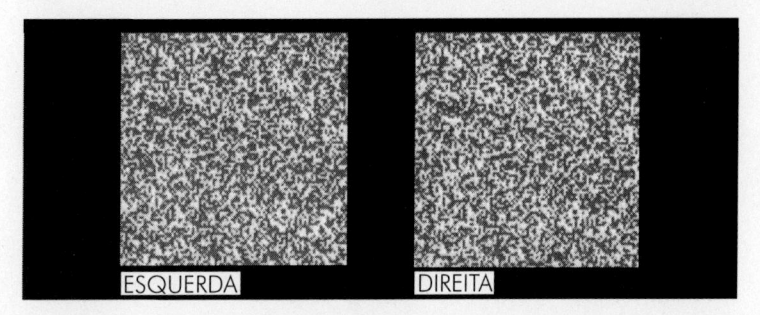

FIGURA 6.7 – Reprodução autorizada por D. Marr e T. Poggio, "Cooperative Computation of Stereo Disparity", *Science*, v.194, 1976, p.283-6. Copyright 1976 de AAAS.

Coloque um envelope tamanho ofício, verticalmente, entre os dois quadrados, e seu nariz e testa no centro da borda do envelope mais próxima a você, de modo que seus olhos vejam uma única imagem. Ou melhor ainda, faça um binóculo, enrolando duas folhas de papel tamanho ofício para formar dois tubos longos. Mantenha-os paralelos, fazendo que um dos lados fique próximo à página, de modo que cada olho focalize direto através de cada tubo e veja apenas um quadrado no centro de cada abertura circular. Dê alguns minutos para seu sistema visual fundir as imagens da esquerda e da direita em uma única imagem claramente focalizada (seja paciente), e você poderá observar como seu próprio e extremamente hábil algoritmo encontra a mesma informação.

Um problema crônico com a visão da máquina está em que, uma vez que a própria visão exige inteligência, e que o que uma criatura pode ver numa determinada situação depende muito de quais conceitos e conhecimentos ela já possui, a criação de sistemas visuais artificiais com alta capacidade depende da criação de inteligência com alta capacidade em geral, bem como da criação de sistemas dotados de bases de conhecimento bastante extensas para orientar seu processamento perceptual. Isso não é nem surpreendente nem particularmente desapontador, mas ilustra bem as limitações de uma abordagem puramente do tipo passo a passo para a simulação das faculdades cognitivas.

A manipulação da linguagem natural

Uma outra área em que a falta de uma base de conhecimentos realmente extensa tem frustrado os pesquisadores é a da compreensão e produção da linguagem natural. Por muitas razões, é desejável poder conversar com os computadores no inglês habitual, e, de qualquer forma, a manipulação da linguagem natural é um elemento central da inteligência humana, que por si só vale a pena ser simulado. A compreensão estrutural, da parte dos lingüistas, aliada à engenhosidade computacional, da parte dos programadores, produziu programas que lidam muito bem com estruturas sintáticas do inglês, mesmo as mais complexas; mas o aspecto *semântico* do problema tem se mostrado mais refratário.

Assim, pode-se fazer uma quantidade surpreendente de coisas unicamente pela manipulação da sintaxe. Consideremos o famoso programa ELIZA, de Weizenbaum, um dos mais antigos, que simula um psicoterapeuta com o qual a "paciente" conversa via teclado. O que se segue é um trecho desse intercâmbio, com as respostas do computador em caixa alta (Weizenbaum, 1976):

Os homens são todos iguais.

DE QUE MODO

Eles estão sempre atormentando a gente por uma ou outra coisa.

VOCÊ PODE PENSAR NUM EXEMPLO ESPECÍFICO

Bem, meu namorado me fez vir aqui.

SEU NAMORADO FEZ VOCÊ VIR AQUI

Ele diz que estou deprimida a maior parte do tempo.

LAMENTO SABER QUE VOCÊ ESTÁ DEPRIMIDA

É verdade. Estou triste.

VOCÊ ACHA QUE VIR AQUI VAI AJUDAR VOCÊ A NÃO FI-CAR TRISTE

Preciso de ajuda, isso é certo.

O QUE SIGNIFICARIA PARA VOCÊ CONSEGUIR AJUDA

Talvez eu pudesse aprender a me dar bem com minha mãe.

FALE-ME MAIS SOBRE SUA FAMÍLIA

Minha mãe cuida de mim.

QUEM MAIS EM SUA FAMÍLIA CUIDA DE VOCÊ

Meu pai.

SEU PAI

Você parece um pouco com ele.

QUE SEMELHANÇAS VOCÊ VÊ

Você não é muito agressivo, mas penso que você não quer que eu note isso.

POR QUE VOCÊ ACHA QUE NÃO SOU MUITO AGRESSIVO

Você não discute comigo.

POR QUE VOCÊ ACHA QUE NÃO DISCUTO COM VOCÊ

Você tem medo de mim.

AGRADA VOCÊ PENSAR QUE TENHO MEDO DE VOCÊ

Meu pai tem medo de todo mundo.

O QUE MAIS VEM A SUA MENTE QUANDO VOCÊ PENSA EM SEU PAI

RECUAR=ISSO TEM ALGO A VER COM O FATO DE QUE SEU NAMORADO FEZ VOCÊ VIR AQUI

Nessa conversa, o computador rodando ELIZA dá uma fantástica impressão de compreensão real. Mas, de fato, ele não tem compreensão nenhuma. As respostas são em grande parte construídas a partir das próprias respostas da "paciente", por simples procedimentos de transformação, e a partir de um estoque de fórmulas-padrão para perguntas, adaptadas às palavras-chave da paciente ("deprimida", "gostar", e assim por diante). O programa ELIZA não tem nenhuma compreensão do que seja um pai, um irmão ou o sentimento de tristeza. Ele não tem um conceito dessas coisas, não tem uma compreensão do que significam essas palavras. O que apenas mostra a surpreendentemente pouca compreensão que é necessária para travar com êxito conversas em vários tipos diferentes de padrão.

Um programa muito mais impressionante, o SHRDLU de Winograd, lida tanto com a semântica quanto com a sintaxe e manipula os elementos de um mundo (simulado) de blocos, que é tudo que ele conhece. Sua sintaxe é muito sofisticada, e o programa incorpora algumas informações sistemáticas sobre as propriedades dos corpos que habitam seu mundo. Em termos toscos, o SHRDLU conhece um pouco sobre o que está falando. Em razão disso, ele pode fazer inferências úteis e prever relações reais, um talento que se reflete nas conversas muito mais complexas e sagazes que se pode ter com ele. Mas as conversas devem se restringir ao seu mundo de blocos e aos aspectos limitados que esse programa envolve. O SHRDLU não tem uma base de conhecimento vazia, mas ela é ainda menos que microscópica, quando comparada à nossa.

Em resumo, o problema está em que, para compreender a linguagem natural no nível dos seres humanos, é necessário um *conhecimento* geral do mundo comparável ao que os seres humanos possuem (basta lembrar a teoria holística do significado, a "teoria da rede", que discutimos no Capítulo 3.3), e até agora não resolvemos o problema de como representar e armazenar uma base de conhecimentos assim imensa de um modo que torne viáveis seu acesso e manipulação. Vinculado a isso, está um problema mais profundo. Ainda não resolvemos sequer o problema de como essas quantidades globais de conhecimento podem ser *adquiridas*. Como arcabouços conceituais inteiros são gerados, modificados e então abandonados em favor de outros arcabouços mais sofisticados; como esses arcabouços são avaliados como elucidadores ou enganadores, como verdadeiros ou falsos; nós ainda não compreendemos bem nada disso. E muito pouco disso nem sequer foi abordado pela inteligência artificial.

Esses problemas são, para os filósofos, da esfera tradicional da lógica indutiva, da epistemologia e da teoria semântica. E eles também são, para os psicólogos, da esfera da psicologia do desenvolvimento e da teoria do aprendizado. Ao que parece, será preciso uma abordagem coletiva desses problemas, pois os fenômenos a serem compreendidos são os mais complexos e difíceis com que já nos deparamos. Sem dúvida, aqui também será preciso paciência, pois não podemos esperar criar em algumas poucas décadas o que o processo evolutivo precisou de três bilhões de anos para realizar.

Paul M. Churchland

Autoconsciência

O leitor terá notado que nenhuma das simulações aqui discutidas aborda a questão da autoconsciência. Talvez os sensores visuais e táteis, aliados a uma programação complexa, ofereçam ao computador algum tipo de "percepção" do mundo exterior, mas isso promete pouco ou nada, no sentido da autoconsciência. Isso não é surpreendente. Se a autoconsciência consiste na apreensão introspectiva dos próprios processos cognitivos de alto nível, então não tem sentido tentar simular a *apreensão* desses processos enquanto *eles próprios* não forem simulados com êxito.

Uma abordagem em larga escala da autopercepção talvez possa ser adiada até que a inteligência artificial tenha construído alguns "eus" que realmente mereçam uma percepção reflexiva explícita. Mas um trabalho preliminar já se revelou necessário. A propriocepção – a consciência da posição dos próprios membros no espaço – é uma forma de autopercepção, e, por razões óbvias, o desenvolvimento de braços de robôs controlados por computador exigiu que se desse ao computador algum meio sistemático de sentir a posição e o movimento de seu próprio braço e de representar essas informações de um modo que lhe fosse continuamente útil. Talvez isso já constitua uma forma primitiva e isolada de autoconsciência.

Por fim, não devemos nos deixar enganar pelo termo "simulação" e descartar, sem mais, as perspectivas dessa abordagem geral do problema da inteligência consciente, pois a simulação em questão pode ser uma simulação *funcional*, no mais forte sentido do termo. De acordo com os especialistas da teoria da inteligência artificial que tomam como modelo o sistema computacional humano, não precisa haver diferença entre os procedimentos computacionais que você emprega e os procedimentos computacionais de uma simulação de máquina, nenhuma diferença, além da substância física particular que sustenta essas atividades. Em você, esse material é orgânico; no computador, ele seria

192

constituído de metais e semicondutores. Mas *essa* diferença é tão irrelevante para a questão da inteligência consciente quanto a diferença de tipo sangüíneo, ou cor da pele, ou química metabólica, afirma o pesquisador (funcionalista) da teoria da inteligência artificial. Se as máquinas efetivamente vierem a simular todas as nossas atividades cognitivas internas, até o último detalhe computacional, negar a elas a condição de pessoas autênticas nada mais seria que uma nova forma de racismo.

Alguns problemas crônicos

A seção precedente foi otimista em sua avaliação das perspectivas abstratas da inteligência artificial, mas existem certas dificuldades recorrentes que vêm frustrando o programa de pesquisa da inteligência artificial tradicional, ou a "escrita de programas" de IA, e nos cabe reconhecê-las e fazer especulações quanto a seu significado.

Um fato intrigante quanto aos resultados da pesquisa em inteligência artificial está em que existem certos tipos de tarefas, como as operações com números, a demonstração de teoremas e a busca em listas, que os computadores-padrão executam muito bem e com muita rapidez, enquanto o cérebro humano só as realiza muito lentamente e de modo relativamente precário. Entretanto, existem certos tipos de tarefa, como o reconhecimento de rostos, a apreensão de cenas, a coordenação sensório-motora e o aprendizado, que os seres humanos e outros animais fazem bem e rapidamente, mas que mesmo os mais rápidos computadores rodando os programas mais sofisticados só executam de forma lenta e bastante precária.

Mais especificamente, você pode reconhecer uma foto do rosto de seu melhor amigo em uma grande variedade de poses, em menos de meio segundo. Mas esse tipo de reconhecimento ainda frustra os melhores programas disponíveis de reconhecimento de padrões, e mesmo as versões extremamente simplificadas desses problemas de reconhecimento ainda exigem minutos, ou mais, de furioso processamento por parte do computador, antes que ele chegue a uma solução para o problema proposto.

Um segundo exemplo: você pode aprender a rebater uma bola de tênis por cima da rede em não mais de quinze tentativas. Mas a coordenação sensório-motora exigida para guiar o comportamento de um sistema muscular e esquelético tão complexo quanto o corpo humano, no tempo real, ainda está muito além da capacidade atual da inteligência artificial. E a idéia de um programa que possa *aprender* a fazer um sistema desse tipo executar rebatidas no tênis, e fazê-lo em menos de quinze tentativas, é uma perspectiva mais remota ainda.

Um diagnóstico recente

Por que será que o cérebro é tão mais capacitado que até mesmo as máquinas mais engenhosamente programadas no desempenho de certas tarefas corriqueiras e opera de modo muito mais precário que até os computadores mais simples na execução de outras? A resposta parece estar nos tipos radicalmente diferentes de arquitetura física e computacional presentes nos dois tipos de sistemas de processamento de informações. Embora os computadores-padrão sejam na verdade máquinas de "finalidades gerais", no sentido de que podem simular todo e qualquer sistema de processamento de informações, existem muitos tipos de sistemas cuja simulação exige uma quantidade *enorme* de atividade e um grande consumo de tempo por parte da unidade de processamento central de um computador-padrão. Os cérebros biológicos parecem ser um desses sistemas tão difíceis de ser simulados. Eles são simuláveis em princípio, mas apenas sob a condição de encontrarmos uma simulação de computador que venha a resolver esse problema ou que desempenhe as atividades desejadas numa velocidade muito mais lenta que o cérebro – talvez milhões ou bilhões de vezes mais lenta.

O que explica uma diferença tão grande na velocidade? O problema parece estar no "gargalo" de processamento da CPU das máquinas de finalidades gerais que são hoje padrão. A CPU dessas máquinas é tipicamente uma operadora muito rápida, executando algo em torno de um milhão (10^6) de operações diferentes por segundo. Tomado isoladamente, esse número é impressionante. Mas por mais rapidamente que ela opere, ainda pode fazer apenas uma operação por vez, e muitos problemas, tais como as tarefas de aprendizado e reconhecimento já descritas, exigem consideravelmente mais que um *bilhão* (10^9) de passos computacionais distintos. Uma vez que cada um desses passos tem de ser executado pela CPU, um após o outro, de um modo serial cuidadosamente orquestrado, é evidente que a máquina vai levar pelo menos ($10^9/10^6$ =) 1.000 segundos, ou mais de quinze minutos, para resolver o problema. Esse é um tempo muito longo em comparação com os padrões biológicos. Um rato que não possa reconhecer gatos mais rápido que isso está condenado a se tornar almoço.

O cérebro, ao contrário, não tem uma CPU na qual todas as suas operações estão confinadas e através da qual todas as informações devem passar. Os cérebros parecem ter uma estrutura física e computacional radicalmente diferente das máquinas de computação típicas, uma estrutura que permite que bilhões de operações simples sejam executadas *simultaneamente*. Uma vez que cada uma dessas operações é muito simples, cada uma delas é executada rapidamente por apenas uma dos bilhões de células distintas que o cérebro contém, e tudo isso é feito de uma forma tal que sua saída coletiva incorpore a solução completa do problema em questão.

Aqui não existe um gargalo computacional através do qual todas as unidades relevantes de informação devem se comprimir, umas após as outras, numa fila única. Uma vez que cada célula do cérebro contribui simultaneamente com apenas uma operação para o processo total, todo o conjunto de operações pode ser completado num único passo através da rede apropriada de células do cérebro. E esse passo único não precisa levar mais de 1 centésimo de segundo, uma vez que ele passa por todas as células da rede exatamente ao mesmo tempo. Dessa forma, o cérebro, mesmo o de um rato, pode executar tarefas complexas de reconhecimento na velocidade de um raio.

Esse estilo diferente de processamento de informações chama-se *processamento paralelo*, em contraste com o *processamento serial* exibido pelas máquinas de computação típicas. Esse tipo de processamento oferece uma vantagem enorme em termos da velocidade com que podem ser resolvidos certos tipos de problemas que exigem computação em massa. Essa vantagem quanto à velocidade fez que o processamento paralelo se tornasse o foco de boa parcela da atenção recente por parte dos pesquisadores da inteligência artificial e da ciência cognitiva, mas a velocidade não é a única vantagem que essa abordagem oferece. Os processadores paralelos têm algumas propriedades computacionais muito interessantes, tais como a preservação das funções, apesar de danos ao sistema, e a capacidade de generalização do conhecimento adquirido para o contexto de novas situações. Tudo isso é muito instigante, em especial porque a arquitetura dos sistemas desse tipo se assemelha à do cérebro de modo muito mais estreito que a arquitetura serial das máquinas de computação típicas.

Esse novo estilo de pesquisa na esfera da inteligência artificial e da ciência cognitiva recebe o nome de *conexionismo*, ou pesquisa PDP. O termo "conexionismo" foi cunhado para indicar que as operações podem ser executadas não apenas pelos processadores centrais, mas também pelo intricado sistema de conexões no âmbito das quais se conectam grandes quantidades de unidades de processamento extremamente *simples*. A segunda expressão, PDP, é a sigla de "Parallel Distributed Processing" (Processamento Paralelamente Distribuído), expressão que conota a mesma idéia computacional. Algumas da propriedades desses sistemas e alguns resultados dessa pesquisa serão examinados no final do próximo capítulo. Uma vez que os sistemas PDP são, em certa medida, inspirados na biologia, eles serão abordados de modo mais adequado depois que tivermos algum conhecimento da estrutura do cérebro.

Leituras sugeridas

BODEN, M. *Artificial Intelligence and Natural Man*. New York: Harvester Press, 1977.

DENNETT, D. Artificial Intelligence as Philosophy and as Psychology. In: RINGLE, M. (Org.) *Philosophical Perspectives on Artificial Intelligence*. New Jersey: Humanities Press, 1979. Impresso em DENNETT, D. *Brainstorms*. Montgomery, VT: Bradford, Cambridge, MA: MIT Press, 1978.

DREYFUS, H. *What Computers Can't Do*: The Limits of Artificial Intelligence. Revised edition. New York: Harper and Row, 1979.

HAUGELAND, J. *Artificial Intelligence*: The Very Idea. Cambridge, MA: MIT Press, 1985.

HOLLAND, J., HOLYOAK, K., NISBETT, R., THAGARD, P. *Induction*: Processes of Inference, Learning, and Discovery. Cambridge, MA: MIT Press, 1986.

MARR, D., POGGIO, T. Cooperative Computation of Stereo Disparity. *Science*, v.194, 1976.

RUMELHART, D., MCCLELLAND, J. *Parallel Distributed Processing*: Essays in the Micro Structure of Cognition. Cambridge, MA: MIT Press, 1986.

WINSTON, P. H., BROWN, R. H. *Artificial Intelligence*: An MIT Perspective. Cambridge, MA: MIT Press, 1979. v.I e II.

7
A neurociência

1 A neuroanatomia: o pano de fundo evolutivo

Próximo à superfície dos oceanos terrestres, entre 3 e 4 bilhões de anos atrás, o processo de uma evolução puramente química, desencadeado pelo sol, produziu algumas estruturas moleculares capazes de se *auto-replicar*. A partir de fragmentos e partículas moleculares encontrados em seu meio ambiente imediato, essas moléculas complexas podiam catalisar uma seqüência de reações aglutinadoras que produziam cópias exatas de si mesmas. Para a produção de grandes populações, a capacidade de auto-replicar-se é manifestamente uma colossal vantagem. Nessas condições, entretanto, o crescimento da população é limitado pela disponibilidade de fragmentos e partículas apropriados na sopa molecular ao redor e pelas diversas forças presentes no meio ambiente, que tendem a decompor essas heróicas estruturas antes que elas tenham chance de replicar a si mesmas. Assim, entre as moléculas auto-replicadoras em disputa pela sobrevivência, a vantagem competitiva estará especificamente do lado das estruturas moleculares que induzem não apenas sua própria replicação, mas também a formação de estruturas que as protejam da predação externa e que propiciem a formação de mecanismos capazes de produzir os componentes moleculares necessários a partir da manipulação química das moléculas que estão presentes no meio ambiente e que não podem ser utilizadas diretamente. A *célula* é o exemplo vitorioso dessa solução. Ela tem uma membrana externa que protege suas intricadas estruturas internas, além de rotas metabólicas complexas que processam materiais encontrados no exterior, transformando-os em estruturas internas. No centro desse sistema complexo, encontra-se uma molécula de DNA cuidadosamente codificada que dirige a atividade celular – a molécula vencedora da competição que descrevemos. Suas células agora dominam a Terra. Todas as suas competidoras foram varridas da cena, graças a seu êxito fenomenal, exceto os vírus residuais, que foram os únicos a perseverar na antiga estratégia, agora como invasores parasitas dos êxitos celulares. Com o surgimento da célula, temos o que se encaixa em nossa concepção-padrão de *vida*: um sistema que consome energia e é capaz de se automanter e de se auto-replicar.

O surgimento da inteligência consciente, como um aspecto da matéria viva, deve ser visto contra o pano de fundo da evolução biológica em geral. Neste nosso panorama, retomamos essa história muito depois de ela ter avançado um bom pedaço: após o surgimento dos organismos multicelulares, há cerca de um bilhão de anos. A inteligência num sentido relevante exige um sistema nervoso, e os organismos unicelulares, como as algas ou as bactérias, não podem ter um sistema nervoso, uma vez que este é uma organização de muitas células.

A principal vantagem em ser um organismo multicelular está em que as células individuais podem se especializar. Algumas podem formar uma parede exterior resistente, no interior da qual outras células podem ter um ambiente mais estável e propício que o oceano aberto. As células protegidas nesse ambiente podem exercer suas próprias especializações: a digestão dos alimentos, o transporte de nutrientes para outras células, a contração e o alongamento para produzir movimento, a sensibilidade a fatores ambientais decisivos (a presença de alimentos ou de predadores), e assim por diante. O resultado dessa organização pode ser um sistema mais durável que qualquer uma de suas partes, e com muito mais chances de ter êxito na reprodução de si próprio que qualquer outro de seus rivais unicelulares.

A coordenação desses componentes especializados exige, no entanto, a *comunicação* entre as células, e assim algumas especializações adicionais devem dar conta dessa importante tarefa. Não adianta ter músculos se suas contrações não podem ser coordenadas para produzir uma competente locomoção, mastigação ou eliminação. As células sensoriais são inúteis se suas informações não podem ser transportadas até o sistema motor. E assim por diante. A comunicação puramente química é útil para algumas finalidades: o crescimento e a reparação são funções reguladas dessa forma, com as células mensageiras disseminando substâncias químicas específicas por todo o corpo, às quais respondem as células selecionadas. Mas esse é um meio de comunicação demorado demais e demasiado inespecífico para a maioria das finalidades.

Felizmente, as próprias células possuem as características básicas necessárias para funcionar como elos de comunicação. A maioria das células mantém uma minúscula diferença de voltagem – uma *polarização* – por toda a superfície interna e externa das membranas que as envolvem. Uma alteração apropriada em qualquer ponto da membrana pode causar uma súbita *des*polarização nesse ponto e, da mesma forma que a queda de uma fileira de dominós impulsionada pela desestabilização de um peça numa das extremidades, a despolarização vai se espalhar por uma certa distância pela superfície da célula. Após essa despolarização, a célula retorna prontamente a seu estado anterior. Na maioria das células, o impulso de despolarização atenua-se e se dissipa depois de percorrer uma curta distância, mas em outras, não. Juntando essa conveniente propriedade das células com o fato de que as

Paul M. Churchland

células individuais podem assumir formas muito alongadas – filamentos de um metro ou mais, em casos extremos –, obtemos os elementos perfeitos para um sistema de comunicação: células nervosas especializadas, que conduzem impulsos eletroquímicos por longas distâncias e a alta velocidade.

Outras especializações também são possíveis. Algumas células se despolarizam ao receber pressão física, outras, diante de mudanças na temperatura, outras, diante de mudanças súbitas na iluminação, e outras ainda, ao receber impulsos apropriados de outras células. Com a articulação dessas células, temos o início do sistema nervoso central e sensorial, e começamos um novo capítulo do drama evolucionário.

O desenvolvimento dos sistemas nervosos

O aparecimento de sistemas de controle nervoso não deve ser visto como algo miraculoso. Para perceber como é fácil um sistema de controle vir a caracterizar toda uma espécie, consideremos uma criatura imaginária, como um caramujo que vive no fundo do oceano. Essa espécie precisa sair parcialmente de sua concha para poder se alimentar, e a criatura se recolhe para dentro dela apenas quando está saciada ou quando algum corpo exterior faz contato direto com ela, por exemplo quando um predador ataca. Muitas dessas criaturas tornam-se presas dos predadores, apesar do reflexo de recolher-se, uma vez que a maioria é morta logo no primeiro contato direto. Mesmo assim, a população da espécie se mantém estável, em equilíbrio com a população de predadores.

Por mero acaso, cada caramujo dessa espécie tem uma faixa de células fotossensíveis na parte posterior da cabeça. Nisso, nada há de notável. Muitos tipos de células são sensíveis à luz em certa medida, e a sensibilidade à luz dessas células é uma característica incidental da espécie, uma característica sem nenhuma função para ela. Suponhamos agora que um determinado caramujo, graças a uma pequena mutação na codificação de seu DNA inicial, desenvolveu um número maior de células nervosas que o habitual conectando a superfície da pele com seus músculos de recolhimento. Em particular, ele é o único entre os membros de sua espécie que tem conexões que vão das células fotossensíveis até seus músculos de recolhimento. Dessa forma, mudanças súbitas na iluminação geral provocam o imediato recolhimento para sua concha.

Em muitos ambientes, essa característica incidental desse indivíduo específico não teria relevância nenhuma e não passaria de um mero "tique" idiossincrático, sem nenhuma utilidade. Mas, no ambiente em que vive o caramujo, as mudanças súbitas na iluminação são, na maioria dos casos, ocasionadas por *predadores* nadando diretamente acima. Assim, nosso indivíduo mutante possui um "sistema de alarme antecipado" que lhe permite recolher-se em segurança *antes* que o predador chegue a atacar. Suas chances de sobrevivência e de repetidas reproduções são, dessa forma, muito maiores que as de seus companheiros não-equipados. E como essa sua nova aquisição é resultado de uma mutação genética, muitos de seus descendentes irão partilhar dela. As chances de sobrevivência e reprodução desses descendentes estarão igualmente aumentadas. É evidente que essa característica logo passará a predominar em meio à população de caramujos. É de pequenos acontecimentos fortuitos como esse que são feitas as grandes mudanças.

Podemos facilmente conceber outros desenvolvimentos. Se, por alguma outra mutação genética, a superfície fotossensível se tornar curvada, formando uma cavidade hemisférica, suas partes seletivamente iluminadas poderão oferecer informações *direcionais* sobre as obstruções e fontes de luz, informações que poderão induzir respostas motoras direcionais. Para uma criatura móvel como os peixes, isso oferece uma vantagem importante, tanto como caçador quanto como presa. Após amplamente disseminada, uma cavidade hemisférica pode se transformar em uma cavidade quase esférica, com apenas um minúsculo orifício dando para o exterior. Esse orifício formará uma *imagem* tênue do mundo exterior sobre a superfície fotossensível. Células transparentes podem vir a cobrir esse orifício, funcionando, primeiro, como proteção e, depois, como lente para imagens de maior qualidade. Ao longo desse processo, um aumento da enervação (concentração de células nervosas) na "retina" é recompensado com informações com qualidade superior, que poderão ser conduzidas para outro ponto do sistema nervoso. Foi passando por estágios simples e vantajosos como esses que o "miraculoso" olho foi montado. E essa reconstrução não é pura especulação. Podemos encontrar atualmente uma criatura para cada um dos estágios de desenvolvimento que mencionamos.

No geral, nossa reconstrução da história evolutiva dos sistemas nervosos toma como base três tipos de estudos: os restos fósseis, as criaturas atuais de estrutura primitiva e o desenvolvimento nervoso nos embriões. Sendo muito delicado, o tecido nervoso não se fossiliza, mas podemos acompanhar a estrutura nervosa dos antigos vertebrados (animais dotados de coluna vertebral) observando as câmaras, passagens e vãos encontrados nos crânios e colunas vertebrais dos fósseis animais. Esse é um guia bastante confiável quanto ao tamanho e à estrutura geral, mas detalhes mais sutis estão totalmente perdidos. Para esses detalhes, recorremos ao reino animal existente, que contém milhares de espécies, cujos sistemas nervosos parecem ter mudado muito pouco no decorrer de milhões de anos. Aqui temos de ser cautelosos, uma vez que "simples" não necessariamente significa "primitivo", mas podemos construir "árvores" de desenvolvimento muito plausíveis com base em um estudo desse tipo. O desenvolvimento embrionário oferece um fascinante meio de controle desses dois tipos de estudo, uma vez que uma parte (mas apenas uma *parte*) da história evolutiva de toda criatura está escrita na seqüência de desenvolvimento por meio da qual o DNA articula a célula-ovo fertilizada para produzir uma criatura do mesmo tipo. Ao juntar as três estratégias, obtemos a seguinte história.

Os vertebrados mais primitivos possuíam um *gânglio* (um aglomerado de células) central alongado, que passava pelo interior da espinha e que se conectava ao resto do corpo por meio de dois conjuntos de fibras funcional e fisicamente distintos (Figura 7.1). As fibras *somato-sensoriais* transportavam informações sobre a atividade muscular e os estímulos táteis até a medula central, e as fibras *motoras* conduziam os impulsos de comando provindos dela até os tecidos musculares do corpo. A medula central servia para coordenar entre si os muitos músculos do corpo, para produzir movimentos natatórios coordenados e para coordenar esses movimentos com as condições captadas sensorialmente, de modo a permitir a fuga diante de uma sondagem tátil ou o movimento de busca para aliviar um estômago vazio.

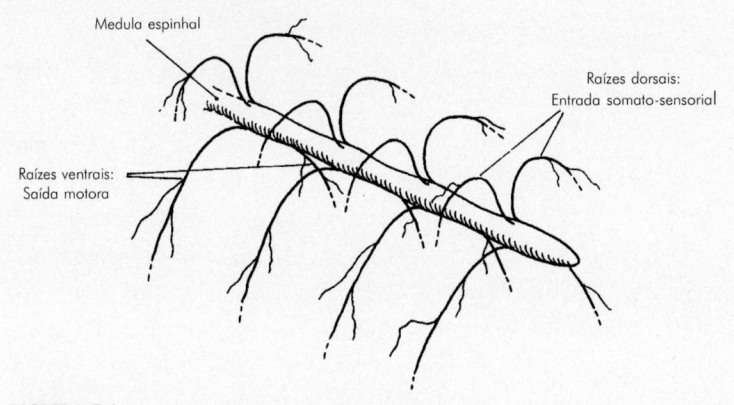

Medula espinhal

Raízes dorsais:
Entrada somato-sensorial

Raízes ventrais:
Saída motora

FIGURA 7.1

Em criaturas de um período posterior, essa *medula espinhal* primitiva adquiriu um prolongamento na extremidade dianteira e três protuberâncias, nas quais a quantidade e a densidade de células nervosas atingiam novos níveis. Esse cérebro primitivo, ou tronco cerebral, pode ser dividido em *cérebro anterior, cérebro médio* (ou *mesencéfalo*) e *cérebro posterior* (Figura 7.2). A rede nervosa do pequeno cérebro anterior era dedicada ao processamento de estímulos olfativos; o cérebro médio possuía informações visuais e auditivas; e o cérebro posterior se especializou numa coordenação da atividade motora ainda mais sofisticada. Os cérebros dos peixes atuais permanecem nesse estágio, com o cérebro médio como a estrutura dominante.

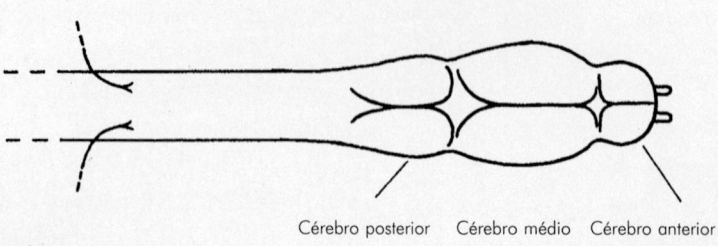

Tronco cerebral (Primitivo)

Cérebro posterior   Cérebro médio   Cérebro anterior

FIGURA 7.2

Nos animais mais adiantados, como os anfíbios e os répteis, é o cérebro anterior que passa a dominar a anatomia do tronco cerebral e a assumir um papel central no processamento de todas as diferentes modalidades sensoriais, e não apenas o olfato (Figura 7.3). Em muitos animais, o tamanho absoluto também aumenta e, com isso, também o número absoluto de células no que já é uma rede de controle complexa e semi-autônoma. Essa rede tinha muito que fazer: muitos dinossauros eram rápidos bípedes carnívoros, que perseguiam presas distantes por meio de uma excelente capacidade visual. Um sistema de controle superior era essencial para que esse nicho ecológico pudesse ser ocupado com êxito.

Os primeiros cérebros de mamíferos apresentavam um cérebro anterior dotado de maior articulação e especialização e, mais importante, duas estruturas absolutamente novas: os dois *hemisférios cerebrais* desenvolvendo-se de ambos os lados da parte superior de um cérebro anterior mais volumoso, e o *cerebelo* desenvolvendo-se na parte de trás do cérebro posterior (Figura 7.4). Os hemisférios cerebrais continham uma série de áreas especializadas, inclusive o controle superior do início do comportamento;

e o cerebelo oferecia uma coordenação ainda melhor para o movimento corporal num mundo de objetos em movimento relativo. O número de células no córtex cerebral e cerebelar (a fina superfície na qual estão conectados os corpos celulares e as conexões intercelulares) era também flagrantemente maior que o número encontrado no córtex mais primitivo dos répteis. Essa camada cortical (a clássica "massa cinzenta") é de duas a seis vezes mais densa nos mamíferos.

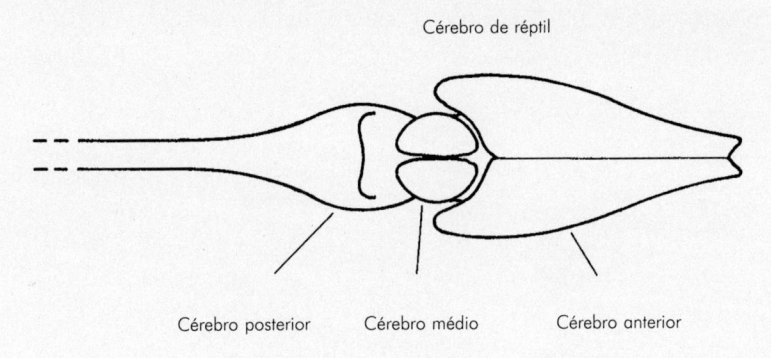

FIGURA 7.3

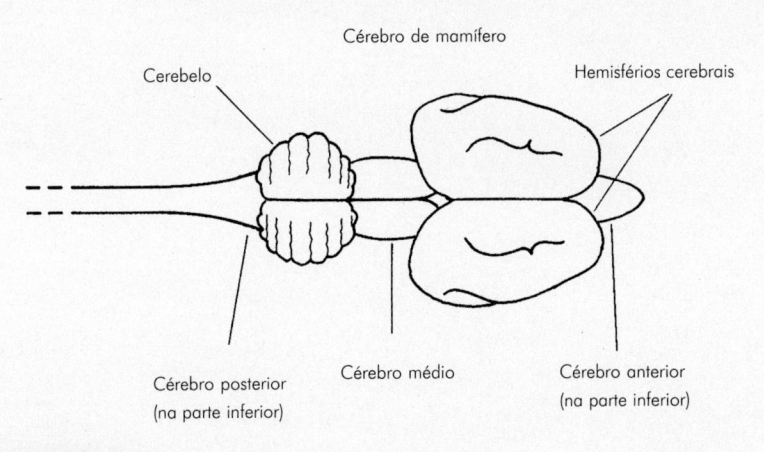

FIGURA 7.4

Nos mamíferos típicos, essas novas estruturas, embora proeminentes, não são grandes relativamente ao tronco cerebral. Nos primatas, no entanto, elas se tornaram as características dominantes do cérebro, pelo menos a um olhar casual. E nos seres humanos, elas se tornaram enormes (Figura 7.5). O antigo tronco cerebral mal é visível sob a cobertura dos hemisférios cerebrais e o cerebelo também está acentuadamente maior em comparação com o dos primatas. É difícil evitar a suspeita de que o que nos distingue de outros animais, tanto quanto podemos nos distinguir, deve se encontrar no tamanho maior e nas propriedades incomuns dos hemisférios cerebrais e cerebelares do ser humano.

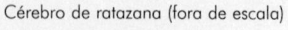

Visão lateral

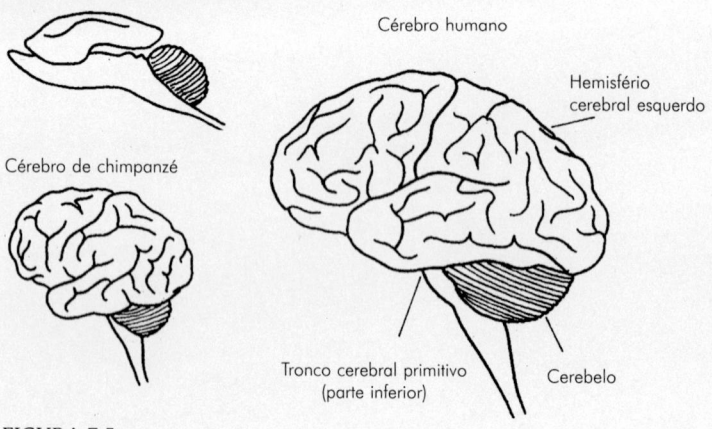

FIGURA 7.5

Leituras sugeridas

BULLOCK, T. H., ORKAND, R., GRINNELL, A. *Introduction to Nervous Systems*. San Francisco: Freeman, 1977.

DAWKINS, R. *The Selfish Gene*. Oxford: Oxford University Press, 1976.

SARNAT, H. B., NETSKY, M. G. *Evolution of the Nervous System*. Oxford: Oxford University Press, 1974.

2 A neurofisiologia e a organização neural

A. Os elementos da rede: os neurônios

Estrutura e função

As células alongadas que transportam impulsos, mencionadas anteriormente, são chamadas *neurônios*. Um neurônio multipolar típico tem a estrutura física esboçada na Figura 7.6: uma estrutura em árvore de *dendritos* ramificados para a entrada de dados e um único *axônio* para saída (o axônio aparece em dobras por razões de representação gráfica). Essa estrutura reflete o que parece ser a principal função do neurônio: o processamento de entradas de dados provenientes de outras células. Os axônios de muitos outros neurônios fazem contato ou com os dendritos de um determinado neurônio ou com o próprio corpo celular. Essas conexões são chamadas *sinapses*, e elas permitem que o que acontece em uma célula influencie a atividade de outra célula (Figura 7.7).

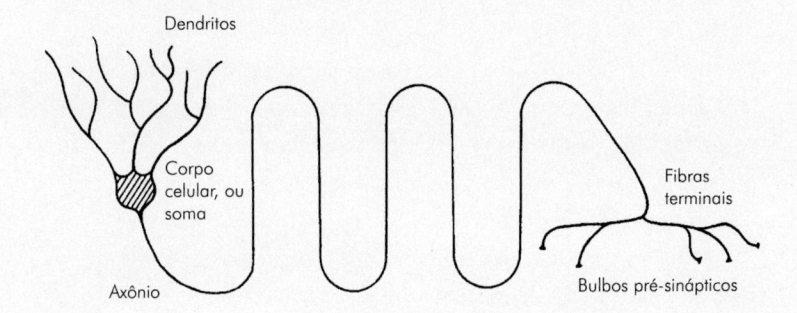

FIGURA 7.6

Essa influência é realizada da seguinte forma. Quando um impulso de despolarização – chamado *potencial de ação* ou *pulso* – corre ao longo do axônio até sua(s) terminação(ões) pré-sináptica(s), sua chegada faz que o bulbo terminal libere uma substância química, chamada *neurotransmissor*, através da minúscula aber-

tura sináptica. Dependendo da natureza específica do neurotransmissor liberado pelo bulbo e da natureza dos receptores químicos
que o recebem do lado oposto da abertura, a sinapse é chamada
ou sinapse *inibidora* ou sinapse *excitadora*.

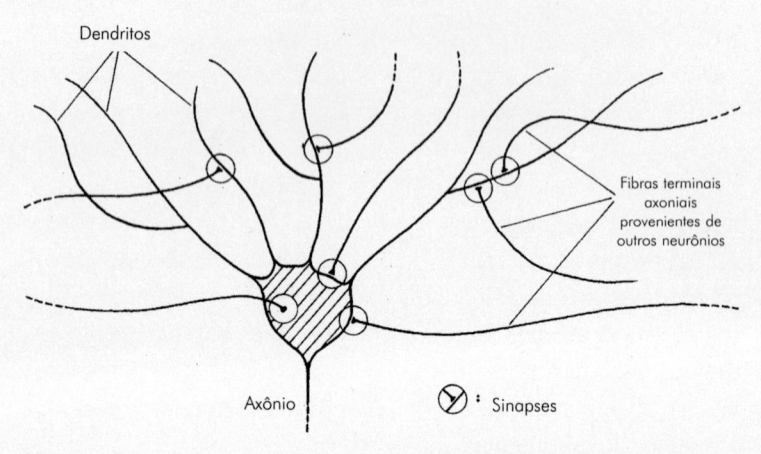

Dendritos

Fibras terminais
axoniais
provenientes de
outros neurônios

Axônio   ⊘ : Sinapses

FIGURA 7.7

Na sinapse inibidora, a transmissão sináptica provoca uma
leve *hiper*polarização, ou elevação do potencial elétrico do neurônio afetado. Isso torna menos provável que o neurônio afetado
passe por uma súbita despolarização e dispare seu próprio pulso
ao longo de seu axônio.

Na sinapse excitadora, a transmissão sináptica provoca uma
leve *des*polarização do neurônio afetado, reduzindo seu potencial
elétrico até o ponto crítico mínimo, onde ele subitamente decai
por completo, dando início a seu próprio pulso de saída axonial.
Dessa forma, a ocorrência de uma sinapse excitadora *aumenta* a
probabilidade de que o neurônio afetado dispare.

Juntando esses dois fatores, cada neurônio é o local de uma
competição entre entradas "díspare" e "não-díspare". Qual dos
lados vencerá é determinado por duas coisas. Em primeiro lugar,
a distribuição relativa das sinapses excitadoras e inibidoras é

muito importante – seus números relativos e talvez sua proximidade com relação ao corpo celular. Se um dos tipos predomina (e, em geral, um predomina), então o compartimento está lotado para esse neurônio, em favor de uma resposta sobre outra (no curtíssimo prazo, essas conexões são relativamente estáveis para cada neurônio, mas novas conexões se desenvolvem e antigas são perdidas, às vezes numa escala de tempo de minutos, ou menos; assim, as propriedades funcionais de um neurônio são elas próprias dotadas de certa plasticidade).

O segundo determinante do comportamento neuronal é a pura freqüência temporal das entradas de dados provenientes de cada tipo de sinapse. Se 2 mil sinapses inibidoras estão ativas apenas uma vez por segundo, enquanto 200 sinapses excitadoras estão ativas 50 vezes por segundo, a influência excitadora irá predominar e o neurônio irá disparar. Após a repolarização, ele irá disparar novamente, e novamente, com uma freqüência por si só significativa.

É bom ter em mente os números que são aqui relevantes. Um típico soma, ou corpo, de neurônio estará quase enterrado sob uma camada de várias centenas de bulbos terminais em sinapse, e sua árvore dendrítica pode estar em conexões sinápticas com milhares de outros mais. Além disso, os neurônios retornam ao potencial de repouso em menos de um centésimo de segundo; daí, eles poderem manter freqüências de pulso de até 100 hertz (= 100 pulsos por segundo), ou mais. Evidentemente, um único neurônio é um processador de informações dotado de capacidade considerável.

É inevitável a comparação dos neurônios com as portas lógicas da CPU de um computador digital. Mas as diferenças são tão intrigantes quanto as semelhanças. Uma única porta lógica recebe entradas provindo de não mais de duas fontes distintas; um neurônio recebe entradas provenientes de bem mais de mil. Uma porta lógica emite saídas numa freqüência metronômica, de 10^6 hertz, por exemplo; um neurônio varia livremente de 0 a 10^2 hertz.

A saída de uma porta lógica é, e deve ser, temporalmente coordenada com a de todas as outras portas; as saídas neuronais não são coordenadas desse modo. A função de uma porta lógica é a transformação de informações binárias [conjuntos de ONs (ligado) e OFFs (desligado)] em outras informações binárias; a função de um neurônio, se é que podemos falar aqui no singular, parece ser, mais plausivelmente, a transformação de conjuntos de *freqüências* de pulsos em outras *freqüências* de pulsos. E, por fim, as propriedades funcionais de uma porta lógica são fixas; as de um neurônio são decididamente dotadas de plasticidade, dado que o desenvolvimento de novas conexões sinápticas e a ruptura ou degeneração de antigas podem modificar a função de entrada/saída da célula. As ramificações dendríticas podem desenvolver pequenas espinhas em questão de minutos, a fim de realizar novas conexões sinápticas, e essas mudanças são elas próprias, em parte, induzidas por atividade neuronal prévia.

Se os neurônios são dispositivos de processamento de informações – como muito provavelmente devem ser –, seu modo básico de operação é, dessa forma, muito diferente do apresentado pelas portas lógicas de uma CPU. Isso não significa que os sistemas da CPU, quando apropriadamente programados, não possam simular as atividades dos neurônios. É provável que possam. Mas precisamos conhecer muito mais sobre as propriedades funcionais dotadas de plasticidade dos neurônios, e muito mais ainda sobre suas miríades de interconexões, antes de poder simular com êxito sua atividade conjunta.

Tipos de neurônios

Uma classificação inicial distingue três tipos de neurônios: os neurônios *motores*, os neurônios *sensoriais* e uma grande variedade de *interneurônios* (isto é, todo o resto). Os neurônios motores primários se encontram quase que exclusivamente na medula espinhal e são definidos como os neurônios cujos axônios fazem sinapse diretamente numa célula muscular. Os axônios dos neurônios motores estão entre os mais longos do sistema nervoso, estendendo-se bem de dentro da medula espinhal das *raízes ventrais* (Figura 7.1), entre as vértebras, e passando pelos membros, até os mais distantes músculos periféricos. Os neurônios motores garantem a contração muscular em graus determinados, de dois modos: pela freqüência de pulsos dos neurônios motores individuais, e pelo recrutamento progressivo dos neurônios inicialmente inertes que estão enervando esse mesmo músculo.

Os neurônios sensoriais aparecem numa variedade maior e são convencionalmente definidos como aqueles cujos estímulos de entrada são alguma dimensão do mundo exterior ao sistema nervoso. Por exemplo, as células receptoras da retina, denominadas bastonetes e cones, são muito pequenas, sem nenhum axônio e nenhum dendrito. Elas entram em sinapse imediatamente com neurônios mais típicos numa camada imediatamente contígua a eles. Seu trabalho é exclusivamente o de transformar a luz recebida em ocorrências sinápticas. As células somato-sensoriais, ao contrário, são tão longas quanto os neurônios motores. Seus axônios se projetam provindo da pele e dos músculos até a medula espinhal por meio de *raízes dorsais* (ver Figura 7.1) e encontram suas primeiras sinapses no interior da medula. Seu trabalho é o de transportar informações táteis, de dor e de temperatura e também informações sobre os esticamentos e contrações musculares – as posições sempre em mudança do corpo e seus membros. Outras células sensoriais têm suas próprias idiossincrasias, ditadas pela natureza do estímulo físico ao qual elas respondem.

Os interneurônios centrais também aparecem numa grande variedade de formas e tamanhos, embora pareçam ser todos variações de um mesmo tema: a entrada de dados dendrítica e a saída de dados axonial. A maioria deles, chamados de células multipolares, tem muitas ramificações dendríticas saindo diretamente do corpo celular. Outros, chamados de células bipolares, têm apenas um filamento dendrítico saindo e se ramificando num ponto a alguma distância da célula. Alguns deles, como as células de Purkinje no cerebelo, têm árvores dendríticas extraordinariamente longas e bem ramificadas. Outros apresentam apenas uns poucos prolongamentos dendríticos. Os axônios de muitos dos neurônios se projetam através de todo o cérebro, fazendo sinapses em pontos distantes. Outros fazem conexões meramente locais entre as concentrações amplas de neurônios cujos axônios se projetam em alguma outra parte.

Essas camadas densamente ocupadas por corpos de células neuronais maciçamente interconectadas são chamadas *córtex*. A superfície externa de cada hemisfério cerebral é constituída por uma grande e fina folha de córtex, toda dobrada sobre si mesma como papel amassado, para maximizar a área total dentro do pequeno volume disponível no crânio. As conexões interneurais do cérebro são mais densas nessa camada dobrada. A superfície do cerebelo é também constituída por córtex, e "núcleos" corticais especializados estão distribuídos por todo o tronco cerebral. Em cortes transversais do cérebro, esses núcleos aparecem como áreas cinzentas. As áreas brancas restantes contêm projeções axoniais de uma área cortical para outra. Isso nos conduz à questão da organização do cérebro.

B. A organização da rede

Buscar a organização de uma rede tão complexa quanto o cérebro humano é uma tarefa difícil. Muitas estruturas são conhecidas, mas um número idêntico, ou ainda maior, permanece envolvido em mistério. Podemos explorar a estrutura mais ampla das interconexões neuronais pelo uso de corantes especiais que são absorvidos pelos neurônios e transportados através de seus axônios até os terminais sinápticos. Para saber para onde se projetam os axônios de uma área à qual foi aplicado corante, fazemos sucessivos cortes transversais do cérebro, os quais irão revelar tanto a rota que esses axônios coloridos tomam, ao passar por seu volume relativamente sem cor, quanto a região até onde eles finalmente chegam. Essa técnica, aplicada aos cérebros em exames *post-mortem*, revela as interconexões mais importantes entre as diversas áreas corticais do cérebro, as "super-rodovias" que envolvem muitos milhares de axônios interconectados. No entanto, conhecer sua localização nem sempre revela suas funções, e as vias e subvias neuronais constituem um horizonte de detalhes progressivamente mais diversificados, que desafia as tentativas de um panorama completo.

Com o uso de microscópios, cortes finíssimos e uma diversidade de outras técnicas de coloração, a microarquitetura do cérebro começa a se revelar. O córtex cerebral revela seis camadas distintas, que se distinguem pela densidade na concentração dos neurônios em seu interior e pelo tipo de neurônios que elas contêm. A comunicação interneuronal é ampla, tanto no interior das camadas quanto através delas. Os detalhes são complexos e obscuros, e a finalidade dessa organização particular continua um mistério, mas recorremos à ordem que descobrimos e tentamos usar esse conhecimento para descobrir mais. Na verdade, essa citoarquitetura em seis camadas não é totalmente uniforme em todo o córtex cerebral: a densidade de certas camadas diminui ou aumenta em certas áreas da superfície cortical. A identificação de áreas com arquitetura idêntica e a observação de seus limites permitiram a identificação de cerca de cinqüenta áreas corticais distintas, conhecidas como *áreas de Brodmann*, em homenagem a seu descobridor.

Essas áreas têm alguma outra importância? Muitas têm, tanto em suas propriedades funcionais quanto em suas conexões mais distantes. No que se segue, vamos delinear alguns casos que merecem maior destaque.

As projeções sensoriais no interior do cérebro

Como mencionado antes, os neurônios somato-sensoriais primários entram na medula espinhal via raízes dorsais e encontram suas primeiras conexões sinápticas com neurônios da medula. Esses neurônios conduzem as informações subindo ao longo da medula espinhal até o tálamo no cérebro anterior, onde entram em sinapse com neurônios na área chamada núcleo talâmico ventral. Esses neurônios projetam-se, por sua vez, até os hemisférios cerebrais, e até uma área cortical claramente definida pelas três áreas de Brodmann conectadas. Essa área total é conhecida como *córtex somato-sensorial*. Danos a diversas partes desse córtex provocam a perda permanente da percepção tátil ou proprioceptiva de várias partes do corpo. Além disso, uma estimulação elétrica sutil dos neurônios dessa área produz na pessoa vívidas impressões táteis "localizadas" em partes específicas do corpo (cirurgias no cérebro para correções com a finalidade de proteger de riscos essa área têm oferecido oportunidades ocasionais para esses experimentos, e como os pacientes podem permanecer totalmente conscientes durante as cirurgias do cérebro, eles podem relatar os efeitos desses estímulos).

De fato, o córtex somato-sensorial constitui o que chamamos de *mapa topográfico* do corpo, uma vez que a disposição espacial de neurônios anatomicamente específicos apresenta uma projeção das próprias áreas anatômicas do corpo. Cada hemisfério representa a metade oposta do corpo. O corte transversal de um dos hemisférios na Figura 7.8 mostra isso. A criatura distorcida representa as áreas do córtex dedicadas à parte do corpo que aparece junto a ela, e as variações no tamanho representam o número relativo de células corticais dedicadas a essa parte. Essa criatura diagramática é denominada "homúnculo somato-sensorial".

A organização e função do sistema visual também faz contato com a arquitetura do córtex cerebral. Imediatamente junto aos bastonetes e cones primários da retina, está uma camada interconectada de pequenos neurônios que desempenham parte do processamento inicial, antes de entrar em sinapse com as longas células ganglionares. Essas células ganglionares se aglomeram num amontoado denso e saem por trás da retina, formando o nervo ótico. O nervo ótico projeta-se até um núcleo cortical (= uma concentração local de corpos celulares interconectados) na parte posterior do tálamo chamada *corpo geniculado lateral*. As células aqui também constituem um mapa topográfico da retina, embora ele seja distorcido metricamente pelo fato de que a fóvea, o centro físico e funcional da retina, está densamente representada.

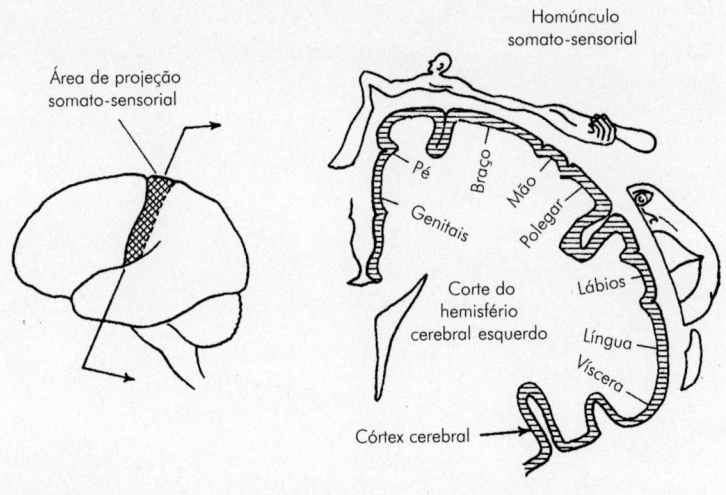

FIGURA 7.8

As células no geniculado lateral projetam-se então até diversas áreas de Brodmann, na superfície posterior dos hemisférios cerebrais: até o córtex estriado, e daí, até o córtex peristriado (Figura 7.9). Essas áreas formam juntas o chamado *córtex visual* e também constituem uma projeção topográfica da retina, cada hemisfério representando uma metade da superfície retinal. Mas há muito mais coisas acontecendo no córtex visual e em seu processamento precortical do que no sistema somato-sensorial, e o córtex visual representa muito mais que apenas áreas de estimulação retinal. Os subgrupos de neurônios visuais revelam-se especializados em suas respostas às características altamente específicas das informações visuais. Uma célula no início da hierarquia é sensível apenas a *diferenças* de luminosidade em seu campo receptor (= a área da retina à qual ela é sensível). Mas uma célula superior até a qual essa primeira célula se projeta pode ser sensível apenas a linhas ou bordas de uma *orientação* específica dentro de seu campo receptor. Células de nível ainda mais alto são sensíveis apenas a linhas ou bordas *se deslocando* numa determinada direção. E assim por diante. É impossível escapar à impressão de um sistema de processamento cumulativo de informações.

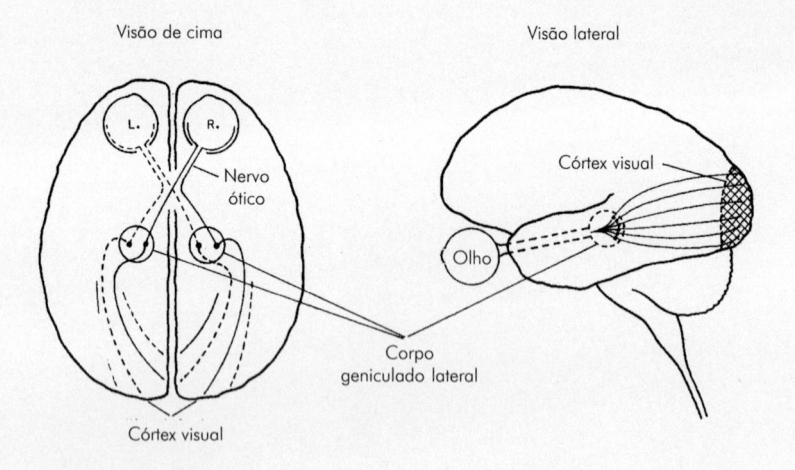

FIGURA 7.9

Outras microestruturas prometem explicar as características da visão binocular – em particular, a sofisticada estereoscopia, ou visão tridimensional, dos seres humanos. A visão estereoscópica exige a comparação sistemática das imagens provindas de cada olho. Um exame mais detalhado revela a existência, no córtex visual, de *colunas de dominância ocular* em camadas intercaladas. Uma coluna é um estreito aglomerado de células organizadas verticalmente através das seis camadas do córtex, e cada uma tem um pequeno campo receptor na retina. Essas colunas são específicas ao olho, e suas camadas intercaladas significam que os campos receptores esquerdo e direito correspondentes são representados por colunas fisicamente adjacentes no córtex. Assim, pode haver comparação de informações, e foram descobertas outras células que, de fato, são sensíveis a disparidades binoculares entre esses campos. Essas células reagem a informações sobre as distâncias relativas dos objetos presentes no campo visual da pessoa. Essas descobertas abrem promissoras linhas de pesquisa, e o córtex visual atualmente atrai uma boa parcela de interesse.

As projeções motoras para o exterior

Bem na frente do córtex somato-sensorial, do outro lado de uma grande fenda, está mais uma das áreas de Brodmann, conhecida como *córtex motor*. Também ele apresenta um claro mapa topográfico, neste caso, sistemas musculares do corpo. A estimulação dos neurônios corticais motores produz movimentos nos músculos correspondentes. A Figura 7.10 mostra um "homúnculo motor".

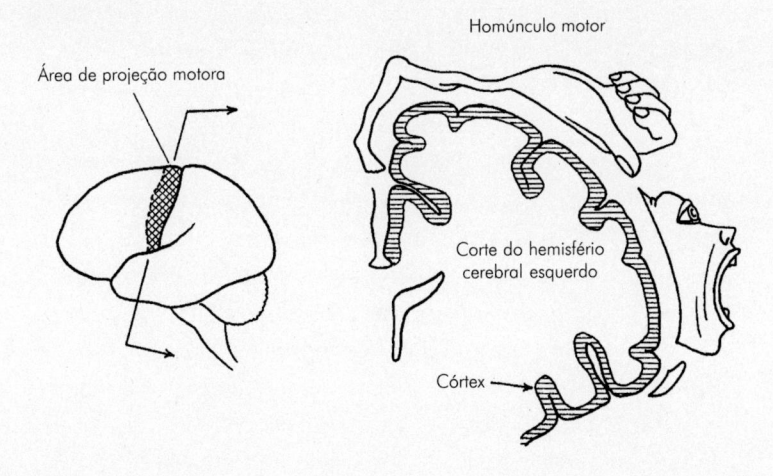

Homúnculo motor

Área de projeção motora

Corte do hemisfério cerebral esquerdo

Córtex

FIGURA 7.10

Naturalmente, esse é apenas o início da descrição funcional, uma vez que o controle motor é uma questão de *seqüências* bem orquestradas de contrações musculares – seqüências que, além disso, se coordenam com o ambiente perceptivo do corpo. Para isso, o córtex motor tem projeções axoniais não apenas até a medula e daí até os músculos do corpo, mas até o cerebelo e os gânglios basais; ele também recebe projeções recíprocas provenientes dos dois, principalmente através do tálamo, que já sabemos ser uma fonte de informações sensoriais. O córtex motor é, dessa forma, uma parte altamente integrada da atividade geral do cérebro, e, embora parte de sua saída de dados siga mais ou menos diretamente até a medula – para oferecer o controle independente de finos movimentos dos dedos, por exemplo –, boa parte dela passa por um intricado processamento no cerebelo e no tronco cerebral inferior, antes de penetrar na medula espinhal.

Devemos imaginar aqui a saída de dados do cérebro como uma espécie de "sintonia fina" de alto nível de capacidades motoras ainda mais básicas, uma vez que a organização neural da própria medula espinhal é suficiente para produzir locomoção na maioria dos vertebrados. Um exemplo conhecido é a galinha sem cabeça, cujo corpo corre sem rumo, para lá e para cá, por vários segundos após a decapitação. Mesmo pequenos mamíferos, cujo cérebro foi em grande parte removido, exibirão atividade motora se houver estimulação adequada da medula. Temos aqui uma indicação do quanto é *antiga* a capacidade de locomoção dos vertebrados: ela acabava de se aperfeiçoar quando os vertebrados primitivos tinham pouco mais que uma medula espinhal. Os acréscimos progressivos que sobreviveram, fizeram-no porque acrescentavam alguma sintonia fina a essa capacidade inicial, ou então algum tipo de orientação inteligente para ela. O córtex motor é meramente um dos últimos e mais altos centros de uma extensa hierarquia de controles motores. Esses controles vão de simples arcos reflexos – como os que retrairão a mão de um fogão quente – até os centros mais altos, que formulam planos de ação abstratos e de longo prazo.

Organização interna

O cérebro monitora o mundo extranervoso por meio dos neurônios sensoriais primários, mas, nesse processo, ele também monitora muitos aspectos de suas próprias operações. O cérebro, além disso, exerce controle sobre o mundo extranervoso, mas ele também exerce controle sobre muitos aspectos de suas próprias operações. As projeções internas entre as partes do cérebro são ricas e de grande amplitude, e também são fundamentais para seu funcionamento. Um bom exemplo é a existência dos mecanismos de "controle descendente". Em nossa discussão anterior do sistema visual, não mencionei que o córtex visual também envia projeções *de volta* para o corpo geniculado lateral do tálamo, onde termina o nervo ótico. Isso significa que, dependendo do que o córtex visual está recebendo do geniculado lateral, ele pode exercer influência sobre este último, para *modificar* o que está sendo enviado, talvez para salientar certas características da entrada de dados ou para suprimir certas outras. Temos, aqui, elementos dotados de certa plasticidade nas atividades de processamento do cérebro: a capacidade de dirigir a atenção e os recursos de focalização. As rotas de controle descendente são especialmente proeminentes no sistema visual e no sistema auditivo, que deve processar a fala, mas elas são comuns por todo o cérebro.

Entre as áreas sensoriais do córtex aqui discutidas e outras áreas sensoriais também aqui identificadas, há ainda uma grande parcela do cérebro altamente ativa. As grandes áreas chamadas de "áreas associativas", entre os vários tipos de córtex sensoriais, não são muito bem compreendidas, nem também as grandes áreas frontais dos hemisférios cerebrais, embora seja evidente, pela observação de casos de danos cerebrais, que elas estão envolvidas nas emoções, nos impulsos e na capacidade de ação planejada.

Há uma hipótese que oferece uma explicação geral para essas áreas, suas funções e suas conexões axoniais com outras áreas. Consideremos a Figura 7.11. As áreas preenchidas com linhas cruzadas são as áreas do córtex sensorial *primário*: somato-sensorial, auditivo e visual. As áreas preenchidas com linhas verticais são as áreas do córtex sensorial *secundário*. As células do córtex primário se projetam até as células do córtex secundário, para todas as três modalidades sensoriais, e essas células secundárias são mais sensíveis que as células do córtex primário às características mais complexas e abstratas da entrada sensorial. O córtex secundário, por sua vez, projeta-se para as áreas não preenchidas, chamadas de córtex *terciário* ou associativo. As células no córtex associativo são sensíveis a características ainda mais abstratas das entradas sensoriais originais, mas aqui encontramos uma mistura de células, algumas sensíveis a entradas visuais, algumas a entradas auditivas, algumas a entradas táteis e algumas à combinação de todas as três. Ao que parece, a análise mais abstrata e integrada do ambiente sensorial operada pelo cérebro ocorre no córtex associativo, entre as diversas áreas sensoriais.

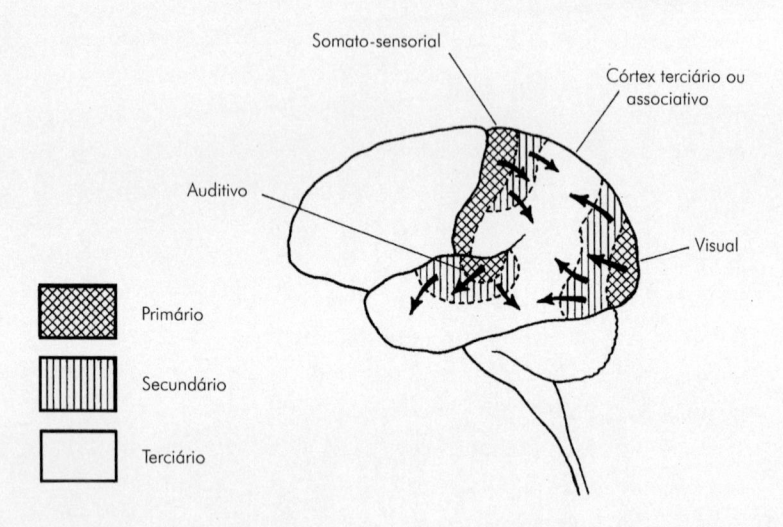

FIGURA 7.11

Dessa parte posterior da metade "sensorial" do cérebro, as informações podem seguir, por diversas rotas secundárias no cérebro médio, até a metade frontal ou "motora" do cérebro, chegando ao que podemos chamar de áreas motoras terciárias. Essa é a área frontal, que aparece não preenchida na Figura 7.12. Essa área parece ser responsável pela formação de nossos planos e intenções mais gerais. As células aqui se projetam até o córtex motor secundário, que parece ser o local dos planos e seqüências de comportamentos concebidos de modo mais específico. Essa área se projeta, por fim, até o córtex motor primário, que é responsável pelos movimentos altamente específicos de várias partes do corpo.

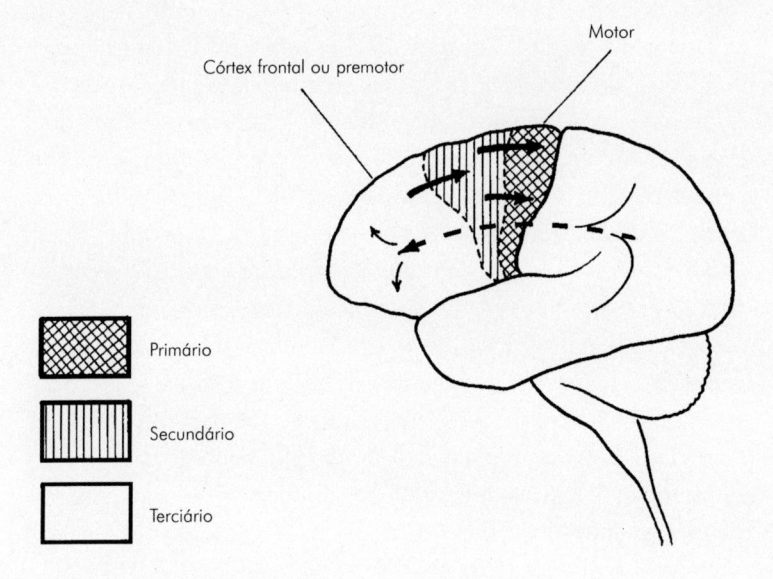

FIGURA 7.12

Essa hipótese é compatível com a neuroarquitetura do cérebro, com suas capacidades globais de controle sensorialmente orientado do comportamento corporal, e com os estudos detalhados das deficiências cognitivas específicas resultantes de lesões em diversas áreas do cérebro. Danos no lobo frontal extremo, por exemplo, deixam a vítima sem a capacidade de conceber ou distinguir nitidamente entre futuros alternativos possíveis, exceto as questões mais imediatas e simples.

Esse esboço da organização global do cérebro representa a concepção clássica, mas o leitor deve ter em mente que se trata de um quadro provisório e extremamente simplificado. Estudos recentes indicam que diferentes mapas topográficos da retina estão espalhados por toda a superfície cortical e recebem distintas projeções provenientes do geniculado lateral e de outras partes do tálamo. O sistema hierárquico dos mapas topográficos que discutimos – que culmina no "córtex visual secundário", na parte posterior do cérebro – é, dessa forma, um dos vários sistemas paralelos, cada um deles processando diferentes aspectos da entrada visual. O sistema "clássico" da visão pode ser o dominante, mas ele tem companhia, e todos esses sistemas interagem uns com os outros. Complexidades como essas estão presentes também no "córtex somato-sensorial", que aparece como apenas um entre os vários sistemas paralelos responsáveis pelo processamento dos diferentes tipos de informações somato-sensoriais: o toque leve, a pressão intensa, a posição dos membros, a dor, a temperatura, e assim por diante. A especificação das diferenças funcionais entre esses diferentes mapas e o delineamento de suas interconexões funcionais é uma tarefa que mal se iniciou. À medida que as informações forem surgindo, nosso conhecimento das realizações intricadas, e às vezes insuspeitas, de nosso sistema perceptual deve aumentar em igual medida.

Uma outra área intrigante merece ser mencionada não por seu tamanho, mas porque ela é a meta última de uma hierarquia de projeções originadas em diversas e amplas áreas do córtex cerebral. O minúsculo *hipocampo* fica situado na extremidade posterior do sistema límbico, uma estrutura do cérebro anterior, logo abaixo dos grandes hemisférios cerebrais. Se acompanhamos as entradas de dados até o hipocampo, remontando a suas origens, a contrafluxo das informações que entram, logo abrangemos todo o córtex cerebral. Sabe-se que danos no hipocampo bloqueiam a transferência de informações da memória de curto prazo para a memória de longo prazo. As vítimas desse tipo de dano vivem num mundo de pesadelos, sem lembranças que vão além de uns poucos minutos no passado, exceto suas lembranças originais dos acontecimentos sempre mais distantes, situados antes da ocorrência do dano.

É natural pensar no cérebro como algo que está interposto entre os nervos sensoriais periféricos e os nervos motores periféricos, algo controlado pelos primeiros e que controla estes últimos. Numa perspectiva evolutiva, isso faz sentido, pelo menos com relação aos estágios iniciais. Mas, no caso do cérebro com o nível de articulação e automodulação encontrado nos seres humanos, uma certa autonomia aparece em cena. Nosso comportamento é governado tanto por nosso aprendizado passado quanto por nossos planos para o futuro distante, bem como por nossas percepções atuais. E, por meio do aprendizado autodirigido, o desenvolvimento de longo prazo da organização interna do cérebro fica, em certa medida, sob o controle do próprio cérebro. Nem por isso escapamos ao reino animal, apenas nos tornamos seus membros mais criativos e imprevisíveis.

Leituras sugeridas

BULLOCK, T. H., ORKAND, R., GRINNELL, A. *Introduction to Nervous Systems*. San Francisco: Freeman, 1977.

CHURCHLAND, P. *Neurophilosophy*. Cambridge, MA: MIT Press, 1986.

HUBEL, D. H., WIESEL, T. N. Brain Mechanisms of Vision. *Scientific American*, v.241, n.3, sept. 1979; edição especial dedicada às diversas ciências do cérebro.

KANDEL, E. R. *The Cellular Basis of Behavior*. San Francisco: Freeman, 1976.

KANDEL, E. R., SCHWARTZ, J. H. *Principles of Neural Science*. New York: Elsevier, North-Holland, 1981.

SHEPHERD, G. M. *Neurobiology*. New York: Oxford University Press, 1983.

3 A neuropsicologia

A neuropsicologia é a disciplina que tenta compreender e explicar os fenômenos psicológicos em termos das atividades neuroquímicas, neurofisiológicas e neurofuncionais do cérebro. Já vimos alguns resultados neurofisiológicos ainda provisórios, mas mesmo assim intrigantes, na seção precedente: como a estrutura hierárquica do sistema visual nos permite discriminar características selecionadas de uma cena, como as representações retinais em camadas intercaladas na superfície cortical tornam possível a visão estereoscópica, e como a organização geral do córtex torna possível que informações sensoriais altamente processadas orientem a formação e execução de planos de ação gerais.

Infelizmente, a maior parte dos dados tradicionalmente disponíveis à neuropsicologia é obtida a partir de casos de danos cerebrais, de degeneração e de desequilíbrio. O que conhecemos melhor é a base neural da psicologia *anormal*. O tecido cerebral pode ser danificado fisicamente por objetos invasivos; ele pode ser esmagado pelo desenvolvimento de tumores ou pela pressão de fluidos; ele pode morrer por falta de nutrientes ou atrofiar em razão de uma perda localizada do suprimento de sangue; ou ele pode ser seletivamente destruído por doenças ou por degeneração. Dependendo da *localização* específica no interior do cérebro e da lesão produzida por alguns desses meios, em geral resultam para suas vítimas perdas típicas e muito específicas em termos de capacidades psicológicas.

Essas perdas podem ser pequenas, como a incapacidade de identificar as cores percebidas (lesões nas conexões entre o córtex visual secundário e o córtex auditivo secundário no hemisfério esquerdo). Ou podem ser sérias, como a incapacidade permanente de reconhecimento de rostos, mesmo os dos membros da família (lesões no córtex associativo do hemisfério direito). E podem ser devastadoras, como a perda total e permanente da compreensão da fala (lesões no córtex auditivo secundário do hemisfério esquerdo), ou a incapacidade de acumular novas lembranças (dano bilateral do hipocampo).

Com o uso do exame *post-mortem* e de outras técnicas de diagnóstico, os neurologistas e neuropsicólogos podem descobrir os correlatos neurais dessas e de centenas de outras perdas de funções cognitivas e comportamentais. Isso significa que podemos montar aos poucos um *mapa funcional* global do cérebro. Poderemos entender as especializações funcionais e a organização funcional do cérebro em um ser humano *normal*. Essas informações, juntamente com a compreensão detalhada da neuroarquitetura e da microatividade das áreas relevantes, podem levar a uma compreensão real de como nossas capacidades cognitivas são de fato produzidas. Basta lembrar nosso exame da seleção de características e da visão estereoscópica de nosso sistema visual. Uma vez que saibamos onde procurá-las, podemos começar a buscar as estruturas neurais responsáveis pelas características específicas das diferentes capacidades cognitivas. No todo, há, nesse caso, motivos para muito otimismo, embora nossa ignorância ainda prejudique bastante nossa compreensão.

O trabalho de investigação funcional que acabamos de descrever exige cautela em dois aspectos. Em primeiro lugar, a simples correlação entre uma lesão numa área x e a perda de alguma função cognitiva F não significa que a área x desempenhe a função F. Significa apenas que alguma parte da área x está geralmente envolvida de alguma forma na execução de F. As estruturas neurais-chave que sustentam F podem estar localizadas em outra parte, ou podem não ser de forma alguma localizáveis, estando distribuídas por amplas áreas do cérebro.

Em segundo lugar, não devemos esperar que as perdas funcionais e as localizações funcionais que efetivamente encontrarmos estejam sempre em correspondência direta com as funções cognitivas representadas em nosso vocabulário psicológico do senso comum. Às vezes, a deficiência é difícil de descrever, como quando ela envolve uma mudança global na personalidade da vítima, e às vezes é difícil acreditar em sua descrição. Por exemplo, algumas lesões produzem uma perda total da consciência, tanto perceptiva quanto prática, na *metade esquerda* do universo da vítima, inclusive de seu próprio corpo (hemINegligência). A vítima irá sempre cuidar apenas do lado direito de seu corpo, e até mesmo negar ser dona de seu próprio braço esquerdo. Outras lesões deixam a vítima com a capacidade de escrever em prosa lúcida e legível, mas *sem* a capacidade de ler ou compreender o que ela própria ou alguém mais escreveu, embora sua visão esteja totalmente normal (alexia sem agrafia). Outras lesões deixam a vítima "cega", no sentido de que seu campo visual desaparece e ela insiste que não pode ver; e, no entanto, ela pode "adivinhar" onde está situada uma luz à sua frente com uma precisão próxima dos cem por cento (visão cega). Outras lesões ainda tornam sua vítima genuína e completamente cega, mas a vítima insiste que *pode* ver perfeitamente, enquanto tropeça pela sala, confabulando desculpas para seu comportamento desajeitado (negação da cegueira).

Esses casos são surpreendentes e nos confundem em relação às concepções de nossa psicologia popular. Como uma pessoa poderia ser cega e não saber? Ver, sem campo visual? Escrever sem dificuldade, mas não ler uma única palavra? Ou negar com sinceridade que seja dona de braços e pernas a ela presos? Esses casos violam expectativas profundamente arraigadas em nós. Mas não podemos esperar que a psicologia popular represente algo mais que um estágio do desenvolvimento histórico de nossa autocompreensão, um estágio que as neurociências podem nos ajudar a transcender.

Abaixo do nível dos danos estruturais à nossa maquinaria neural, está o nível da atividade química e das anomalias químicas. O leitor deve se lembrar de que a transmissão através de junções sinápticas é um elemento crítico de toda a atividade neural, e que essa transmissão é de natureza química. Ao receber um impulso ou pulso, o bulbo terminal axonial libera uma substância química chamada *neurotransmissor*, que rapidamente se difunde através da abertura sináptica, para interagir com receptores químicos do outro lado. Essa interação leva à decomposição química do neurotransmissor, e os produtos da decomposição são depois reassimilados pelo bulbo terminal para ressintetização e reutilização.

Evidentemente, tudo que bloqueie ou intensifique essas atividades químicas terá efeito profundo sobre a comunicação neural e sobre toda a atividade neural em seu conjunto. É exatamente dessa forma que muitas drogas psicoativas exercem seu efeito. Os diversos tipos de neurônios utilizam diferentes neurotransmissores, e drogas diferentes têm efeitos diferentes sobre sua atividade, de modo que há aqui condições para uma grande variedade de efeitos, tanto químicos quanto psicológicos. Uma droga pode bloquear a síntese de um neurotransmissor específico; ou prender-se a seus pontos receptores, desse modo bloqueando seus efeitos; ou pode bloquear a assimilação dos produtos de sua decomposição, dessa forma tornando lenta sua ressintetização. Mas uma droga pode acentuar a síntese, aumentar os pontos receptores ou acelerar a assimilação dos produtos da decomposição. O álcool, por exemplo, é um adversário da ação da noradrenalina, um importante neurotransmissor, enquanto as anfetaminas acentuam sua atividade, produzindo o efeito psicológico contrário.

Mais importante, doses extremas de certas drogas psicoativas produzem sintomas muito semelhantes aos das formas mais importantes de doença mental – a depressão, a mania e a esquizofrenia. Isso sugere a hipótese de que essas doenças, da forma como ocorrem normalmente, envolvem as mesmas anomalias neuroquímicas produzidas artificialmente por essas drogas. Essas hipóteses têm interesse muito mais que meramente teórico, pois, se forem verdadeiras, doenças que ocorrem naturalmente podem muito bem ser corrigidas ou controladas por uma droga com o efeito neuroquímico exatamente oposto. É de fato o que parece, embora a situação seja complexa e os detalhes estejam pouco claros. A *imipramina* controla a depressão, o *lítio* controla a mania, e a *clorpromazina* controla a esquizofrenia. Elas o fazem de modo precário, é verdade, mas o êxito relativo dessas drogas dá forte apoio à idéia de que as vítimas de doenças mentais são vítimas primordialmente de circunstâncias puramente químicas, cujas origens são mais metabólicas e biológicas que sociais ou psicológicas. Se assim for, esse fato é importante, uma vez que mais de dois por cento da população humana se deparam com uma dessas doenças em algum período de sua vida. Se pudermos descobrir a natureza e as origens dos complexos desequilíbrios químicos que estão por trás das principais formas de doenças mentais, poderemos ter condições de curá-las totalmente, ou mesmo prevenir completamente sua ocorrência.

Leituras sugeridas

GARDNER, H. *The Shattered Mind*. New York: Knopf, 1975.

KOLB, B., WHISHAW, I. Q. *Fundamentals of Human Neuropsychology*. San Francisco: Freeman, 1980.

4 A neurobiologia cognitiva

Como sugere o nome, a neurobiologia cognitiva é uma área de pesquisa interdisciplinar, cujo interesse está na compreensão das atividades especificamente cognitivas exibidas pelos seres vivos. Ela começou a florescer nos últimos anos, por três razões.

Em primeiro lugar, houve um desenvolvimento progressivo de *tecnologias* que nos permitem explorar a microestrutura do cérebro e monitorar o suceder de nossas atividades neurais. Os modernos microscópios eletrônicos nos dão um acesso sem paralelos aos detalhes da microestrutura do cérebro, e diversas tecnologias nucleares nos permitem produzir imagens da estrutura interna e da atividade neural dos cérebros vivos, sem nenhuma necessidade de invadi-los ou abri-los. Em segundo lugar, a pesquisa se beneficiou do aparecimento de algumas instigantes *teorias* gerais sobre a função das redes neurais de larga escala. Essas teorias dão uma direção e finalidade a nossos esforços experimentais; elas nos ajudam a determinar quais as perguntas úteis que devemos fazer à Natureza. E, em terceiro lugar, os *computadores* modernos tornaram possível explorar, de modo eficiente e elucidador, as propriedades funcionais das estruturas extremamente intricadas que as teorias recentes atribuem a nossos cérebros. Assim, podemos montar modelos dessas estruturas num computador e deixar que ele nos diga como elas irão se comportar sob diferentes circunstâncias. Podemos então testar as previsões assim obtidas em confronto com o comportamento de cérebros reais em circunstâncias semelhantes.

Nesta seção, faremos um rápido exame de duas das perguntas centrais da neurobiologia cognitiva. Como o cérebro *representa* o mundo? E como o cérebro executa *computações* sobre essas representações? Vamos iniciar pela primeira pergunta, começando com alguns fenômenos bastante conhecidos.

Como o cérebro representa a cor de um pôr-do-sol? O cheiro de uma rosa? O sabor de um pêssego? Ou o rosto da pessoa amada? Existe uma técnica simples para a representação, ou *codificação*, de características externas que é surpreendentemente eficiente e pode ser usada em todos os casos mencionados, apesar de sua diversidade. Para ver como ela funciona, examinemos o caso do sabor.

A codificação sensorial: o sabor

Na língua, existem quatro tipos diferentes de células receptoras. As células de cada tipo respondem de modo peculiar a toda substância que entra em contato com elas. Um pêssego, por exemplo, pode ter um efeito substancial sobre um dos quatro tipos de células, um efeito mínimo sobre o segundo tipo, e efeitos de algum nível intermediário sobre o terceiro e o quarto tipos. Em seu conjunto, esse padrão exato de estímulos relativos constitui uma espécie de "impressão digital" neural, que é característica exclusiva dos pêssegos.

Se denominamos os quatro tipos de células de a, b, c e d, respectivamente, então podemos descrever exatamente que impressão digital é essa, ao especificar os quatro níveis da estimulação neural que o contato com um pêssego produz. Se utilizamos a letra E, com uma letra subscrita para representar cada um dos vários níveis de estímulo, então o que queremos é o seguinte: $<E_a, E_b, E_c, E_d>$. Isso é chamado de *vetor de codificação sensorial* (um vetor é apenas uma lista de números, ou um conjunto de magnitudes). O ponto importante está em que existe evidentemente um vetor de codificação *único* para cada sabor possível ao ser humano. O que significa que toda sensação de sabor possível ao ser humano é apenas um padrão de níveis de estimulação através dos quatro tipos de células sensoriais. Ou melhor, é um padrão de suas freqüências de pulsos através dos quatro canais neurais que transportam as informações sobre esses níveis de atividade provindo da boca e seguindo para o resto do cérebro.

Podemos exibir graficamente qualquer sabor dado por meio de um ponto apropriado em um "espaço-de-sabores", um espaço com quatro eixos, cada um para o nível de estímulo em cada um dos quatro tipos de célula sensorial do sabor. A Figura 7.13 representa um espaço no qual as posições de vários sabores estão codificadas (nesse diagrama, um dos quatro eixos foi suprimido, uma vez que é difícil desenhar um espaço em 4-D sobre uma folha em 2-D). O interessante aqui está em que sabores subjetivamente semelhantes apresentam vetores de codificação muito semelhantes. Ou, o que é o mesmo, os pontos que os representam no espaço-de-sabores estão muito próximos entre si. Você notará que os vários tipos de sabor "doce" ficam todos codificados nas regiões superiores do espaço, enquanto os diversos sabores "ácidos" aparecem na parte inferior do centro. Diversos sabores "amargos" aparecem no canto esquerdo inferior, e os sabores "salgados" situam-se no lado direito inferior. Os outros pontos nesse espaço representam todas as outras sensações de sabor que são possíveis aos seres humanos. Isso parece confirmar a sugestão da teoria da identidade (Capítulo 2.3) de que toda sensação dada é simplesmente idêntica a um conjunto de freqüências de pulsos na rota sensorial apropriada.

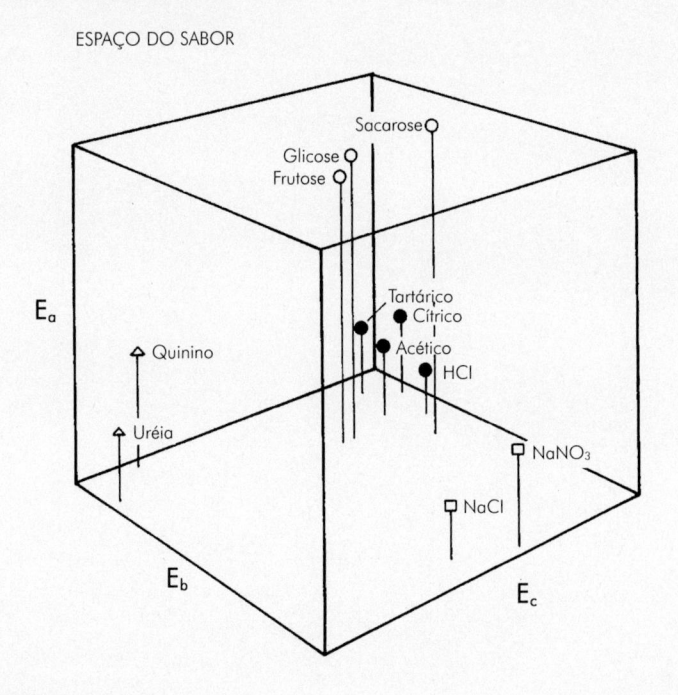

FIGURA 7.13

A codificação sensorial: a cor

Uma descrição bastante semelhante parece valer para a cor. Existem três tipos diferentes de células sensíveis a cores, ou *cones*, na retina do ser humano, e cada tipo é sensível a um comprimento distinto de ondas luminosas: ondas curtas, médias e longas, respectivamente. A visão das cores é uma questão complexa, e meu rápido esboço aqui está excessivamente simplificado, mas um aspecto central dessa descrição parece ser o *padrão* dos níveis de atividade produzidos através dos três diferentes tipos de cones. Aqui, o vetor de codificação sensorial parece ter três elementos, e não quatro: $<E_{curto}, E_{médio}, E_{longo}>$. Mais uma vez, as semelhanças entre as cores se revelam refletidas nas semelhanças entre seus vetores de codificação ou, o que é o mesmo, na proximidade de seus pontos em um "espaço de sensações-de-cores" em 3-D (Figura 7.14).

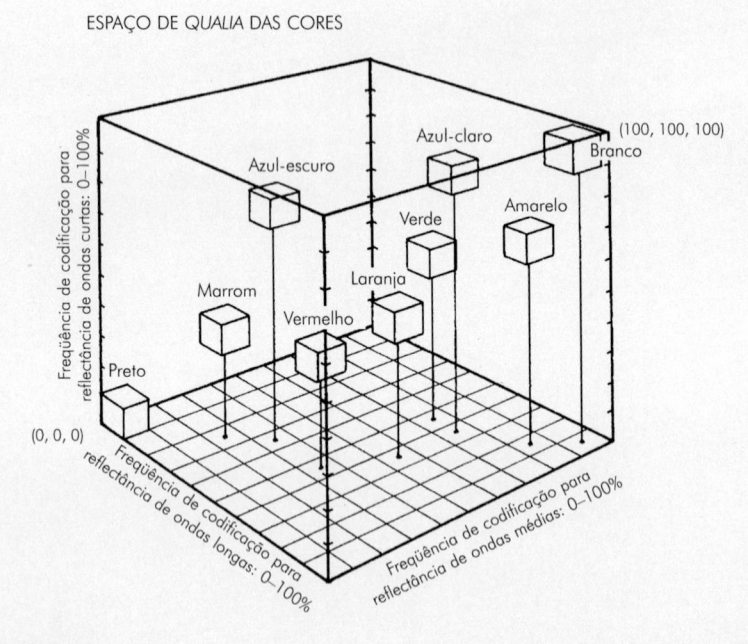

FIGURA 7.14

Aqui também, a idéia de que o laranja está em algum ponto "entre" o vermelho e o amarelo recebe expressão direta: se as sensações de cores são representadas desse modo, a sensação de laranja está *literalmente* entre os dois outros tipos de sensação. O mesmo acontece com outras relações "intermediárias" no domínio das cores.

Por fim, vale a pena observar que essa concepção da codificação sensorial também explica diversas variedades de daltonismo. As vítimas dessa deficiência de pequena monta não têm um (ou mais) desses três tipos de cones. O que significa que seu "espaço-de-cores" terá apenas duas (ou menos) dimensões, e não três. O que implica que sua capacidade de discriminar entre cores será reduzida de um modo previsível.

A codificação sensorial: o cheiro

O sistema olfativo parece envolver seis ou sete, e talvez mais, receptores. Isso sugere que os cheiros são codificados por um vetor de freqüência de pulsos com pelo menos seis ou sete elementos diferentes, o que torna possível um número muito grande de combinações distintas de freqüência e, dessa forma, um número muito grande de cheiros distintos. Suponhamos que um cão da raça dos sabujos, por exemplo, tenha sete tipos de receptores olfativos e possa distinguir entre trinta níveis diferentes de estímulos dentro de cada tipo. Com base nessas suposições, devemos atribuir ao sabujo um "espaço-de-cheiros" global de 30 x 30 x 30 x 30 x 30 x 30 x 30 (= 30^7, ou 22 *bilhões*) posições discrimináveis! Não é de admirar que os cães possam distinguir qualquer pessoa individual em meio a milhões, apenas pelo cheiro.

Tudo isso deve encorajar os defensores da teoria da identidade, que afirmam que nossas sensações são simplesmente idênticas a, digamos, um conjunto de níveis de estimulação (freqüências de pulsos) nas rotas sensoriais apropriadas. Pois, como as seções precedentes nos mostram, a neurociência está reconstruindo com êxito, de modo sistemático e elucidador, as várias características de nossos *qualia* sensoriais subjetivos. Esse é o mesmo padrão que, no século XIX, motivou a afirmação científica de que a luz é simplesmente idêntica a ondas eletromagnéticas de uma certa freqüência. Pois, no âmbito da teoria da eletricidade e do magnetismo, foi possível reconstruir sistematicamente todas as características da luz com que estamos familiarizados.

A codificação sensorial: os rostos

Entre os seres humanos, os rostos são distinguidos com grande habilidade, e uma teoria recente afirma que também os rostos são controlados por uma estratégia de codificação vetorial. Para cada um dos vários elementos do rosto humano aos quais somos perceptualmente sensíveis – o comprimento do nariz, o tamanho da boca, a distância entre os olhos, a linha do queixo etc. –, suponhamos que exista uma rota cujo nível de estimulação corresponda ao grau em que o rosto percebido exibe esse elemento. Um rosto particular, dessa forma, será codificado por um vetor único de estimulações, um vetor cujos elementos correspondem aos elementos visíveis do rosto percebido.

Se imaginarmos que existem cerca de dez características faciais diferentes às quais um ser humano adulto é automaticamente sensível e se supusermos que podemos distinguir pelo menos cinco diferentes níveis no âmbito de cada característica, então devemos atribuir aos seres humanos um "espaço-de-rostos" de pelo menos 5^{10} (cerca de 10 milhões) posições discrimináveis. Não é de admirar que possamos distinguir qualquer pessoa em meio a milhões, apenas pela visão.

Os rostos de parentes próximos, naturalmente, serão codificados por vetores com muitos elementos idênticos ou semelhantes. Ao contrário, pessoas sem nenhuma semelhança entre si serão codificadas por vetores totalmente díspares. Uma pessoa com um rosto extremamente mediano será codificada por um vetor onde todos os elementos estarão no meio da gama apropriada de variações. E uma pessoa com um rosto altamente incomum será codificada por um vetor que tem um ou mais elementos num valor extremo. É curioso que o lobo parietal do córtex cerebral direito nos seres humanos, uma grande área responsável por aspectos espaciais em geral, tenha uma pequena parte cuja destruição produz a incapacidade de reconhecer rostos humanos. Nesse local, podemos postular, os rostos humanos são codificados.

A codificação sensorial: o sistema motor

As virtudes da codificação vetorial ficam especialmente manifestas quando consideramos o problema da representação de um sistema muito complexo, como a posição simultânea de todos os milhares de músculos em nosso próprio corpo. Você tem um senso constante e continuamente atualizado da postura ou configuração global de seu corpo no espaço. E ainda bem que é assim! Para poder executar todo e qualquer movimento, você precisa saber qual a posição inicial de seus membros. Isso vale tanto para coisas simples, como andar, quanto para coisas complexas, como o balé ou o futebol.

Esse senso da configuração de nosso próprio corpo é chamado de *propriocepção*, e ele é possível porque todo e cada um dos músculos do corpo tem sua própria fibra nervosa constantemente enviando informações até o cérebro: informações sobre a contração ou o esticamento desse músculo. Com tantos músculos, o vetor de codificação total no cérebro evidentemente não terá três elementos, ou dez, mas algo em torno de mais de mil elementos! Mas isso não é problema para o cérebro: ele tem *bilhões* de fibras com as quais executar a tarefa.

A codificação de saída de dados

Enquanto discutíamos o sistema motor, talvez você tenha notado que a codificação vetorial pode ser tão útil para controlar a *saída* motora quanto para codificar a entrada sensorial. Quando uma pessoa está envolvida em alguma atividade física, o cérebro está enviando um fluxo contínuo de mensagens distintas para cada músculo do corpo. Mas essas mensagens devem ser bem organizadas, para que o corpo possa agir coerentemente: cada músculo deve assumir apenas o grau correto de contração ou esticamento, para poder fazer que o corpo assuma a posição desejada.

Como o cérebro pode orquestrar tudo isso? Por meio de um *vetor motor*: um conjunto de níveis de atividade simultânea em todos os neurônios motores, neurônios que transportam mensagens do cérebro até os músculos do corpo. Um movimento complexo é uma seqüência de posições corporais, e, assim, para essas posições, o corpo deve emitir não um, mas uma seqüência de vetores motores. Esses vetores de saída são enviados ao longo de dezenas de milhares de longos axônios na medula espinhal e depois seguem ao longo dos neurônios motores até os próprios músculos. Aqui, cada elemento do vetor maior é compreendido como um nível de estímulo no neurônio que está em contato com o músculo em questão. O músculo responde a esse elemento do vetor, contraindo ou relaxando, à medida que o nível do estímulo diminui. No todo, e se os vetores motores são bem constituídos, esses estímulos individuais fazem todo o corpo se mover com harmonia e graça.

A computação neural

Como vimos, os vetores de estimulação são um meio extremamente eficiente de representar coisas tão diferentes quanto sabores, rostos e posições complexas dos membros. Igualmente importante: eles se revelam também como parte de uma solução muito elegante para o problema da computação em alta velocidade. Se o cérebro usa vetores para codificar as diversas entradas sensoriais, bem como as diversas saídas motoras, então ele deve estar em algum lugar executando as operações de modo tal que as entradas estejam de algum modo *guiando* ou *produzindo* as saídas. Em resumo, ele precisa de um certo arranjo que lhe permita transformar seus diversos vetores de entrada sensorial nos vetores apropriados de saída motora.

Na verdade, grandes segmentos do cérebro têm uma microestrutura que parece ser ideal para a execução de transformações exatamente desse tipo. Consideremos, por exemplo, o arranjo esquemático dos axônios, dendritos e sinapses da Figura 7.15. Aqui, o vetor de entrada, $<a, b, c, d>$, constitui os quatro axônios de entrada horizontal. Cada axônio está conduzindo uma seqüência de pulsos que chegam com uma certa freqüência. Como você pode ver, cada axônio faz três conexões sinápticas, uma para cada uma das três células verticais (essas células são chamadas de *células de Purkinje*, em homenagem a seu descobridor). No total, isso dá 4 x 3 = 12 sinapses.

ENTRADA DE FIBRAS PARALELAS

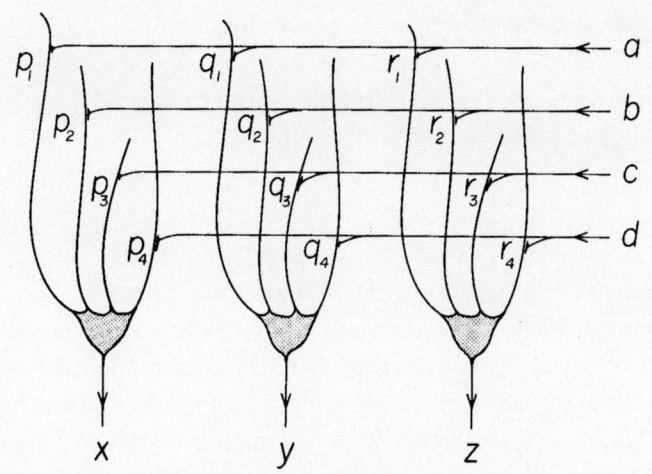

SAÍDA DA CÉLULA PURKINJE

FIGURA 7.15

Essas conexões sinápticas, no entanto, não são idênticas. Como mostra o diagrama, algumas são grandes. Outras são pequenas. As letras p_i, q_j, e r_k representam sua magnitude. Para calcular a quantidade de estimulação que cada conexão induz em sua célula receptora, basta multiplicar o tamanho da conexão pela freqüência de pulsos no axônio que chega. A estimulação *total* na célula receptora de Purkinje é então apenas a soma desses quatro efeitos sinápticos.

A célula de Purkinje emite uma seqüência de pulsos ao longo de seu próprio axônio de saída, uma seqüência cuja freqüência é uma função da excitação total que as diversas entradas produziram nessa célula. Uma vez que todas as três células de Purkinje fazem isso, a saída do sistema é evidentemente um outro vetor, um vetor com três elementos. É claro que nosso pequeno sistema irá transformar todo vetor de entrada em 4-D num vetor de saída em 3-D totalmente diferente.

O que determina a natureza da transformação global é evidentemente a distribuição dos *tamanhos* das diversas conexões sinápticas. Essas intensidades de conexão são em geral chamadas *pesos*. Se especificarmos a distribuição dos pesos sinápticos num sistema desse tipo, teremos especificado o caráter da transformação que ele deverá realizar sobre todo vetor que chega.

O cerebelo

O sistema de transformação de vetores da Figura 7.15 é apenas um esboço esquemático e altamente simplificado, para propósitos de Figura. Mas o mesmo tipo de organização celular aparece no cerebelo de todas as criaturas, embora numa proporção muito maior. A Figura 7.16 apresenta uma minúscula secção do córtex cerebelar, e você pode ver que as muitas entradas de fibras de Mossy conduzem suas diversas freqüências de pulsos através das células granulares até as *fibras paralelas*, cada uma delas produzindo múltiplas conexões sinápticas com as densas árvores dendríticas de muitas diferentes células de Purkinje. Cada célula de Purkinje soma a atividade assim nela induzida e emite como saída uma seqüência de pulsos ao longo de seus próprios axônios. A atividade conjunta de todo um conjunto de axônios de Purkinje constitui o vetor de saída do cerebelo.

CORTE ESQUEMÁTICO: CEREBELO

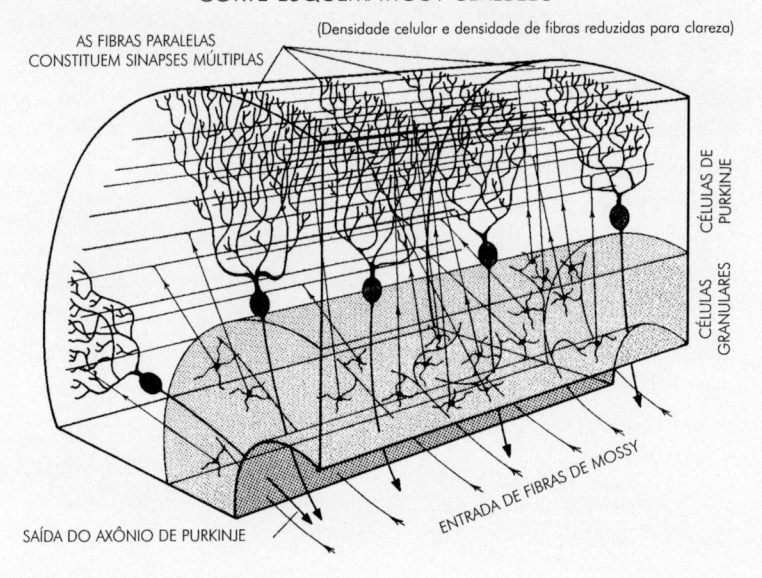

(Densidade celular e densidade de fibras reduzidas para clareza)

AS FIBRAS PARALELAS
CONSTITUEM SINAPSES MÚLTIPLAS

CÉLULAS DE PURKINJE

CÉLULAS GRANULARES

ENTRADA DE FIBRAS DE MOSSY

SAÍDA DO AXÔNIO DE PURKINJE

FIGURA 7.16

A Figura 7.16 é também uma simplificação, pois num cerebelo real existem milhões de fibras paralelas, muitas centenas de milhares de células de Purkinje, e bilhões de conexões sinápticas. Com isso, o vetor de entrada tem milhões de elementos, e o vetor de saída tem centenas de milhares, embora haja probabilidade de haver muita redundância, no sentido de que cada elemento do vetor verdadeiro pode ser codificado muitas vezes. De qualquer forma, aqui temos vetores de codificação que facilmente são grandes o suficiente para cumprir a tarefa de coordenar o sistema muscular do corpo. E é precisamente isso que o cerebelo parece fazer. A principal saída do cerebelo desce ao longo da medula espinhal até os músculos. E se o cerebelo for gravemente danificado ou destruído, os movimentos voluntários da vítima se tornam espasmódicos, mal direcionados e descoordenados.

Existem três pontos importantes a observar com relação a um sistema de "computação" do tipo apresentado pelo cerebelo. Em primeiro lugar, ele é altamente resistente a danos de pequena monta e à morte de células dispersas. Como ele é constituído de bilhões de conexões sinápticas, cada uma delas contribuindo com apenas uma minúscula parcela da transformação global de vetores, a perda de alguns milhares de conexões aqui e ali praticamente não modificará o comportamento global da rede. Ele pode até mesmo perder milhões de conexões, desde que elas estejam espalhadas aleatoriamente por toda a rede, como acontece com a morte gradual das células, no curso natural do envelhecimento. A qualidade da computação do cerebelo irá, desse modo, se *degradando* aos poucos, em vez de decair abruptamente.

Em segundo lugar, um sistema maciçamente paralelo desse tipo irá executar suas transformações vetor-a-vetor num instante. Como cada sinapse executa seu próprio "cálculo" mais ou menos simultaneamente com cada uma das outras sinapses, os cerca de bilhões de cálculos necessários para produzir o vetor de saída são feitos de uma só vez, e não um após o outro. O vetor de saída estará seguindo até os músculos em menos de dez milissegundos (1 centésimo de segundo) após o vetor de entrada atingir a rede. Embora as sinapses sejam muito mais lentas que as CPUs, e embora a propagação axonial seja muito mais lenta que a propagação elétrica, o cerebelo executa seus cálculos globais centenas de vezes mais rápido que os mais rápidos computadores seriais. Seu paralelismo maciço é que faz a diferença.

Em terceiro lugar, essas redes são funcionalmente modificáveis. Numa linguagem técnica, elas são dotadas de *plasticidade*.

Elas podem modificar suas propriedades transformacionais simplesmente mudando alguns ou todos os seus pesos sinápticos. Esse é um fato importante, uma vez que, antes de mais nada, deve ser possível ao sistema aprender a produzir movimento coordenado, para depois reaprender continuamente, à medida que o tamanho e a massa dos membros vão se modificando aos poucos, com a idade. Como pode ocorrer esse aprendizado é o que vamos discutir agora.

Em resumo, as redes neurais desse tipo são computacionalmente potentes, resistentes a danos, rápidas e modificáveis. Mas suas virtudes não se limitam a isso, como veremos na próxima seção.

Leituras sugeridas

BARTOSHUK, L. M. Gustatory System. In: MASTERTON. R. B. (Org.) *Handbook of Behavioral Neurobiology*. New York: Plenum, 1978. v.I.

CHURCHLAND, P. M. Some Reductive Strategies in Cognitive Neurobiology. *Mind*, v.95, n.379, 1986.

CHURCHLAND, P. S. *Neurophilosophy*. Cambridge, MA: The MIT Press, 1986.

DEWDNEY, A. K. A Whimsical Tour of Fare Spare. *Scientific American*, v.255, Oct. 1986. Section Computer Recreations.

HARDIN, C. L. *Color for Philosophers*. Indianapolis: Hackett, 1987.

LAND, E. The Retinex Theory of Color Vision. *Scientific American*, v.237, n.6, Dec. 1977.

LLINAS, R. The Cortex of the Cerebellum. *Scientific American*, v.232, n.1, 1975.

PELLIONISZ, A., LLINAS, R. Tensor Network Theory of the Metaorganization of Functional Geometries in the Central Nervous System. *Neuroscience*, v.19, 1986.

PFAFF, D. W. *Taste, Olfaction, and the Central Nervous System*. New York: Rockefeller University Press, 1985.

Paul M. Churchland

5 A inteligência artificial novamente: o processamento paralelamente distribuído (PDP)

No final da década de 1950, muito cedo na história da IA, havia muito interesse nas "redes neurais" artificiais, isto é, em sistemas de *hardware* modelados com base no cérebro biológico. Apesar de sua atratividade inicial, essas redes de primeira geração mostraram ter sérias limitações e logo foram eclipsadas pelas técnicas da inteligência artificial de "escrita de programas". Essas técnicas mais tarde revelaram ter suas próprias e graves limitações, como vimos no final do Capítulo 6, e os últimos anos presenciaram o renascimento do interesse pelo primeiro tipo de abordagem. As limitações iniciais foram superadas, e as redes neurais artificiais estão finalmente começando a revelar seu verdadeiro potencial.

As redes neurais artificiais: sua estrutura

Consideremos uma rede composta de unidades simples e semelhantes aos neurônios, conectadas da forma como mostra a Figura 7.17. As unidades da parte inferior podem ser pensadas como as unidades sensoriais, uma vez que elas são estimuladas pelo ambiente exterior ao sistema. Cada uma dessas unidades na parte inferior emite uma saída através de seu próprio "axônio", uma saída cuja força é uma função do nível de estimulação da unidade. O axônio divide-se numa série de ramificações terminais, e uma cópia desse sinal de saída é transportada para cada uma das unidades do segundo nível. Essas unidades são chamadas de *unidades ocultas*, e as unidades na parte inferior estabelecem uma diversidade de "conexões sinápticas" com cada uma delas. Cada conexão tem uma determinada força, ou *peso*, como costumamos denominar.

Você já pode observar que a metade inferior do sistema é apenas mais um transformador vetor-a-vetor, muito semelhante às matrizes neurais que discutimos na seção anterior. Se estimula-

244

mos as unidades inferiores, o conjunto de níveis de atividade que induzimos (o vetor de entrada) será transportado subindo até as unidades ocultas. Nesse processo, ele é transformado por várias influências: pela função de saída das células da parte inferior, por qualquer que seja o padrão de pesos que se encontre nas muitas sinapses e pela atividade somada no interior de cada uma das unidades ocultas. O resultado é um conjunto ou padrão de níveis de estimulação através das unidades ocultas: um outro vetor.

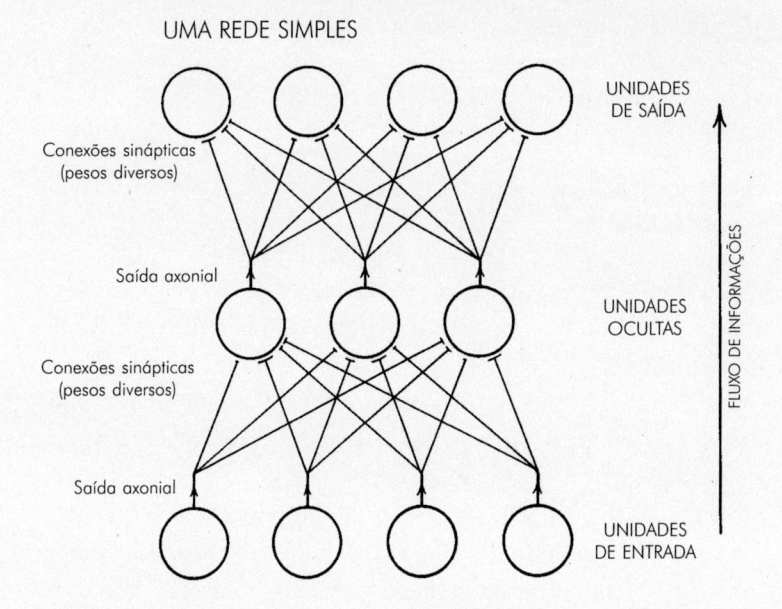

FIGURA 7.17

Esse vetor de estimulação nas unidades ocultas serve, por sua vez, como vetor de entrada para a metade superior do sistema. Os axônios provindo das unidades ocultas fazem conexões sinápticas, de diversos pesos, com as unidades no nível mais alto. Essas são as unidades de saída, e o conjunto global de níveis de estimulação que no final é induzido nelas é o que constitui o vetor de saída. A metade superior da rede é, dessa forma, apenas um outro transformador vetor-a-vetor.

Seguindo esse padrão geral de interconectividade, podemos claramente construir uma rede com qualquer número desejado de unidades de entrada, unidades ocultas e unidades de saída, dependendo do tamanho dos vetores que precisam ser processados. E podemos começar a perceber a importância de um arranjo em duas camadas se considerarmos o que uma rede desse tipo pode fazer quando confrontada com um problema real. O ponto crucial a lembrar é que podemos *modificar* os pesos sinápticos do sistema global de modo a realizar toda e qualquer transformação vetor-a-vetor que quisermos.

O reconhecimento perceptivo: o aprendizado, por exemplo

Observemos o seguinte problema como exemplo. Somos a equipe de comando de um submarino, cuja missão será conduzi-lo através das águas rasas de um porto inimigo, um porto cujo fundo está salpicado de minas explosivas. Precisamos evitar essas minas e podemos pelo menos detectá-las com nosso sistema sonar, que emite um impulso sonoro e depois espera pelo eco de retorno, caso o impulso faça vibrar algum objeto sólido depositado no fundo. Infelizmente, uma *rocha* de certo tamanho também reflete um eco de sonar, um eco que não pode ser distinguido, para o ouvido normal, do eco de uma mina genuína (Figura 7.18).

Isso é frustrante, pois o porto em questão também está salpicado de rochas grandes. A situação se torna ainda mais complexa pelo fato de que as minas têm diferentes formas e estão dispostas em diferentes direções com relação ao impulso de sonar que chega até elas. E o mesmo acontece com as rochas. Assim, os ecos emitidos por cada tipo de objeto também apresentam uma considerável variação dentro de ambas as classes. Nesse quadro, a situação parece inevitavelmente confusa.

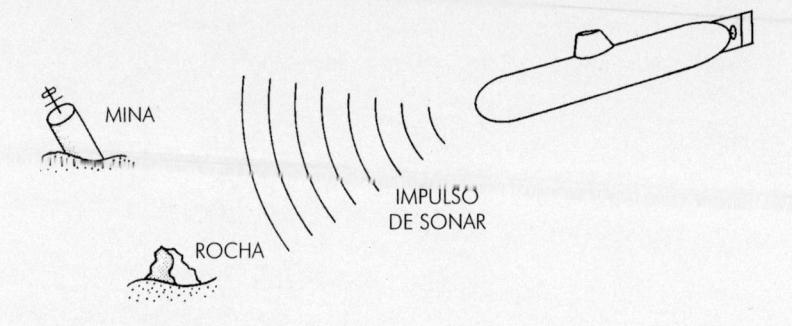

FIGURA 7.18

Como podemos nos preparar para distinguir os ecos das minas explosivas dos ecos benignos provenientes das rochas, para poder realizar nossa missão em segurança? Da seguinte forma. Reunimos, gravados numa fita, um grande número de ecos de sonar, provenientes do que sabemos ser minas genuínas de vários tipos e em posicionamentos diversos. Trata-se de minas que deliberadamente espalhamos, para fins de testes, no fundo de nossas próprias águas costeiras. Fazemos o mesmo com rochas de vários tipos e, naturalmente, identificamos cuidadosamente que ecos correspondem a quê. Terminamos com, digamos, cinqüenta amostras de cada tipo.

Então, colocamos cada eco num simples analisador de espectros, que produz informações do tipo apresentado na extrema esquerda da Figura 7.19. Isso apenas mostra a quantidade de energia sonora que cada eco dado contém em cada uma das diferentes freqüências de som que o constituem. Esse é um modo de quantificar o caráter global de qualquer eco dado. Por si só, essa análise não nos ajuda muito, uma vez que os diagramas obtidos ainda não parecem apresentar nenhuma uniformidade óbvia ou diferenças regulares entre os ecos. Mas agora fazemos entrar em cena a rede neural (observe novamente a extrema direita da Figura 7.19: essa é uma versão simplificada de uma rede explorada por Gorman e Sejnowski; veja que ela está virada de lado, com relação à Figura 7.17).

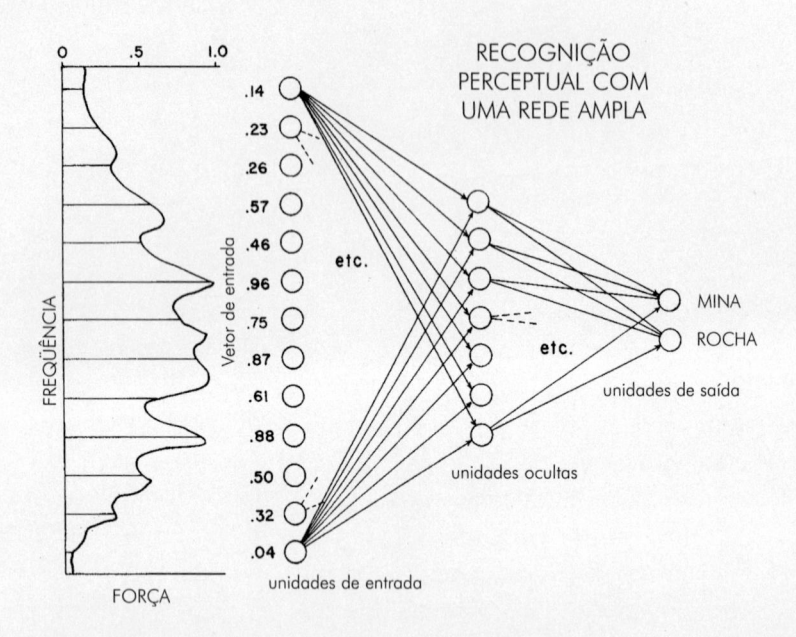

FIGURA 7.19

Essa rede é organizada nas mesmas linhas que a rede simples da Figura 7.17, mas tem 13 unidades de entrada, 7 unidades ocultas, 2 unidades de saída e um total de 105 conexões sinápticas. Os níveis de atividade de cada unidade, vamos supor, variam de zero a um. Lembremo-nos também de que os pesos sinápticos do sistema podem ser ajustados para quaisquer valores que forem necessários. Mas não sabemos que valores são necessários. Assim, no início do experimento, as conexões recebem pesos aleatoriamente distribuídos. A transformação que a rede executa tem, dessa forma, pouca probabilidade de qualquer uso para nós. Mas continuamos da seguinte forma.

Tomamos um eco de mina de nosso estoque de amostras e usamos o analisador de freqüências para dar amostras de seus níveis de energia em 13 diferentes freqüências. Isso nos dá um vetor de entrada com 13 elementos. Inserimos esse vetor na rede, estimulando cada uma das 13 unidades de entrada com um valor apropriado, como mostra a Figura 7.19. Esse vetor é rapidamente propagado através da rede em dois estágios, e produz um vetor de saída de dois elementos, nas unidades de saída. O que *gostaríamos* que a rede produzisse é o vetor <1, 0>, nosso vetor de saída convencional que codifica uma *mina*. Mas dados os pesos aleatórios, essa saída correta seria um milagre. Mais provavelmente, ela produzirá algum vetor acidental e totalmente sem interesse, do tipo <0,49, 0,51>, que não nos informa praticamente nada.

Não nos deixamos, no entanto, desencorajar. Calculamos, por simples subtração, a diferença entre o vetor que obtivemos e o vetor que queríamos. E então empregamos uma regra matemática especial, chamada de *regra delta generalizada*, para calcular pequenas mudanças para os pesos do sistema. A idéia é modificar os pesos que são mais responsáveis pelas saídas errôneas da rede. Os pesos são então ajustados de acordo com isso.

Damos, então, ao sistema um outro eco de amostra – agora talvez uma rocha – e aguardamos uma saída de <0, 1>, que é nosso vetor de saída convencional para uma rocha. Talvez o vetor de saída efetiva seja novamente um desapontador <0,47, 0,53>. Mais uma vez, calculamos o valor do erro e reaplicamos nossa regra especial para ajustar os pesos. Então tentamos mais uma vez com uma terceira amostra. E assim por diante.

Fazemos isso milhares de vezes, ou talvez dezenas de milhares de vezes. Ou antes, programamos um computador convencional, cuja memória contenha nossas amostras gravadas, para servir de professor e fazer todo o trabalho para nós. Isso é chamado de *treinamento da rede*. De modo um pouco surpreendente, o resultado é que o conjunto de pesos gradualmente vai se acomodando numa configuração final, em que o sistema dá um vetor de saída $<1, 0>$ (ou próximo disso), quando e somente quando o vetor de entrada for o de uma mina; e dá um vetor de saída $<0, 1>$ (ou próximo disso), quando e somente quando o vetor for uma rocha.

O primeiro fato notável em tudo isso está em que *existe* uma configuração de pesos sinápticos que permite ao sistema distinguir com bastante confiabilidade entre ecos de minas e ecos de rochas. Uma tal configuração existe porque verifica-se que, afinal de contas, há um padrão interno aproximativo ou uma organização abstrata que caracteriza os ecos de minas em oposição aos ecos produzidos por rochas. E a rede assim treinada conseguiu fixar esse padrão aproximativo.

Se, após treinar a rede, examinamos os vetores de atividade das unidades *ocultas* para cada um dos dois tipos de estímulo, verificamos que esses vetores formam duas classes inteiramente distintas. Consideremos, por exemplo, um "espaço de codificação vetorial" abstrato, um espaço com sete eixos, cada um para os níveis de atividade de cada unidade oculta (imagine esse espaço como os espaços de codificação sensorial abstrata das figuras 7.13 e 7.14. A única diferença está em que esse espaço representa os níveis de atividade das células mais adiante na hierarquia de processamento). Todo vetor do "tipo mina", que ocorre através das unidades ocultas, cai num amplo subvolume do espaço de possíveis vetores de unidades ocultas. E todo vetor do "tipo rocha" cai no grande, mas totalmente *distinto* (sem nenhuma sobreposição), volume desse espaço abstrato.

O que as unidades ocultas estão fazendo na rede treinada é codificar com êxito algumas características estruturais relativamente abstratas dos ecos de minas, características que todos eles têm, ou de que todos se aproximam, apesar de sua diversidade superficial. E o mesmo acontece com os ecos de rochas. A rede faz isso encontrando um conjunto de pesos que produza classes distintas de vetores de codificação para cada tipo.

Diante desse êxito no nível das unidades ocultas, o que faz a metade da direita da rede treinada é apenas transformar todo vetor do tipo mina, na unidade oculta, em algo próximo a um vetor $<1, 0>$, no nível de saída, e todo vetor do tipo rocha, na unidade oculta, em algo próximo a um vetor $<0, 1>$, no nível de saída. Em resumo, ela aprende a distinguir entre os dois subvolumes do espaço de vetores da unidade oculta. Os vetores próximos ao centro de qualquer um desses dois volumes – esses são os exemplos "prototípicos" de cada tipo de vetor – oferecem uma decisão clara no nível da saída. Os vetores próximos ao limite que divide os dois volumes oferecem uma resposta muito menos decisiva: um $<0,4, 0,6>$, talvez. A "adivinhação" da rede de que se trata de uma rocha não é, dessa forma, muito segura. Mas pode ser, mesmo assim, bastante confiável.

Um interessante subproduto desse procedimento é o seguinte. Se agora apresentamos à rede amostras totalmente *novas* de ecos de rochas e ecos de minas – amostras das quais ela nunca antes teve conhecimento –, seus vetores de saída irão categorizá-las corretamente de imediato, e com uma precisão que é apenas desprezivelmente menor que a precisão mostrada nas cem amostras sobre as quais ela originalmente foi treinada. As novas amostras, embora novas, também produzem vetores no nível das unidades ocultas que caem sob um dos dois subespaços distinguíveis. Em resumo, o "conhecimento" que o sistema adquiriu é generalizado com segurança para novos casos. Nosso sistema finalmente está pronto para sondar o porto inimigo. Temos apenas de alimentá-lo com as respostas ameaçadoras do sonar, e seus vetores de saída irão nos dizer se estamos ou não nos aproximando de uma mina.

O que é interessante aqui não é a aplicação militar proposta para o dispositivo que descrevemos; empreguei esse contexto apenas para efeito dramático. As tecnologias navais existentes já podem selecionar uma lata de cerveja num fundo marítimo arenoso, e até sugerir sua marca, empregando princípios de análise totalmente diferentes. O interessante é, na verdade, que um sistema assim tão *simples* possa executar uma tarefa de reconhecimento tão sofisticada quanto a que descrevemos há pouco.

Que uma rede apropriadamente ajustada possa executar uma tarefa como essa é a primeira maravilha. A segunda é que existe uma regra que pode *modelar* a rede, com êxito, na configuração necessária de pesos, mesmo partindo de uma configuração aleatória. Essa regra faz que o sistema aprenda com as cem amostras que lhe oferecemos, somadas aos erros que ela produz. Esse processo é chamado *aprendizado automatizado pela retropropagação do erro* e é implacavelmente eficiente, pois ele muitas vezes encontrará ordem e estrutura – e por si só – lá onde inicialmente víamos apenas caos e confusão. Esse processo de aprendizado é um exemplo de *descida gradiente*, porque a configuração de pesos pode ser vista como a descida por uma ladeira variável de erros progressivamente decrescentes, até penetrar na região estreita de um vale no nível mais baixo, no qual as mensagens de erro se aproximam cada vez mais de zero (cf. a Figura 7.20, para uma representação parcial desse processo). Com erros assim pequenos, a eficiência no avanço do aprendizado naturalmente diminui, mas, nesse ponto, o sistema já alcançou um alto nível de confiabilidade.

O treinamento da rede com as muitas amostras de ecos pode levar algumas horas, mas, uma vez o sistema treinado, ele vai apresentar imediatamente uma decisão sobre qualquer amostra. Sendo um sistema paralelo, a rede transforma os muitos elementos do vetor de entrada, todos ao mesmo tempo. Aqui finalmente temos a recognição "perceptiva" de características complexas numa escala de tempo igual à das criaturas vivas, ou até mesmo mais rápida.

APRENDIZADO: DESCIDA GRADIENTE NO ESPAÇO DE PESOS

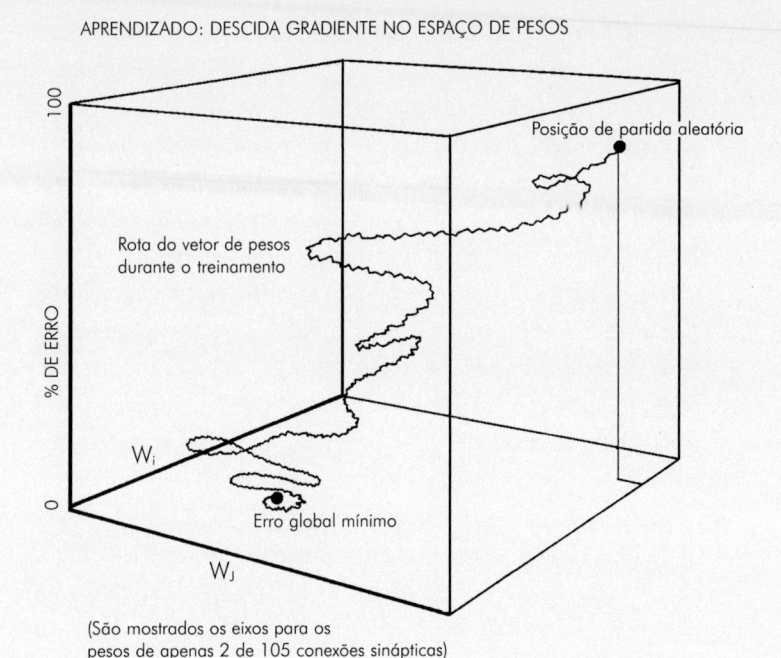

(São mostrados os eixos para os
pesos de apenas 2 de 105 conexões sinápticas)

FIGURA 7.20

Outros exemplos e observações gerais

Focalizei detalhadamente a rede rocha/mina, a fim de oferecer um certo detalhamento concreto de como a rede paralela desempenha suas tarefas. Mas esse exemplo é apenas um entre muitos. Se os ecos de minas podem ser reconhecidos e distinguidos de outros sons, então uma rede geral desse tipo, apropriadamente treinada, deverá poder reconhecer os vários *fonemas* que constituem a fala no inglês, sem ser perturbada pelas amplas diferenças nas características das vozes das pessoas, como acontece com os programas tradicionais de inteligência artificial. Dessa forma, um reconhecimento de voz pela máquina, que seja realmente eficiente, está agora ao alcance.

Na verdade, não há nada de essencialmente auditivo nos talentos dessas redes. Elas podem ser "treinadas" para reconhecer também características visuais complexas. Uma rede recentemente criada pode identificar a forma em 3-D e a orientação de superfícies físicas levemente abauladas, recebendo apenas uma imagem em escala, na cor cinza, da superfície em questão. Isto é, ela resolve o problema da "forma a partir do sombreamento". E uma vez treinada, essa rede dá como saída uma decisão para qualquer nova amostra, de modo quase que imediato.

Também não há nada de essencialmente perceptivo em seus talentos. Eles podem ser usados para apresentar interessantes saídas motoras de modo igualmente fácil. Uma rede relativamente ampla já aprendeu a resolver, por exemplo, o problema de transformar texto impresso em fala audível (o NETtalk, de Sejnowski e Rosenberg). O sistema usa um esquema de codificação vetorial para a entrada de letras, um outro esquema de codificação vetorial para a saída de fonemas, e aprende a apropriada transformação vetor-a-vetor, isto é, ele simplesmente aprende a pronunciar palavras impressas. E ele o faz sem que lhe sejam dadas *quaisquer* regras que deva seguir. Isso não é um feito medíocre, em especial, dadas as irregularidades da ortografia do inglês padrão. O sistema deve aprender não apenas a transformar a letra "a" em um determinado som. Ele deve aprender a transformar um "a" em um som, quando ele ocorre em "save", em um outro, quando ele ocorre em "have", e em um terceiro, quando ele ocorre em "ball". Ele deve aprender que o "c" é pronunciado como "s" em "city", mas como "k" em "cat". E assim por diante.

Em princípio, naturalmente, ele não faz nada disso. Quando recebe o texto impresso, seu vetor de saída produz, por meio de seu sintetizador de sons, um balbuciar sem sentido, mais como faz um bebê: "nananoonoo noonanana". Mas cada um de seus vetores de saída incorretos é analisado pelo computador-padrão que está monitorando o processo. Os pesos da rede são ajustados de acordo com a regra delta generalizada. E a qualidade de seu balbuciar vai aos poucos melhorando. Depois de apenas dez horas de treinamento com uma amostra de mil palavras, ele produz uma fala inteligível e coerente, ao receber um texto qualquer em inglês. E ele o faz sem ter recebido regras explícitas em nenhum ponto do sistema.

Existem limites para as transformações que uma rede paralela desse tipo geral pode executar? A opinião atual entre os que trabalham nesse campo tende à idéia de que não existem limites teóricos, uma vez que as novas redes têm características importantes que as redes do final da década de 1950 não tinham. Mais importante, o sinal de saída axonial produzido por uma unidade qualquer não é uma função reta ou "linear" do nível de estimulação da própria unidade. Ao contrário, ele segue uma espécie de curva em S. Essa simples dobra permite à rede computar o que é chamado de transformações não-lineares, e isso amplia enormemente a gama de problemas com que ela pode lidar.

Igualmente importante, as novas redes têm uma ou mais camadas de unidades "ocultas" entre os níveis de entrada e saída, quando as redes primitivas tinham apenas uma camada de entrada e saída. A vantagem da camada intermediária está em que, no interior dessa camada, o sistema pode explorar características possíveis que não estão explicitamente representadas nos vetores de entrada. Assim, ele pode dar com regularidades que estão por trás ou abaixo das regularidades superficiais que conectam as características que estão explícitas nos vetores de entrada. Isso permite que o sistema *teorize*. Tomando um exemplo bem à mão, o que as unidades ocultas na rede mina/rocha realmente aprendem a codificar, verifica-se, é se o impulso de sonar encontrou algo feito de *metal* ou de *não-metal*.

Em terceiro lugar, as atuais redes podem ser modeladas pelo algoritmo de retropropagação: a regra delta generalizada. Essa recente descoberta é uma regra de aprendizado muito potente, pois ela permite que uma rede explore o espaço vetorial de suas unidades ocultas e descubra transformações eficientes de todos os tipos possíveis, tanto lineares quanto não-lineares. Isso torna possível a uma rede ampla *descobrir* um conjunto complexo de pesos que, de antemão, jamais poderíamos identificar como apropriado. Essa é uma importante conquista na tecnologia de "aprendizado de máquina".

Você pode agora perceber por que as redes artificiais atraíram tanta atenção. Em muitos aspectos, sua microestrutura é semelhante à do cérebro, e elas têm pelo menos algumas das mesmas propriedades funcionais – propriedades que são difíceis de simular.

Até que ponto podemos levar essa analogia? Será realmente assim que o cérebro trabalha? Gostaria de encerrar esta seção abordando um problema sério. Com as redes artificiais, podemos construir sistemas apropriados para o cálculo de erros de saída e para a modificação dos pesos de acordo com isso (para não complicar as coisas, nenhum de nossos diagramas tenta mostrar isso). Mas por quais rotas, no cérebro *real*, o erro de saída é retropropagado até o conjunto apropriado de conexões sinápticas, de modo que seus pesos possam ser modificados e o aprendizado possa ocorrer? Essa pergunta é em si mesma uma medida de como é importante ter à disposição uma nova teoria saindo do forno, pois, sem essa teoria, nem sequer estaríamos fazendo uma pergunta tão específica quanto essa, nem tentando dar uma espiada nas partes específicas do cérebro, na esperança de encontrar uma resposta.

Quando examinamos o cerebelo, por exemplo, descobrimos que ele de fato contém um segundo importante sistema de entrada: as fibras ascendentes. Para evitar confusão, elas não são mostradas na Figura 7.16, mas podem ser facilmente visualizadas. Uma fibra ascendente, como sugere o nome, é como uma fina videira subindo pela grande célula de Purkinje, vindo da parte inferior e envolvendo todo o corpo da célula e as ramificações de sua densa árvore dendrítica. Cada célula de Purkinje termina envolvida pela fibra ascendente, como um carvalho envolvido por hera. As fibras ascendentes estão, dessa forma, posicionadas apropriadamente para desempenhar a tarefa necessária, isto é, modificar os pesos das muitas conexões sinápticas entre as fibras paralelas e as células de Purkinje.

Infelizmente, ainda não compreendemos como elas poderiam estar fazendo isso. Nem também temos certeza de que elas façam algo que remotamente se assemelhe a isso. Talvez a teoria cognitiva possa, neste ponto, estimular a neurociência a descobrir algo sobre as atividades das fibras ascendentes que ela ainda não conhece. Por sua vez, os dados da neurociência podem vir a mostrar que uma atrativa teoria do aprendizado no cerebelo (a retropropagação do erro) não pode em absoluto ser correta.

Isso seria um desapontamento apenas passageiro para a teoria cognitiva. Existem outros procedimentos de aprendizado, de eficiência equiparável, que exploram exigências totalmente locais e que não exigem a retropropagação. Talvez o cérebro empregue um deles. Sem dúvida, nesse caso, mais pesquisas são necessárias. O que é encorajador nessa situação, para além dos êxitos assombrosos já registrados, é que a inteligência artificial, a ciência cognitiva e a neurociência estão agora interagindo vigorosamente. Elas estão ensinando-se mutuamente, um processo do qual todos irão se beneficiar.

Uma observação final. De acordo com o estilo da teoria que aqui exploramos, são os vetores de atividade que constituem o tipo mais importante de representação no interior do cérebro. E são as transformações vetor-a-vetor que constituem o tipo mais importante de computação. Isso pode ou não ser correto, mas efetivamente oferece uma certa substancialidade para a sugestão feita pelo materialista eliminacionista (Capítulo 2.5) de que os conceitos da psicologia popular não necessariamente captam os estados e as atividades da mente dinamicamente significativos. Os elementos da cognição, tais como esboçados nas páginas precedentes, têm um caráter totalmente estranho ao senso comum. Talvez devamos esperar que, à medida que nossa compreensão teórica aumente, nossa própria concepção dos fenômenos que estamos tentando explicar também venha a sofrer uma importante revisão. Esse é um padrão comum em toda a história da ciência, e não há razão para que a ciência cognitiva seja uma exceção.

Leituras sugeridas

CHURCHLAND, P. S., SEJNOWSKI, T. J. Neural Representation and Neural Computation. In: NADEL, L. (Org.) *Neural Connections and Mental Computation*. Cambridge, MA: The MIT Press, 1988.

RUMELHART, D. E., MCCLELLAND, J. L. *Parallel Distributed Processing*: Explorations in the Microstructure of Cognition. Cambridge, MA: The MIT Press, 1986.

RUMELHART, D. E., HINTON, G. E., WILLIAMS, R. J. Learning Representations by Backpropagating Errors. *Nature*, v.323, p.533-6, 9 Oct. 1986.

SEJNOWSKI, T. J., ROSENBERG, C. R. Parallel Networks that Learn to Pronounce English Text. *Complex Systems*, v.1, 1987.

8
Ampliando nossas perspectivas

1 A distribuição da inteligência no universo

As provas examinadas nos capítulos precedentes indicam que a inteligência consciente é um fenômeno absolutamente natural. Segundo o consenso cada vez mais amplo em meio aos filósofos e cientistas, a inteligência consciente é a atividade da matéria organizada de modo apropriado, e a organização sofisticada responsável por ela é, pelo menos neste planeta, o resultado de bilhões de anos de evolução química, biológica e neurofisiológica.

Se a inteligência se desenvolve naturalmente, à medida que o universo evolui, não poderia ela, então, ter se desenvolvido ou estar se desenvolvendo em muitas outras partes, por todo o universo? A resposta é evidentemente sim, a menos que o planeta Terra seja absolutamente o único dotado da constituição física ou das condições necessárias em termos de energia. Seria a Terra única nesses aspectos essenciais? Examinemos o processo evolutivo, tal como hoje o compreendemos, e vejamos o que ele exige.

O fluxo de energia e a evolução da ordem

O que basicamente precisamos é de um sistema de elementos físicos (como os átomos) que possam entrar em muitas diferentes combinações, e um fluxo de energia (como a luz solar) que atravesse esse sistema de elementos. Isso descreve a situação da Terra no período pré-biológico, há cerca de quatro bilhões de anos, durante o período de evolução puramente química. O fluxo de energia, entrando no sistema e depois dele saindo, é absolutamente crucial. Num sistema *fechado* à entrada ou saída de energia externa, as combinações, de início abundantes em energia, vão gradualmente se decompondo e distribuindo sua energia entre os elementos pobres em energia até que o nível de energia seja igual por toda parte no sistema – o sistema atingiu então o estado de *equilíbrio*. Assim como a água, poderíamos dizer, a energia busca seu próprio nível; ela tende a fluir "morro abaixo" até que o nível seja igual por toda parte.

Essa analogia simples expressa o conteúdo essencial de uma lei fundamental da física, chamada de Segunda Lei da Termodinâmica: num sistema fechado e ainda não em equilíbrio, toda troca de energia tende implacavelmente a levar o sistema rumo ao equilíbrio. E, uma vez que o sistema chegue a esse estado mais baixo, ou de equilíbrio, ele tende a se manter assim para sempre – uma escuridão uniforme e indiferençada. A formação de estruturas complexas, interessantes e abundantes em energia é, nesse caso, muito pouco provável, uma vez que isso exigiria que parte da energia interna do sistema fluísse de volta "morro acima". Isso exigiria que um significativo *des*equilíbrio de energia aparecesse espontaneamente no interior do sistema. E isso é o que a Segunda Lei, de fato, não permite. Assim, é evidente que a evolução de estruturas complexas não pode ser encontrada em um sistema fechado.

Se, no entanto, o sistema está aberto a um fluxo contínuo de energia, então a situação é totalmente diferente. Para uma figura esquemática, consideremos uma caixa de vidro, cheia de água, que recebe calor de uma fonte constante, em uma das extremidades, e que tem um escoadouro constante de calor (algo que absorva a energia calórica), na outra, como mostra a Figura 8.1. Um pouco de nitrogênio e dióxido de carbono está dissolvido na água. Um dos lados da caixa irá ficar bastante quente, mas, tão logo o fogo emita sua energia nesse lado do sistema, ela é afastada na direção do lado resfriador e, depois, para fora do sistema. A temperatura média da caixa é, dessa forma, constante.

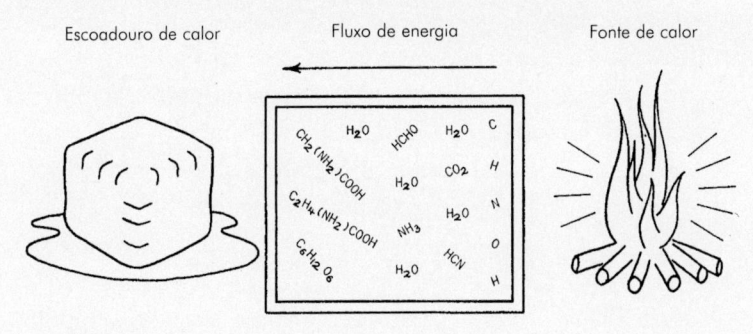

FIGURA 8.1

Consideremos o efeito que isso terá sobre a sopa rala no interior da caixa. Do lado quente da caixa, o lado em que há alta energia, as moléculas e átomos absorvem a energia extra e são elevados a estados de excitação. À medida que se movem à deriva pelo sistema, esses componentes energizados estão livres para formar entre si ligações químicas de alta energia, ligações que seriam estaticamente impossíveis se o sistema estivesse em equilíbrio global. Uma grande variedade de compostos químicos complexos tem, dessa forma, probabilidade de se formar e de se aglomerar na extremidade fria do sistema, e esses compostos têm diversidade e complexidade maiores que as de compostos que poderiam ter-se formado sem o fluxo contínuo de energia calórica. Em seu conjunto, o carbono, o hidrogênio, o oxigênio e o nitrogênio são capazes de literalmente milhões de diferentes combinações químicas. Com o fluxo de energia ativo, esse sistema parcialmente aberto, ou *sistema semifechado*, começa a explorar sem cessar as possibilidades combinatórias.

É fácil ver que uma espécie de competição está ocorrendo no interior da caixa. Alguns tipos de moléculas não são muito estáveis e tenderão a se desintegrar logo após a formação. Outros tipos serão feitos de um material mais "resistente" e tenderão a se manter por algum tempo. Outros tipos, embora muito instáveis, podem se formar muito freqüentemente, e assim, a qualquer momento dado, haverá um número razoável deles no sistema. Alguns tipos irão catalisar a formação de seus próprios elementos constitutivos, aumentando desse modo a formação de mais moléculas do mesmo tipo. Outros tipos irão entrar em ciclos catalíticos reciprocamente benéficos e formarão pares simbióticos de tipos bem-sucedidos. Por meio desses processos, e de outros, os vários tipos de moléculas *competem* pela dominância do ambiente líquido. Os tipos com estabilidade alta e/ou taxas altas de formação estarão presentes em densidades maiores.

O resultado típico de um processo como esse será o rápido surgimento no sistema de ocorrências em grande número de uma diversidade relativamente pequena de tipos de moléculas complexas, dotadas da capacidade de armazenar energia (que tipos, em meio aos milhões de tipos possíveis, virão de fato a dominar o sistema é algo que depende da – e é sensível à – constituição inicial da sopa e do nível do fluxo). O sistema apresentará uma ordem, uma complexidade e uma distribuição não-equilibrada de energia que seria impensável sem a presença do fluxo de energia atravessando o sistema. O fluxo bombeia o sistema. Ele força o sistema a se afastar do caos inicial, rumo às muitas formas de ordem e complexidade para as quais o sistema tem capacidade. O que era improvável tornou-se inevitável.

A experiência que acabamos de descrever é esquemática, formulada apenas para ilustrar um princípio geral, mas instâncias dela foram efetivamente realizadas. Em 1953, numa experiência agora célebre, Urey e Miller recriaram num frasco a atmosfera pré-biótica da Terra (hidrogênio, metano, amônia e água) e submeteram esse frasco a descargas elétricas constantes. Após vários dias sob esse fluxo de energia, o exame do conteúdo do frasco mostrava que se haviam formado muitos compostos orgânicos complexos, até mesmo uma série de diferentes aminoácidos, as unidades a partir das quais as moléculas de proteína são construídas. Outras versões da experiência empregaram diferentes fontes de energia (luz ultravioleta, calor, ondas de choque), e todas apresentaram o mesmo padrão: um fluxo de energia induz ordem e complexificação no interior de um sistema semifechado.

Também a natureza realizou essa experiência – com toda a Terra, e com bilhões de outros planetas. Pois a Terra como um todo é também um sistema semifechado, no qual o Sol é a fonte de energia, e o negro vazio que a envolve é o escoadouro de energia de baixa temperatura (Figura 8.2). A energia solar vem fluindo através de todo esse sistema gigantesco por bem mais de quatro bilhões de anos, pacientemente explorando as possibilidades sem fim de ordem, estrutura e complexidade inerentes à matéria e nele presentes. Não é de admirar que ele tenha superado os sistemas artificiais que descrevemos.

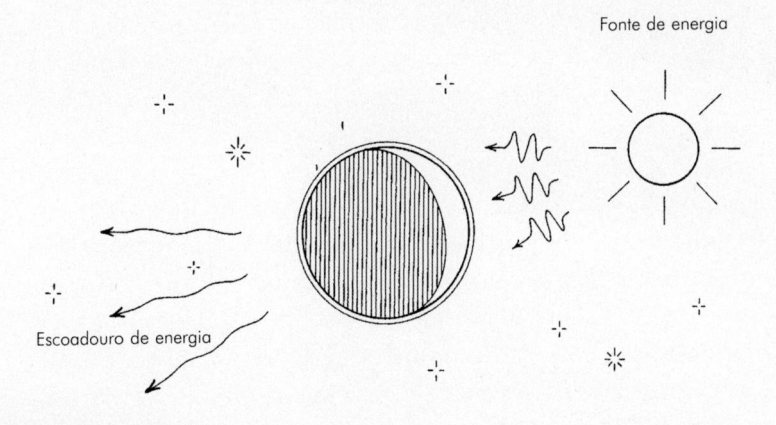

FIGURA 8.2

Dessa perspectiva, é manifesto que *todo* planeta irá apresentar um rico processo evolutivo, desde que possua uma rica variedade de elementos em alguma solução líquida e receba um fluxo adequado de energia, provindo de uma estrela próxima. Aproximadamente quantos planetas em nossa própria galáxia, a Via Láctea, satisfazem a essas condições?

A distribuição dos locais evolucionários

Existem aproximadamente 100 bilhões, ou 10^{11}, de estrelas em nossa galáxia. Quantas delas possuem planetas? As teorias da formação estelar, os estudos espectrográficos da rotação das estrelas e os estudos telescópicos dos efeitos dinâmicos dos companheiros escuros sugerem, todos, que efetivamente todas as estrelas, exceto as gigantes superquentes, possuem algum tipo de sistema planetário. As gigantes superquentes não passam de uma pequena porcentagem da população estelar, assim sua exclusão ainda nos deixa com perto de 10^{11} sistemas planetários na galáxia.

Quantos desses sistemas conterão um planeta apropriadamente constituído e numa posição apropriada? O aspecto da constituição apropriada sugere que devemos considerar sistemas de segunda geração, formados pelos destroços de explosões estelares anteriores, uma vez que são eles as principais fontes de outros elementos além do hidrogênio e do hélio. Isso nos deixa com menos da metade dos sistemas disponíveis, assim descemos para cerca de 10^{10}. Nesses sistemas remanescentes, os planetas com constituição aceitável provavelmente serão bastante comuns. Só em nosso sistema, a Terra, Marte e dois dos satélites de Júpiter mostram a presença de água em quantidade significativa, se exigimos a água como nosso solvente evolucionário. Os satélites de Júpiter têm uma importância adicional, uma vez que o gigante Júpiter e seus dezesseis satélites por si sós quase constituem um sistema solar em miniatura, o único exemplo disponível, além de nosso próprio sistema solar, para um estudo mais de perto. Curiosamente, o segundo e o terceiro satélites de Júpiter, Europa e Ganimedes, contêm, cada um, aproximadamente a mesma quantidade de água que a Terra toda: embora menores em área, seus oceanos são muito mais profundos que os nossos. Assim, se pudermos generalizar a partir desses dois sistemas, planetas com água serão encontrados por toda uma ampla gama de sistemas estelares, e alguns desses sistemas apresentarão dois ou mais deles.

Os planetas, no entanto, com água não esgotam as possibilidades. A amônia líquida e o metano líquido também são solventes bastante comuns e totalmente capazes de sustentar processos evolutivos. Oceanos desse tipo encontram-se em planetas muito mais frios e podem sustentar a exploração de ligações químicas com energia muito mais baixa que as que caracterizam a bioquímica da Terra. Esses ambientes constituem um nicho evolucionário alternativo. No todo, a constituição apropriada não parece ser um problema. Fiquemos com uma estimativa de pelo menos 10^{10} planetas constituídos apropriadamente para a evolução química adequada.

Quantos desses estarão situados numa posição apropriada com relação a uma estrela que forneça energia? A órbita de um planeta como esse deve estar dentro da "zona de vida" de sua estrela – longe o suficiente da estrela para evitar ferver seu solvente, e também perto o suficiente para impedir que ele se solidifique por congelamento. No caso da água, essa zona é bastante ampla, e há mais de 5% de probabilidade de alguma órbita planetária cair dentro dela. No entanto, precisamos de um planeta que contenha *água* dentro da órbita, e esses planetas talvez sejam apenas um em dez. Numa estimativa conservadora, digamos que apenas um em cada cem de nossos sistemas restantes contém um planeta com água situado numa órbita apropriada. Planetas com amônia e com metano também são esperados, mas, em seu caso, as mesmas considerações resultam numa estimativa semelhante, de modo que ficamos com uma estimativa de aproximadamente 10^8 planetas situados em posição apropriada e que têm, ao mesmo tempo, constituição apropriada.

Essa estimativa pressupõe uma estrela semelhante a nosso Sol. Mas, enquanto o sol é uma estrela relativamente pequena e sem características especiais que o destaquem, a maioria das estrelas são ainda menores, mais frias e, dessa forma, com zonas de vida menores. Isso pode reduzir em mais um ou dois fatores de dez as chances de encontrarmos um planeta situado em uma posição apropriada. Mesmo assim, as estrelas do tamanho do Sol constituem 10% do total dessas estrelas, e, levando em conta apenas elas, ainda ficaríamos com pelo menos 10^7 planetas na condição apropriada.

Dessa forma, nossa estimativa conservadora é a de que o processo evolutivo está em pleno vigor, num estágio ou outro, em pelo menos dez milhões de planetas, somente em nossa galáxia.

A vida e a inteligência

O importante nesse número é o fato de ele ser grande. O tipo de processo que nos produziu é, ao que parece, comum por todo o universo. Essa conclusão é instigante, mas nossa questão real continua sem resposta: em quantos desses casos o processo evolutivo articulou a matéria até o nível de *vida* efetiva, e destes, em quantos deles esse processo produziu *inteligência consciente*?

Esses valores são impossíveis de se estimar com alguma segurança, uma vez que isso exigiria o conhecimento das *taxas* em que o desenvolvimento evolutivo ocorre, bem como das rotas alternativas que ele pode seguir. Até o momento, temos uma compreensão ainda insuficiente da volátil dinâmica da evolução, para poder responder a essas questões. Estamos reduzidos a explorar as considerações relevantes, mas, mesmo assim, elas podem ser informativas. Comecemos pela concepção comum, sugerida no parágrafo precedente, de que a evolução tem dois grandes abismos a transpor: o abismo entre a não-vida e a vida, e o abismo entre a inconsciência e a consciência. Essas duas distinções, tão enraizadas em nosso senso comum, trazem em si um certo grau de compreensão *equivocada*. De fato, nenhuma das distinções corresponde a uma descontinuidade bem definida e intransponível que possamos encontrar na natureza.

Consideremos a noção de vida. Se tomamos a capacidade de auto-replicação como sua característica essencial, então seu surgimento não implica necessariamente descontinuidade. As moléculas que catalisam a formação de seus próprios elementos constituintes representam uma posição inferior desse mesmo espectro. Basta apenas imaginar uma série de moléculas desse tipo, cada vez mais eficientes e em atividade cada vez mais acelerada, e podemos gradualmente culminar numa molécula que catalisa seus próprios elementos constituintes em seqüência, de modo que elas podem se encadear tão rapidamente quanto são produzidas – uma molécula auto-replicadora. Não há descontinuidade aqui, nenhum abismo a ser transposto. O *meio ambiente* pode exibir descontinuidades, à medida que um certo replicador ultrapassa um ponto crítico na situação de competição em que ele se encontra, mas essa é uma descontinuidade nas conseqüências da auto-replicação, e não nos mecanismos que a produzem.

A mera auto-replicação pode, entretanto, ser um conceito de vida demasiado simples. Existem algumas razões para rejeitá-lo. Podemos imaginar algumas moléculas muito simples que, num ambiente químico artificial e apropriadamente construído, iriam replicar a si mesmas. Mas esse fato apenas não nos tentaria a considerá-las como vivas. De qualquer forma, temos à disposição uma caracterização da vida mais sagaz, que podemos ilustrar por meio da célula, a menor unidade de vida, segundo algumas interpretações. Uma célula é em si mesma um pequeno sistema auto-organizador semifechado, no interior do sistema semifechado mais amplo da biosfera terrestre. A energia que flui através da célula serve para manter, e para aumentar, sua ordem interna. Na maioria das células, o fluxo de energia é químico – elas ingerem moléculas ricas em energia e pirateiam a energia que elas próprias depois liberam – mas as células capazes de fotossíntese fazem uso direto do fluxo solar para impulsionar seus processos metabólicos. Isso tudo sugere que definimos uma coisa viva como todo sistema físico semifechado que explore tanto a ordem que ele já possui quanto o fluxo de energia que por ele passa, de forma a manter e/ou aumentar a ordem interna.

Essa caracterização capta algo extremamente importante sobre as coisas que comumente consideramos como vivas. E ela abrange facilmente os organismos multicelulares, pois plantas e animais também são sistemas semifechados, compostos de pequenos sistemas semifechados: uma vasta trama de células e não (apenas) uma vasta trama de moléculas. Mesmo assim, essa definição tem algumas conseqüências um pouco surpreendentes. Se a aceitamos, uma colméia também será considerada uma coisa viva. E igualmente uma colônia de cupins. E também uma cidade onde vivem os seres humanos. De fato, toda a biosfera será considerada uma coisa viva. Pois todas essas coisas satisfazem a definição proposta.

No outro extremo do espectro – e isso nos remete novamente à questão da descontinuidade –, alguns sistemas muito simples podem ser considerados vivos. Consideremos a chama brilhante de uma vela: ela também é um sistema semifechado e, embora sua ordem interna seja pequena e sua automanutenção débil, ela, no limite, pode satisfazer às condições de nossa definição. Outros sistemas limítrofes apresentarão problemas análogos. Devemos então rejeitar a definição? Não. Uma lição mais sábia a extrair disso é a de que os sistemas vivos se distinguem dos não-vivos apenas por graus. Não há um abismo metafísico a ser transposto: apenas uma encosta suave a ser escalada, uma encosta medida em graus de ordem e grau de auto-regulação.

A mesma lição emerge quando consideramos a inteligência consciente. Já vimos como a consciência e a inteligência aparecem em graus diferentes, dispersas por um amplo espectro. Sem dúvida, a inteligência não é exclusiva aos seres humanos: milhões de outras espécies a manifestam em certo grau. Se definimos a inteligência em termos toscos, como a posse de um conjunto complexo de respostas apropriadas para o meio ambiente em contínua mudança, então até mesmo a humilde batata exibe uma certa sagacidade rudimentar. Não há aqui também nenhuma descontinuidade metafísica.

Essa definição, no entanto, é demasiado tosca. Ela deixa de fora os aspectos da criatividade e do desenvolvimento que são próprios à inteligência. Consideremos então a seguinte definição mais perspicaz. Tem inteligência todo sistema que explora tanto as *informações* que ele próprio já contém quanto o fluxo de energia que o atravessa (isso inclui o fluxo de energia que passa por seus órgãos sensoriais), de forma a *aumentar* as informações que ele já contém. Um sistema desse tipo pode *aprender*, e esse parece ser o elemento central da inteligência.

Essa caracterização mais aprimorada capta algo extremamente importante sobre as coisas que comumente são consideradas como inteligentes. E espero que o leitor já tenha notado os paralelos estreitos entre essa definição de inteligência e nossa definição anterior de vida como a exploração tanto da ordem existente quanto do fluxo de energia, de modo a obter mais ordem. Esses paralelos são importantes pela seguinte razão: se a posse de informações pode ser compreendida como a posse de uma certa ordem física interna que tem certa relação sistemática com o meio ambiente, então as operações da inteligência, concebida abstratamente, revelam-se afinal como apenas uma versão sofisticada das operações características da vida, exceto pelo fato de que estão ligadas ao ambiente de modo ainda mais intricado.

Essa hipótese é compatível com o uso de energia pelo cérebro. A produção de grandes quantidades de tipos específicos de ordem exige um fluxo de energia bastante substancial. E, embora o cérebro constitua apenas 2% da massa corporal, ele consome, quando está altamente ativo, 20% do gasto de energia do corpo em repouso. O cérebro também é um sistema semifechado, um sistema de intensidade curiosamente alta, cuja ordem microscópica sempre em mudança reflete o mundo com impressionante detalhe. Aqui, mais uma vez, a inteligência não apresenta descontinuidade. A vida inteligente é apenas vida, com uma alta intensidade termodinâmica e uma aliança especialmente estreita entre a ordem interna e as condições externas.

Isso tudo significa que, havendo energia e tempo suficientes, *tanto* o fenômeno da vida *quanto* o da inteligência devem ser vistos como produtos naturais da evolução planetária. Como vimos, há energia suficiente e planetas suficientes. Houve tempo? Na Terra houve, mas e quanto aos outros 10^7 candidatos? Nossa incerteza aqui é bastante alta. *A priori*, é extremamente *reduzida* a probabilidade de que sejamos o primeiro planeta a desenvolver vida inteligente: não mais de 1 em 10^7. Essa probabilidade diminui ainda mais quando nos lembramos de que estrelas já estavam bombardeando seus planetas com energia há já pelo menos dez bilhões de anos, ao passo que o sistema Sol/Terra se condensou na existência cerca de 4,5 bilhões de anos atrás. Isso significa que entramos na corrida evolutiva com grande atraso. Por sua vez, as taxas evolutivas podem ser altamente voláteis, variando quantitativamente em função de sutis variáveis planetárias. Isso tornaria esse atraso temporal insignificante, e poderíamos ainda ser o primeiro planeta em nossa galáxia a desenvolver inteligência.

Nenhuma conclusão a que possamos chegar nesse caso pode ser considerada segura, mas, forçando uma conclusão com base em nossas bastante incertas suposições precedentes, poderíamos "apostar" que algo em torno de metade dos candidatos apropriados estão atrás de nós e metade, à nossa frente. Essa "aposta otimista" implica que algo em torno de 10^6 planetas, nesta galáxia somente, *já* produziram vida altamente inteligente.

Isso significa que devemos esperar que homenzinhos verdes em discos-voadores estejam freqüentando nossa atmosfera? Não. Nem mesmo se aceitarmos a "aposta otimista". As razões são importantes, e elas são três. A primeira razão está no espalhamento espacial dos 10^6 planetas. Nossa galáxia tem um volume de 10^{14} anos-luz cúbicos (e um ano-luz é a distância coberta no período de um ano num deslocamento à velocidade da luz = 300 milhões m/s x 1 ano, o que dá aproximadamente 10 trilhões de quilômetros), e 10^6 planetas espalhados por todo esse volume estarão situados numa distância média entre si de mais de 500 anos-luz. Essa é uma distância extremamente inconveniente para uma visita casual.

A segunda e talvez mais importante razão é o espalhamento temporal. Não podemos esperar que todos os 10^6 planetas venham a desenvolver vida simultaneamente. Nem podemos ter certeza de que, uma vez desenvolvida, a vida inteligente dure muito. Acidentes acontecem, a degeneração pode se instalar, a autodestruição pode ocorrer. Suponhamos, para ilustrar, que a vida média da inteligência num planeta seja de cem milhões de anos (esse é o intervalo entre o aparecimento dos primeiros mamíferos e o holocausto nuclear que pode nos destruir neste século). Se esses períodos de vida estiverem espalhados uniformemente no tempo, todo planeta em que há inteligência presente tem probabilidade de ter a companhia simultânea de apenas 10^4 planetas com inteligência, com uma distância média entre eles de 2.500 anos-luz. Além disso, nada garante que esses outros berços de inteligência simultânea apresentem algo mais inteligente que ratos-do-campo ou carneiros. Nosso próprio planeta ultrapassou esse nível apenas recentemente. E civilizações altamente inteligentes e com tecnologia avançada podem durar em média apenas mil anos, em razão de algumas instabilidades inerentes. Nesse caso, elas estarão quase sempre completa e tragicamente a sós na galáxia. A probabilidade de companhia altamente inteligente começa a parecer bastante limitada.

E assim é, se atribuirmos tendências suicidas a todas as potenciais companhias. Caso não, podemos voltar a uma estimativa mais otimista de nossa companhia atual. Se supusermos que a duração média da vida inteligente esteja entre 1 e 5 bilhões de anos, então o espalhamento temporal ainda nos deixará com 10^5 planetas simultaneamente a nosso lado ou a nossa frente no desenvolvimento evolutivo. Isso pode, por fim, nos dar a esperança de encontrar alguns homenzinhos verdes e alguma comunicação instrutiva, mesmo que apenas por meio de radiotelescópio. Mas na verdade não, por uma terceira e mais importante razão de todas: a variedade potencialmente infinita das diferentes *formas* que a vida e a inteligência podem assumir.

Nossa biosfera articulou-se em unidades individuais de vida independente: células e organismos multicelulares. Nada disso é rigorosamente necessário. Algumas biosferas podem ter evoluído rumo a uma "célula" única, unificada, maciçamente complexa e altamente inteligente, envolvendo todo o planeta. Outras podem ter sintetizado suas células ou elementos multicelulares num indivíduo planetário singular e unificado dessa mesma forma. Tentar nos comunicar com uma tal entidade poderia ser como uma célula bacteriana individual no pântano próximo tentando se comunicar com um ser humano por meio da emissão de algumas substâncias químicas. A entidade maior simplesmente não está "interessada".

Mesmo no caso de criaturas como as com que estamos mais familiarizados, um ambiente diferente pode exigir órgãos dos sentidos diferentes, e órgãos dos sentidos diferentes podem significar cérebros muito diferentes (em termos genéricos, os cérebros devem evoluir da periferia sensorial para dentro, desenvolvendo-se de forma adequada às modalidades disponíveis). Tais criaturas poderiam, por exemplo, navegar através da percepção de campos elétricos, caçar por meio de mecanismos direcionais no distante infravermelho, orientar a manipulação do que está próximo por meio de estéreo-audição na faixa de 50 quilohertz e comunicar-se por meio de fluxos de hidrocarbonetos aromáticos. É muito pouco provável que criaturas constituídas de modo tão diferente como as desse nosso exemplo pensem nas mesmas trilhas que um ser humano.

Deixando de lado essa hipótese de estranhos órgãos sensoriais, o conjunto específico de talentos cognitivos encontrados
em nós não precisa necessariamente caracterizar espécies alie-
nígenas. Por exemplo, é possível ser altamente inteligente e, mesmo assim, não ter capacidade alguma de manipulação de números, nem mesmo a capacidade de contar além de cinco. É também
possível ser altamente inteligente e, ainda assim, não ter capacidade de compreensão ou manipulação da linguagem. Deficiências
assim específicas ocasionalmente ocorrem nos seres humanos
dotados de talentos mentais, de resto, exemplares. A primeira
delas é uma síndrome rara, mas bastante conhecida, chamada
acalculia. A segunda, mais comum, é chamada *afasia global*. Assim,
não devemos esperar que uma espécie alienígena altamente inteligente deva inevitavelmente conhecer as leis da aritmética, ou
ser capaz de aprender um sistema como a linguagem, ou mesmo
ter alguma idéia de que essas coisas possam existir. Essas reflexões sugerem também que podem existir capacidades cognitivas
fundamentais de cuja existência *nós* não temos a mínima idéia!

Por fim, não é de esperar que os objetivos ou interesses de
uma espécie alienígena inteligente se assemelhem aos nossos
próprios, ou que sejam inteligíveis para nós. A meta exclusiva
de toda uma espécie pode ser terminar de compor uma sinfonia
magnética indefinidamente longa, iniciada por seus ancestrais
pré-históricos, uma sinfonia na qual os jovens são socializados
aprendendo a cantar seus movimentos precedentes. Uma espécie
diferente poderia ter uma singular devoção pela busca de uma
matemática superior, e suas atividades nos fariam então tanto
sentido quanto as atividades dos departamentos de matemática
nas universidades fariam para um Neanderthal. Igualmente importante, as próprias metas de uma espécie passam por mudanças
evolutivas, tanto genéticas quanto culturais. As principais metas
de nossa própria espécie, daqui a cinco mil anos, podem não ter
relação alguma com nossos interesses atuais. Isso tudo significa
que não podemos esperar que uma espécie alienígena inteligen-

te partilhe dos entusiasmos e interesses que caracterizam nossa própria cultura fugaz.

O objetivo da discussão precedente foi situar questões sobre a natureza da inteligência numa perspectiva mais ampla que a perspectiva em que elas em geral são colocadas e enfatizar a natureza extremamente geral e abstrata desse fenômeno natural. A inteligência humana atual não passa de uma variação de um tema muito geral. Mesmo que, como parece provável, a inteligência *esteja* bastante espalhada por toda nossa galáxia, não podemos inferir quase nada sobre o que essas outras espécies inteligentes devem estar fazendo ou sobre a forma que devem assumir suas inteligências. Se a definição teórica de inteligência que apresentamos estiver correta, então podemos inferir que elas devem estar usando *energia* (talvez em vastas quantidades) e criando *ordem*, e que pelo menos parte da ordem criada tem algo a ver com a manutenção de interações eficazes com seus meios ambientes. Para além disso, tudo é possível. Para nós, assim como para elas.

Leituras sugeridas

CAMERON, A. G. W. *Interstellar Communication*: The Search for Extraterrestrial Life. New York: Benjamin, 1963.

FEINBERG, G., SHAPIRO, R. *Life beyond Earth*. New York: William Morrow and Company, 1980.

MOROWITZ, H. *Energy Flow in Biology*. New York: Academic Press, 1968.

SAGAN, C., DRAKE, F. Search for Extraterrestrial Intelligence. *Scientific American*, v.232, May 1975.

SCHRÖDINGER, E. *What Is Life?* Cambridge: Cambridge University Press, 1945.

SHKLOVSKII, I. S., SAGAN, C. *Intelligent Life in the Universe*. New York: Dell, 1966.

2 A expansão da consciência introspectiva

Para encerrar este livro, vamos abandonar nossa consideração sobre o universo em grande escala e voltar nossa atenção para o fenômeno da consciência introspectiva, ou autoconsciência. Empreguei um conceito muito geral e neutro da introspecção, no decorrer de todo este livro, que pode ser esboçado da seguinte forma.

Temos uma grande diversidade de estados e processos internos. Também temos certos mecanismos inatos para discriminar a ocorrência de alguns desses estados e processos de sua não-ocorrência, bem como para discriminá-los entre si. E quando evocamos essa atividade discriminativa e lhe damos atenção, podemos responder a ela com ações explicitamente conceituais –, isto é, com *julgamentos* mais ou menos apropriados sobre esses estados e processos internos, julgamentos que são estruturados no arcabouço dos conhecidos conceitos de nosso senso comum: "eu tenho uma sensação de cor-de-rosa", "eu me sinto tonto", "eu sinto uma dor", e assim por diante. Dessa forma, temos um certo acesso, mesmo que incompleto, a nossas próprias atividades internas.

O autoconhecimento é considerado uma boa coisa, segundo a ideologia de quase todos nós. Como poderíamos então aumentar ou aprimorar esse acesso introspectivo? A modificação cirúrgica ou genética de nossos mecanismos introspectivos inatos é uma possibilidade, mas não é uma possibilidade realista no curto prazo. Na ausência dessa possibilidade, talvez possamos aprender a fazer um uso mais refinado e penetrante dos mecanismos discriminativos que já possuímos.

As diferentes modalidades de sentidos externos oferecem muitos precedentes para essa sugestão. Consideremos o enorme aumento em termos de capacidade discriminativa (e compreensão teórica) que permite a uma pessoa transpor o vão entre sua apreensão auditiva da *Quinta sinfonia* de Beethoven, quando ainda uma criança não-treinada, e sua apreensão auditiva, quarenta anos mais tarde, ouvindo-a em sua capacidade de regente da orquestra que a executa. O que era antes uma única voz é agora um mosaico de elementos distintos. O que era antes uma melodia apreendida de modo nebuloso é agora uma seqüência racionalmente estruturada de acordes distintos, sustentando uma linha melódica apropriadamente neles apoiada. O regente ouve muito mais do que a criança podia ouvir, e provavelmente mais do que a maioria de nós consegue.

Outras modalidades de sentidos oferecem exemplos semelhantes. Consideremos o provador de vinhos, com sua sensibilidade sofisticada a variações químicas, para quem a categoria "vinho tinto", toscamente empregada pela maioria de nós, se divide numa rede de quinze ou vinte elementos distinguíveis: etanol, glicol, frutose, sacarose, tanino, ácido, dióxido de carbono, e assim por diante, cujas concentrações relativas ele pode avaliar apuradamente. Ele percebe sabores muito mais do que nós. Ou consideremos a astrônoma, para a qual a abóbada negra e salpicada de sua infância tornou-se um claro abismo em que estão distribuídos os planetas próximos, as estrelas anãs amarelas, as gigantes azuis e vermelhas e até mesmo uma ou duas galáxias distantes, tudo isso discriminado e localizado no espaço tridimensional, a olho nu (sim, a *olho nu*). Ela vê muito mais que nós. E quanta coisa mais ela pode perceber é algo difícil de avaliar, sem termos previamente adquirido as habilidades apropriadas.

Em cada um desses casos, o que é por fim dominado é um arcabouço conceitual – musical, químico ou astronômico –, um arcabouço que incorpora muito mais sabedoria sobre o domínio sensorial em questão do que podemos *imediatamente* perceber por meio de nossa capacidade de discriminação não apoiada por algum tipo de treinamento. Esses arcabouços são, em geral, uma herança cultural: são montados no decorrer de muitas gerações, e seu domínio oferece a nossas vidas sensoriais uma riqueza e penetração que seriam impossíveis em sua ausência.

Passando agora à introspecção, é evidente que nossas vidas introspectivas são as grandes beneficiárias desse fenômeno. As discriminações introspectivas que fazemos são em sua maior parte aprendidas; elas são adquiridas com a prática e com a experiência, muitas vezes, de modo lento. E as discriminações específicas que aprendemos a fazer são as que têm algum tipo de utilidade para nós. Em geral, são discriminações que outros já estão fazendo e que estão incorporadas ao vocabulário psicológico da língua que aprendemos. O arcabouço conceitual para os estados psicológicos que está embutido na linguagem ordinária é, como vimos nos capítulos 3 e 4, por si só uma conquista teórica relativamente sofisticada e modela profundamente nossa introspecção amadurecida. Se ele incorporasse substancialmente *menos* sabedoria em suas categorias e generalizações estruturadoras, nossa apreensão introspectiva de nossos estados e atividades internos seria reduzida em muito, embora nossos mecanismos discriminadores inatos permanecessem os mesmos. Igualmente, se ele incorporasse de maneira substancial *mais* sabedoria sobre nossa natureza interna do que atualmente, nossa discriminação e recognição introspectivas poderiam ser muito *maiores* do que são, embora nossos mecanismos discriminadores inatos permanecessem os mesmos.

Isso me traz a uma última sugestão positiva neste capítulo. Se o materialismo, afinal de contas, for verdadeiro, então será o arcabouço conceitual de uma neurociência acabada que irá incorporar a sabedoria básica a respeito de nossa natureza interior (estou ignorando aqui as sutilezas que dividem as diferentes formas de materialismo). Consideremos a possibilidade de aprender a descrever, conceber e apreender introspectivamente as abundantes complexidades de nossa vida interior no âmbito do arcabouço conceitual de uma neurociência "acabada", ou pelo menos desenvolvida muito além do estado atual. Vamos supor que tenhamos treinado nossos mecanismos inatos para fazer um conjunto novo e mais detalhado de discriminações, um conjunto que corresponderia, então, não à taxonomia psicológica primitiva da língua ordinária, mas a uma mais penetrante taxonomia dos estados, extraída de uma neurociência "acabada". Vamos supor também que tenhamos sido treinados para responder a essa atividade agora reconfigurada por meio de julgamentos que estruturamos – em resultado do hábito – no interior do arcabouço de conceitos que extraímos da neurociência.

Se os exemplos do regente de orquestra, do provador de vinhos e da astrônoma nos oferecem um paralelo apropriado, o aprimoramento de nossa visão introspectiva seria algo como uma revelação. O consumo de glicose no cérebro anterior, os níveis de dopamina no tálamo, os vetores de codificação nas rotas neurais específicas, as ressonâncias na énésima camada do córtex peristriatal e um número incontável de outras sutilezas neurofisiológicas e neurofuncionais poderiam passar para o foco objetivo de nossa discriminação introspectiva e de nossa recognição conceitual, da mesma forma que os acordes Sol menor com 7ª e de Lá com 7ª e 9ª aumentada passam para o foco objetivo da discriminação auditiva e da recognição conceitual de um músico treinado. Naturalmente, teremos de *aprender* o arcabouço conceitual de tal neurociência para realizar isso. E teremos de praticar para adquirir a habilidade de empregar esses conceitos em nossos julgamentos não-inferenciais. Mas esse parece ser um preço pequeno a pagar, dados os benefícios em perspectiva.

Essa sugestão foi inicialmente mencionada em nossa discussão sobre o materialismo eliminacionista, mas a possibilidade está igualmente aberta para as outras posições materialistas. Se o materialista reducionista está certo, então a taxonomia da psicologia popular irá mapear, de uma maneira mais ou menos precisa, a subestrutura da taxonomia de uma neurociência "acabada". Mas essa nova taxonomia ainda assim irá incorporar uma compreensão superior e mais penetrante de nossa natureza. E se o funcionalismo estiver certo, então a teoria "acabada" será mais abstrata e computacional em sua visão de nossas atividades internas. Mas essa visão, ainda assim, irá ultrapassar as concepções mecânicas e explicativas simples de nosso senso comum. Em todos os três casos, a passagem para o novo arcabouço promete um igual avanço, em termos tanto de nosso conhecimento geral quanto de nossa autocompreensão.

Assim, sugiro que a efetiva entrada em cena de uma dinâmica e mecânica materialistas para descrever os estados psicológicos e processos cognitivos constituirá não uma escuridão na qual nossa vida interior será eclipsada ou suprimida, mas, antes, um alvorecer, no qual suas maravilhosas complexidades serão, por fim, reveladas – até mesmo, se nos empenharmos nisso, as relativas à introspecção autoconsciente.

Índice remissivo

Impressão e acabamento

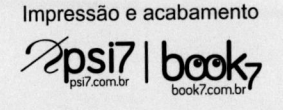

SOBRE O LIVRO

Formato: 14 x 21 cm
Mancha: 23 x 44,5 paicas
Tipologia: Iowan Old Style 10/14
Papel: Pólen soft 80 g/m² (miolo)
Cartão Supremo 250 g/m² (capa)
1ª edição: 2004

EQUIPE DE REALIZAÇÃO

Coordenação Geral
Sidnei Simonelli

Produção Gráfica
Anderson Nobara

Edição de Texto
Nelson Luís Barbosa (Assistente Editorial)
Armando Olivetti (Preparação de Original)
Ada Santos Seles (Revisão)

Editoração Eletrônica
Lourdes Guacira da Silva Simonelli (Supervisão)
Luís Carlos Gomes (Diagramação)